社区书系 助力乡村振兴基层干部培训系列图书

休闲农业的开发与运营

XIUXIAN NONGYE DE KAIFA YU YUNYING

李锦顺 主编

华龄出版社
HUALING PRESS

图书在版编目(CIP)数据

休闲农业的开发与运营 / 李锦顺主编. -- 北京 :
华龄出版社，2021.12

(助力乡村振兴基层干部培训系列图书)

ISBN 978—7—5169—2135—7

Ⅰ. ①休…　Ⅱ. ①李…　Ⅲ. ①观光农业—经营管理—
中国—干部培训—教材　Ⅳ. ①F323.4

中国版本图书馆 CIP 数据核字(2021)第 265735 号

策　　划	社区部　善爱社工	责任印制	李未圻
责任编辑	魏鸿鸣　李芳悦	装帧设计	唐韵设计

书　　名	休闲农业的开发与运营	作　　者	李锦顺
出　　版 发　　行	华龄出版社 HUALING PRESS		
社　　址	北京市东城区安定门外大街甲 57 号	邮　　编	100011
发　　行	(010)58122255	传　　真	(010)84049572
承　　印	三河市腾飞印务有限公司		
版　　次	2022 年 3 月第 1 版	印　　次	2022 年 3 月第 1 次印刷
规　　格	710mm×1000mm	开　　本	1/16
印　　张	16	字　　数	177 千字
书　　号	ISBN 978—7—5169—2135—7		
定　　价	58.00 元		

本书编委会

顾　问：谢青梅

主　编：李锦顺

副主编：谷舒晴

编　委：刘惠苑　王　傅　邓莉平　黄俊添

张运红　夏　珑　邵　岑　赖新成

李　松　张永乐　周　超　李晓莹

为社会基层治理服务，打造社区所需的精品图书
——华龄出版社“社区书系”倾情奉献

“社区书系”是为适应新时代基层社会治理需要，深入贯彻党的十九届四中全会、五中全会关于“构建基层社会治理新格局”“社会治理特别是基层治理水平明显提高”的重要部署，落实习近平总书记关于“建立一支素质优良的专业化社区工作者队伍”的指示要求而策划编写的，旨在为社区工作人员提供系统的社区工作理论和方法指导，提高社区工作者的理论素养和工作能力，推进社区治理体系与治理能力现代化。

“社区书系”是一个融图书、视频、服务为一体的新型复合出版工程，内容体系包括三个方面：

纸质图书　通过纸质图书阅读，为社区工作者提供系统的理论和方法指导。

线上课程　通过视频课程、网络直播课程，深化重点知识，解读难点知识。

专家服务　通过线下培训、现场诊断等，解决社区工作中存在的问题症结。

华龄出版社是中国老龄协会主管主办的中央部委出版社，为出版“社区书系”专门成立了“社区部”，全面统筹谋划出版。“社区书系”计划出版图书 200 种，覆盖社区工作各个方面，现面向全国诚邀熟悉社区工作的专家、学者加盟“社区书系”出版计划，一起为中国社区的发展繁荣出一份力！

社区视频培训讲座

前言

乡村兴则国家兴，乡村衰则国家衰。全面建成小康社会和全面建设社会主义现代化强国，最艰巨最繁重的任务在农村，最广泛最深厚的基础在农村，最大的潜力和后劲也在农村。实施乡村振兴战略，是以习近平同志为核心的党中央着眼于党和国家事业全局，深刻把握现代化建设规律和城乡关系变化特征，顺应亿万农民对美好生活的期待做出的重大决策部署，是决胜全面建设小康社会、全面建设社会主义现代化国家的重大历史任务，是做好新时代“三农”工作的总抓手，也是解决新时代我国社会主要矛盾、实现“两个一百年”奋斗目标和中华民族伟大复兴的中国梦的必然要求，具有重大现实意义和深远历史意义。

近年来，中共中央、国务院连续发布中央一号文件，提出一系列乡村振兴战略的原则，对新发展阶段优先发展农业农村、全面推进乡村振兴作出总体部署，为做好当前和今后一个时期“三农”工作指明了方向。同时，我们也应当清醒地看到，乡村振兴是一项长期而艰巨的战略任务，不可能在短期内完成。近年来，我国的“三农”工作取得了明显的成效，但是也存在着很多困难和问题，距离实现农业农村现代化尚有一定的差距，如各地“三农”发展规划设计缺乏系统性、科学性、可操作性和可持续性，导致力量分散、步调不一、行动盲目、落实难、效果差。尤其是农村基层工作人员，对于如何实施乡村振兴战略并不是十分明晰，不知道从何着手，缺乏科学的工作思路和有效的工作方法，导致某些地方的“三农”工作缺乏成效，乡村治理成效并不显著。

为了响应党的乡村振兴战略，推动乡村振兴战略的实施，解决当前“三农”工作存在的难题，根据党的乡村振兴战略的路线、方针、政策，参照党和国家关于乡村振兴战略的原则，我们进行了深入的市场调研和周密的选题策划，由著名社会科学专家李锦顺博士担任主编，并组织了一批长期活跃在乡村振兴工作一线的专家、学者、优秀工作人员担任编委，编写了“助力乡村振兴基层干部培训系列图书”。“助力乡村振兴基层干部培训系列图书”一共有10册，分别是《乡村旅游的开发与运营》《发挥本地优势发展乡村特色产业》《美丽乡村建设100例》《乡村治理体系的健全与发展》《农村合作社运营与发展》《休闲农业的开发与运营》《电子商务助力乡村振兴》《乡村生态宜居环境建设》《提高农民收入的新思路新途径》《农业产业化经营与农业技术推广工作创新》。

“助力乡村振兴基层干部培训系列图书”在全面总结提炼全国“三农”发展实践和经验的基础上，深入探究乡村振兴规律，系统提出乡村振兴路径，认真推荐乡村振兴典型，提出了新时代乡村振兴的思路、举措、方法、案例，以全局视角解读乡村振兴战略，以实地案例审视乡村未来发展。在大量的调查研究基础之上，围绕着中国乡村振兴诸问题，分别从乡村旅游、农村电子商务、乡村特色产业、美丽乡村建设、农村合作社、农业产业化经营与农业技术推广、农民增收、休闲农业、乡村治理、乡村生态宜居环境等10个方面，对如何实施乡村振兴战略提出了一系列切实可行的工作指导方法和针对性意见，以期从事乡村治理的政务工作人员和广大基层工作者以这套书作为借鉴，从中得到工作启示和方法指导，更好地指导工作实践，为实施乡村振兴战略、实现农业农村现代化做出更大的贡献。

“助力乡村振兴基层干部培训系列图书”有以下几个特点：

1. **专家团队编写，内容权威专业**

本书由著名社会科学专家李锦顺博士担任主编，由一批长期从事“三农”问题研究和“三农”工作的专家、学者、优秀“三农”工作者参与编写，从选题策划到内容编写，期间反复讨论、调研，并广泛听取了社科院教授、政府干部、农村基层工作人员的意见进行修改完善，因此，图书内容的专业性、权威性是毋庸置疑的。

2. **图书视角独特，观点清晰鲜明**

本书始终遵循“以助力实施乡村振兴战略为抓手，提供切实可行的思路和方法，解决实际问题”的选题和编写思路，精准选择乡村旅游、农村电子商务、乡村特色产业、美丽乡村建设、农村合作社等十个方面作为破解当前“三农”工作瓶颈的突破口，一本书就是一部解决三农问题的专著，就是一种工作思路和方向，针对性强，观点鲜明。

3. **深入实证调研，极具参考价值**

作者多年来一直坚持深入农村进行实地调研考察，编写时参考了诸多在乡村进行实地调研得来的案例及一手资料，从而能够从实际情况出发，针对“三农”工作中的诸多问题作出鞭辟入里的分析、论述，提出可行性很强的方法建议。可以说，本系列图书丰富了学界关于乡村振兴战略的理论成果，同时对政策制定部门来说也有着很高的参考价值。

4. **语言深入浅出，内容紧接地气**

编写人员充分考虑到乡村振兴的这十个领域学科实践性强的特点，力求理论阐述准确、案例分析清楚，并充分考虑到各个行业快速发展变化的现状，将学界最新的研究成果、数据、资料、案例穿插于理论之中，以提高内容的时效性；在结构编排上，注重结构的层次性和逻辑性，尽力做到脉络清晰、条理分明；在文字表述上，坚持深入浅出和通俗易懂的原则，语言力求精练、准确，使其符合绝大多数读者的认知能力。

5.既有理论指引，更有方法指导

本书将国家战略和地方实践、学术成果有机结合，高屋建瓴地提出了很多富有见地和独创性的理论，给广大农村基层工作者提供了思想理论指导，同时又针对相关问题，结合典型案例提出了一系列切实可行的操作方法，为实施乡村振兴战略提供了可借鉴、可参考、可推广的样本示范，值得广大读者细读、精读、深读。

总之，本系列图书视角独特，观点鲜明，切中肯綮，发人深省，不仅丰富了乡村振兴战略理论，同时对乡村振兴的政策制定和具体实施也有很高的参考价值。它是一套学习"三农"知识的优秀图书，也是一套有助于提高乡村干部工作能力的权威教材，更是一套新时代学习、贯彻、实施乡村振兴战略的优秀参考读物。

这套书在策划、编写过程中，得到了众多涉农专业的教授、专家、学者和政府干部、农村基层工作人员的宝贵指导，使本书内容更趋专业、科学、严谨，在此对他们表示衷心的感谢！由于时间仓促，编者能力水平有限，书中难免存在不当之处，还请广大读者和行业人士不吝赐教，共同探究和提高。

编　者

目录

第一章 休闲农业概述

休闲农业是城市化发展到一定阶段的必然产物，作为农村一、二、三产业融合发展的有效载体，近年来休闲农业持续蓬勃发展，不仅满足了人民群众对精神和物质生活的多样化需求，带动农民收入的增加，而且有力地推进了农业的提质增效，推动农业供给侧结构性改革，使休闲农业正在成为乡村振兴战略落到实处的重要力量。本章主要对休闲农业的概念、功能及投资、用地、相关政策等进行详细介绍，帮助读者对休闲农业形成初步的认识。

第一节 休闲农业的概念、模式及功能

休闲农业是把农村和农业作为旅游资源吸引游客参与其中的一种旅游活动，是农业与旅游业融合发展派生出的新兴产业。它既是第一产业向第三产业延伸形成的新型产业形态，也是旅游业向农业拓展形成的新型消费业态。

休闲农业的兴起，不仅丰富了人民群众的物质生活和精神生活，同时也提高了农业的经济效益、社会效益及生态效益等多重效益，实现了旅游业与农业发展的同频共振。本节主要介绍休闲农业及其相关概念、休闲农业的模式及功能。

一、休闲农业及其相关概念

（一）休闲农业

不同国家和地区对休闲农业的定义不同，不同专家学者也有不同的立场和观点。本文将简单介绍中国大陆对休闲农业的官方界定。2011年，农业部印发《全国休闲农业发展“十二五”规划》，从官方层面对“休闲农业”进行了表述：“休闲农业是贯穿农村一、二、三产业，融合生产、生活和生态功能，紧密连接农业、农产品加工业、服务业的新型农业产业形态和新型消费业态。”至此，我国休闲农业的内涵得以确定。2015年，农业部发布《休闲农业术语、符号规范》，对休闲农业进行了重新界定：“以农业生产、农村风貌、农家生活、乡村文化为基础，开发农业与农村多种功能，提供休闲观光、农事参与和农家体验等服务的新型农业产业形态。休闲农业包括农家乐、休闲农园、休闲农庄和休闲乡村4种基本形态。”

（二）智慧农业

智慧农业是利用感知技术、互联互通等智能化信息技术，集成生物技术、新材料技术、机械技术等现代技术，实现农业可持续发展的方式。智慧农业可以降低自然资源消耗、减少对环境的破坏，提高农业运转效率，增强农业生产与社会需求之间的联系。休闲农业是一、二、三产业融合而成的新型产业。随着各种智能手机软件走进民众生活，通过智能终端定制个性化农业模式，利用网络平台发展休闲农业，能够更好地整合产业资源，推动休闲农业的智能化发展。智慧休闲农业不是简单的由智慧农业与休闲农业相叠加，而是以“互联网”为基础，以大数据平台为支撑将现代农业、智慧农业、休闲农业、创意农业、体验农业等多种农业形态与模式融为一体的全新农业生产模式。智慧休闲农业打破了传统农业生产框架，延长了农业产业链。在生产领域，由传统的人工生产或半人工半机械生产走向全智能化生产；在经营领域，突出互联互通与个性化的营销模式；在服务领域，提供精准、动态与科学的全方位信息服务。

（三）生态农业

生态农业是按照生态学和生态经济学原理，遵循自然规律与经济规律来组织农业生产的新型农业；是应用现代科学成就、实行高度知识与技术密集的现代农业；是农、林、牧、副、渔多业结合，进行多种经营，全面规划，总体协调的整体农业；是因地制宜，发挥优势，合理利用，保护与增殖自然资源，保持农业持续稳定发展的持久农业；是自然调控与人工调控相结合，保持生态环境良好的稳定性农业；是充分利用有机和无机物质，加速物质循环和能量转化，从而获得高产的无废料农业；是建立生物与工程措施相结合的净化体系，能保护与改善生态环境，提高产品质量的无污染农业，同时也是协调经济、生产、社会三大效益矛盾的高效农业。简而言之，生态农业是农业发展的必然趋势。

休闲农业的发展，也要以生态为基础，树立人与自然和谐相处的观念，坚持节约资源、保护环境的基本国策，走生活富裕、生产发展、生态良好之路。

（四）乡村旅游

1.乡村旅游的定义

乡村旅游是指以农业生产、农民生活、农村风貌以及人文遗迹、民俗风情为旅游吸引物，以城市居民为主要客源市场，以满足旅游者乡村观光、度假、休闲等需求的旅游产业形态。首先，乡村旅游是依托特色村容村貌、乡村民俗风情、乡野田园风光等资源，为游客提供观光游览、休闲度假、娱乐体验、健康健身、会务等项目的新兴旅游方式。其次，乡村旅游发生在乡村地区，且以“乡村性”为核心吸引要素，因而是与都市旅游相对存在的区域综合性旅游形式。

2.休闲农业与乡村旅游的异同

严格来说，休闲农业与乡村旅游是两个相近又相异的概念。休闲农业的基本属性是以充分开发具有观光、旅游价值的农业资源和农业产品为前提，把农业生产、科技应用、艺术加工和游客观光、求知、参与农事活动等融为一体，供游客领略到在其他风景名胜欣赏不到的大自然浓厚意趣和现代化的新型农业艺术。由此可见，休闲农业是农业和旅游交叉结合产生的一种农业生产经营形态，是农业的衍生品，离开了农业，休闲农业便无从谈起。而乡村旅游更加强调空间维度的地域观念，它将整个乡村地域系统作为开发对象，主要是以具有典型乡村景观意象的聚落、建筑、环境，乃至非物质性的乡村民俗风情等为旅游吸引物。因此，休闲农业与乡村旅游在范围上有着一定的重合，但是，二者又有明显的差异性：休闲农业强调的是农业与旅游产业活动的同步性，乡村旅游强调的是旅游产业活动与乡村人文属性及自然环境之间的关联性。

（五）体验活动

何谓体验？是当一个人达到情绪、体力、智力甚至是精神的某一特定水平时，他意识中所产生的美好感觉。对园区而言，体验是“园区以服务为舞台，以农事为道具，以消费者为中心，创造能够使消费者参与、值得消费者回忆的活动”。休闲农业可以将农业生产过程、自然生态、农村文化和农家生活变成商品出售，城市居民通过身临其境地体验农业、农村、农民资源，满足其愉悦身心的需求。因此，休闲农业活动的基础是农业，目的是休闲，本质是体验。用体验来创新休闲农业，设计和开发适当的体验活动项目，更能体现休闲农业的特点，能更好地满足消费者的休闲消费需求。

（六）农耕文化

农耕文化是指由农民在长期农业生产中形成的一种风俗文化，以农业服务和农民自身娱乐为中心。传统农耕文化集儒家文化及各类宗教文化于一体，形成了自己独特的文化内容和特征，但主体包括语言、戏剧、民歌、风俗及各类祭祀活动等，是中国存在最为广泛的文化类型。

（七）田园综合体

2017 年，“田园综合体”作为乡村新型产业发展的措施被写进中央一号文件，原文如下：支持有条件的乡村建设以农民合作社为主要载体、让农民充分参与和受益，集循环农业、创意农业、农事体验于一体的田园综合体，通过农业综合开发、农村综合改革转移支付等渠道开展试点示范。

田园综合体是集现代农业、休闲旅游、田园社区为一体的特色小镇和乡村综合发展模式，特征主要表现在以下五个方面：第一，以产业为基础。田园综合体以农业为基础性产业，企业充分参与，以农业产业园区的方式提升农业产业，尤其是现代农业。第二，以文化为灵魂。田园综合体要把当地世代形成的风土民情、乡规民约、民俗演艺等发掘出来，还原村庄原貌，开发一个“本色”的村庄，让人们可以体验原汁原味的乡土文化和乡村生活。第三，以体验为活力。将农业生产、农耕文化和农家生活变成消费性产品，让城市居民身临其境体验农业、农事，满足愉悦身心的需求，形成新业态。第四，创新乡村消费。旅游业可作为驱动性产业去发展，通过创造乡村消费业态带动乡村社会经济的发展，一定程度地弥合城乡之间的差距。第五，城乡互动。城乡互动是解决文化差异问题的有效途径，田园综合体正是一种实现城市与乡村互动的商业模式。通过创意农业、农事体验的开展，在空间上把城市人和乡村人“混合”在一起，让他们在行为上互相交织，在文化上得以弥合，以促进城乡的有效互动。

（八）全国休闲农业示范点

为加快休闲农业和乡村旅游发展，推进农业功能拓展、农业结构调整、社会主义新农村建设和促进农民增收，农业部、国家旅游局开展全国休闲农业和乡村旅游示范县和全国休闲农业示范点创建活动。通过开展示范创建活动，进一步探索休闲农业与乡村旅游发展规律，理清发展思路，明确发展目标，创新体制机制，完善标准体系，优化发展环境，加快培育一批生态环境优、产业优势大、发展势头好、示范带动能力强的全国休闲农业与乡村旅游示范县和一批发展产业化、经营特色化、管理规范化、产品品牌化、服务标准化的休闲农业示范点，引领全国休闲农业与乡村旅游持续健康发展。

二、休闲农业的模式

目前，我国学者对我国休闲农业的经营模式都有较为深入的研究，按照相关权威专家对我国休闲农业经营模式的划分，主要有以下7种模式。

（一）田园农业模式

田园农业旅游模式即以农村田园景观、农业生产活动和特色农产品为旅游吸引物，开发农业游、林果游、花卉游、渔业游、牧业游等不同特色的主题旅游活动，满足游客体验农业、回归自然的心理需求。其主要类型有以下4种：

1.田园农业游以大田农业为重点，开发欣赏田园风光、观看农业生产活动、品尝和购置绿色食品、学习农业技术知识等旅游活动，以达到了解和体验农业的目的，如上海孙桥现代农业园、北京顺义"三高"农业观光园。

2.园林观光游以果林和园林为重点，开发采摘、观景、赏花、踏青、购置果品等旅游活动，让游客观看绿色景观，亲近美好自然，如四川泸州张坝桂圆林。

3.农业科技游以现代农业科技园区为重点，开发观看园区高新农业技术和品种、温室大棚内设施农业和生态农业，使游客增长现代农业知识，如北京小汤山现代农业科技示范园。

4.务农体验游通过参加农业生产活动，与农民同吃、同住、同劳动，让游客接触实际的农业生产、农耕文化和特殊的乡土气息，如广东高要广新农业生态园。

（二）民俗风情模式

民俗风情旅游模式即以农村风土人情、民俗文化为旅游吸引物，充分突出农耕文化、乡土文化和民俗文化特色，开发农耕展示、民间技艺、时令民俗、节庆活动、民间歌舞等旅游活动，增加乡村旅游的文化内涵。

主要类型有以下 4 种：

1. 农耕文化游利用农耕技艺、农耕用具、农耕节气、农产品加工活动等，开展农业文化旅游，如新疆吐鲁番坎儿井民俗园。

2. 民俗文化游利用居住民俗、服饰民俗、饮食民俗、礼仪民俗、节令民俗、游艺民俗等，开展民俗文化游，如山东日照任家台民俗村。

3. 乡土文化游利用民俗歌舞、民间技艺、民间戏剧、民间表演等，开展乡土文化游，如湖南怀化荆坪古文化村。

4. 民族文化游利用民族风俗、民族习惯、民族村落、民族歌舞、民族节日、民族宗教等，开展民族文化游，如西藏拉萨娘热民俗风情园。

（三）农家乐模式

农家乐旅游模式指农民利用自家庭院、自己生产的农产品及周围的田园风光、自然景点，以低廉的价格吸引游客前来进行吃、住、玩、游、娱、购等旅游活动。主要类型有以下 6 种：

1. 农业观光农家乐利用田园农业生产及农家生活等，吸引游客前来观光、休闲和体验，如四川成都龙泉驿红砂村农家乐、湖南益阳花乡农家乐。

2. 民俗文化农家乐利用当地民俗文化，吸引游客前来观赏、娱乐、休闲，如贵州郎德上寨的民俗风情农家乐。

3. 居民型农家乐利用当地古村落和居民住宅，吸引游客前来观光旅游，如广西阳朔特色民居农家乐。

4. 休闲娱乐农家乐以优美的环境、齐全的设施、舒适的服务，为游客提供吃、住、玩等旅游活动，如四川成都郫县农科村农家乐。

5. 食宿接待农家乐以舒适、卫生、安全的居住环境和可口的特色食品，吸引游客前来休闲旅游，如江西景德镇的农家旅馆、四川成都乡林酒店。

6. 农事参与农家乐以农业生产活动和农业工艺技术吸引游客前来休闲旅游。

（四）村落乡镇旅游模式

村落乡镇旅游模式以古村镇宅院建筑和新农村格局为旅游吸引物，开发观光旅游。主要类型有以下4种：

1. 古民居和古宅院游大多数是利用明、清两代村镇建筑来发展观光旅游，如山西王家大院和乔家大院、福建闽南土楼。

2. 民族村寨游利用民族特色的村寨发展观光旅游，如云南瑞丽傣族自然村、红河哈尼族民俗村。

3. 古镇建筑游利用古镇房屋建筑、民居、街道、店铺、古寺庙、园林来发展观光旅游，如山西平遥、云南丽江、浙江南浔、安徽徽州。

4. 新村风貌游利用现代农村建筑、民居庭院、街道格局、村庄绿化、工农企业来发展观光旅游，如北京韩村河、江苏华西村、河南南街村。

（五）休闲度假模式

休闲度假旅游模式依托自然优美的乡野风景、舒适怡人的清新气候、独特的地热温泉、环保生态的绿色空间，结合周围的田园景观和民俗文化，兴建一些休闲、娱乐设施，为游客提供休憩、度假、娱乐、餐饮、健身等服务。主要类型有以下3种：

1. 休闲度假村以山水、森林、温泉为依托，以齐全、高档的设施和优质的服务，为游客提供休闲、度假旅游，如广东梅州雁南飞茶田度假村。

2. 休闲农园以优越的自然环境、独特的田园景观、丰富的农业产品、优惠的餐饮和住宿，为游客提供休闲、观光旅游，如湖北武汉谦森岛庄园。

3. 乡村酒店以餐饮、住宿为主，配合周围自然景观和人文景观，为游客提供休闲旅游，如四川郫县友爱镇农科村乡村酒店。

（六）科普教育模式

科普教育旅游模式利用农业观光园、农业科技休闲农园、农业产品展览馆、农业博览园或博物馆，为游客提供了解农业历史、学习农业技术、增长农业知识的旅游活动。主要类型有以下4种：

1.农业科技教育基地是在农业科研基地的基础上，利用科研设施作景点，以高新农业技术为教材，向农业工作者和中小学生进行农业技术教育，形成集农业生产、科技示范、科研教育为一体的新型科教农业园，如北京昌平区小汤山现代农业科技示范园、陕西杨凌现代农业示范园。

2.观光休闲教育农业园利用当地农业园区的资源环境，如现代农业设施、农业经营活动、农业生产过程、优质农产品等，开展农业观光、参与体验、DIY教育活动，如广东高明霭雯教育休闲农园。

3.少儿教育农业基地利用当地农业种植、畜牧、饲养、农耕文化、农业技术等，让中小学生参与休闲农业活动，接受农业技术知识的教育。

4.农业博览园利用当地农业技术、农业生产过程、农业产品、农业文化进行展示，让游客参观，如沈阳市农业博览园、山东寿光生态农业博览园。

（七）回归自然旅游模式

回归自然旅游模式利用农村优美的自然景观、奇异的山水、绿色森林、静荡的湖水，发展观山、赏景、登山、森林浴、滑雪、滑水等旅游活动，让游客感悟大自然、亲近大自然、回归大自然。主要类型有：森林公园、湿地公园、水上乐园、露宿营地、自然保护区。

三、休闲农业的功能

（一）生产功能

休闲农业的基础是农产品的生产，生产的农副产品是进一步加工的原料，生产的全过程都可纳入休闲农业，农产品的加工、销售是延长休闲农业产业链的基础。因此，农业生产是休闲农业赖以生存的基础，没有生产，休闲农业就失去了特色，甚至难以存在。

（二）经济功能

休闲农业既有作为第一产业的生产功能，又有加工功能，也可将第三产业结合起来，从传统农业的仅仅出售原产品到出售附加值更高的加工品转变，而且更重要的是销售结合旅游观光来进行，全面地利用了农业生产、农村生活、农村文化等资源，因此有较高的经济效应。休闲农业进一步开发了农业资源，使其成为新的产业，可以为农村剩余劳动力提供新的就业机会。休闲农业与其他旅游活动一样，是一种服务性极强的劳动密集型产业。发展休闲农业，不仅需要导游、管理人员、服务人员，还需要住宿、饮食、商场、交通、文化行业等，能带动农村地区第三产业的发展，从而吸纳大量农村剩余劳动力。我国是农业大国，休闲农业的发展跟其他行业的发展有着密切的关系。一般认为，旅游业每创造 1 个直接就业岗位，就将产生另外 3 个关联就业机会，这将在一定程度上解决农村剩余劳动力的就业问题，从而可以振兴农村经济，振兴地方经济。

（三）文化功能

休闲农业往往把农村特有的生活文化、产业文化及许多传统的乡土民俗融入其中，同时随着观光农业的发展而发展，使这些具有中国特色、地方特色的农业文化得以继承和保存，并且在此基础上可能创造出更具特色的农村文化。休闲农业园无疑是自 20 世纪末出现的最有活力的农业文化的载体。在这个平台上，人们出于各种需要挖掘和宣传传统农业文化，同时创造着新时代的农村文化，既有利于丰富农村的生活，又有利于丰富城市居民的生活。

（四）社会功能

休闲农业的社会功能主要有：促进城乡交流；推进农村社会发展；提升农民生活品质；缩短城乡差距，保证社会稳定。休闲农业是推进城乡一体化发展的有效途径。休闲农业以农业为依托，以农村为空间，以农民为主体，以城市居民为客源，能够实现“大农业”与“大旅游”的有机结合，使得城乡互为资源、互为市场、互为环境，必将在加快城乡经济文化融合和三次产业联动发展、缩小城乡差别、加快城乡一体化进程方面发挥重要作用。休闲农业的发展可以积极地促进城市居民到农村观光旅游，给城乡居民交流提供平台，拓展农村居民的人际关系，促进城乡居民相互了解和支持。休闲农业在增加农民收入的同时，还提高了农民对城市的了解和认识，可缩短城乡差距，提升农民的生活质量。休闲农业是丰富我国旅游产品体系的重要内容，发展潜力巨大。大力发展集农业生产、农业观光、休闲度假、参与体验于一体的休闲农业，对于适应我国旅游消费转型升级，培育新型消费业态，提高居民幸福指数具有重要意义。

（五）环保功能

城市的居民到农村休闲旅游，不仅是因为农业的新鲜、新奇，去体验农村生活，还有一个重要的理由，即农村的空气清新，也就是农村有相对较好的生态环境。如果为了长久发展，吸引更多的休闲游想人口，休闲农业园区就必须从生态的角度入手，大力改善环境，提高环境质量，维护自然的生态平衡，积极发展生态农业。

（六）教育功能

观光农业以农业生产、农事活动、农村传统习俗等方面的展示为其特色内容，给城市居民提供了认识农业、接触农村、了解农民的机会，对城市居民了解动植物的生长过程、体验农村的生活、认识农村的文化、理解生态建设的意义等都有积极的作用。

第二节 休闲农业的发展概况

休闲农业在国外已经有 100 多年的发展历史，欧洲是世界休闲农业的发源地。1865 年，意大利成立“农业与旅游全国协会”，标志着休闲农业的正式诞生。随后休闲农业开始逐渐向美洲、亚洲等地区迅速蔓延，至 20 世纪 80 年代逐渐走上了规范化发展轨道，步入了发展成熟期，目前已具相当规模。台湾是我国最早发展休闲农业的地区，主要有观光农园、教育农园、休闲农场、市民农园、民俗民宿、休闲旅游等形式；大陆休闲农业发展起步较晚，但近年来随着政策的支持，休闲农业也得到了较快发展，成为助力乡村振兴、促进农民增收的重要途径。

一、国外休闲农业的发展历史及典型模式

从全世界范围来看，休闲农业的发展程度差异较大。但总体而言，休闲农业的发展程度和经济发展水平具有较为密切的关系，较早发展休闲农业的国家均具有较为雄厚的经济基础。人们在生活水平提高的情况下，往往寻求回归自然、放松舒适的休闲方式。这些国家有意大利、法国、美国、德国、日本等。如果将这些国家休闲农业起源的时间总结起来观察，不难发现它们具有较为相似的时间，基本上都在19世纪期间。各国休闲农业均产生于特定的历史背景下，在发展战略、经营模式、组织机制及体制建设等方面表现出各自的特点和优势，形成了各具特色的休闲农业发展模式。其中，具有代表意义的典型发展模式主要有以下4种：

（一）日本：绿色观光农业——政府扶持型发展模式

休闲农业的政府扶持型发展模式是指政府建立健全相关休闲农业法律框架和制度安排，依托国家和地方各级政府对其实施科学规划和统筹管理，通过税收、补贴、公共产品等手段进行宏观调控和规范管理，从制度层面为其持续发展提供支撑和保障，其内容涵盖体制建设、基础设施、规划布局、产品开发、组织营销、融资筹资、税费优惠、人才培训和环境保护等方面。其中，日本政府战后经济发展黄金期扶持休闲农业发展最为典型，以城郊互动型的都市绿色观光农业著称于世，休闲农业布局主要集中于东京、大阪和名古屋三大都市圈。

鉴于日本人均土地资源紧缺，土地资源和人力资源经营成本长期居高不下，导致日本农业生产先天缺陷明显，后天优势不足，农民弃耕现象严重。在此情况下，日本政府希望通过采取有力的政策措施来保障和促进农业的规范管理和健康发展，这为休闲农业的发展带来了契机。1990

年，日本制定了《市民农园整备促进法》，推动了大面积体验型市民农园的面世；1994年，制定了《农山渔村余暇法》，规定要求国家协调融资确保资金融通，对绿色观光农业在旅游体制、景点和设施建设等方面提供政策支持；1995年，颁布了《农山渔村宿型休闲活动促进法》，制定了促进农村旅宿型休闲活动功能健全化和实现农林渔业体验民宿行业健康发展等措施。随着日本加入WTO，政府通过给予贷款、贴息等激励措施，逐渐实现绿色观光农业园区生产手段设施化、智能化和生产经营管理网络化发展。

（二）法国：专业农场——非政府组织型发展模式

休闲农业的非政府组织型发展模式主要是指通过休闲农业行业协会、社团组织、商会联盟等多元化的休闲农业中介机构主导，组织农户、企业等产业参与主体，整合休闲农业旅游资源，搭建休闲农业网络信息平台，提供信息传递、咨询培训、联盟营销等行业服务，加强休闲农业的行业自律与规范管理，发挥休闲农业产业效益集群效应，通过行业组织推动休闲农业发展。非政府组织型发展模式主要适用于休闲农业行业协会发达的国家和地区。自从法国推出“农业旅游”后，以专业农场经营为主的休闲农业得到较快的发展。非政府组织机构在法国休闲农业的发展过程中起着重要作用，其中以法国农业旅游协会为主要代表。在法国休闲农业发展初期，政府部门与行业协会的合作便应运而生。

自1954年联邦国营旅舍联合会主办“法国农家旅舍网”以来，各类农业旅游社团组织和协会等中介机构相继成立，有力地加强了法国休闲农业发展的经验交流、信息传播、理论研究和业务培训。法国各个行业协会在政府政策的指导下，通过制定休闲农业发展相关的行业规范和质量标准，加强行业自律与规范管理，推动以农产品农场、点心农场、农场客栈、骑马农场、探索农场、教学农场、暂住农场、狩猎农场以及露营农场等专业农场经营为主的休闲农业快速发展。随着休闲农业的发展，行业协会也不断壮大，行业自律和规范管理作用逐渐凸显。在这种情况下，法国政府对于休闲农业的发展也开始由组织指导转向监督管理，行业协会在休闲农业的发展过程中逐渐占据主导作用。

（三）美国：市民农园——社区参与型发展模式

休闲农业的社区参与型发展模式是指在农业资源丰富、人口众多的国家和地区，通过发展休闲农业来增加农业的经济社会效益，实现农民就业增收，提高农民文化素质，改善农村生产生活环境，从而缩小城乡差距，促进城乡交流。社区参与型发展模式大多见于以农业为支柱产业的发展中国家。美国的市民农园是社区参与型休闲农业发展模式的典型代表。二战结束后，美国农业部在经费和技术上协助农民进行农地转移计划，将其中部分土地转为野生动物保护与游憩用地，各地休闲农场数量急剧增加。由于政府政策上的鼓励和扶持，美国的休闲牧场度假这种颇为贵族化的休闲度假方式逐渐成为一种大众化的休闲方式，休闲农业得以迅速发展，主要经营场地是度假农庄与观光牧场，多以乡村自然生态和农业资源为主而少有人工再造景观。美国市民农园采用农场与社区互助的组织形式，参与市民农园的居民与农民共同分担成本、风险和赢利。这种经营模式极大地密切了农民和市民的联系，有效促进了当地农业的快速发展。

（四）澳大利亚：葡萄酒庄园——产业协同型发展模式

休闲农业的产业协同型发展模式是指以优势农业为依托，通过拓展农业观光、休闲、度假、体验、科普和娱乐等功能，开发休闲农业产品组合，带动相关产业发展，实现农业与旅游业的协同发展。产业协同型发展模式主要适用于农业产业规模效益较为显著的地区，以农业生产景观、加工工艺和产品体验作为特色旅游吸引物，开发观光、休闲、度假、体验、科普和娱乐等农业旅游产品，加强农场、旅游、交通、零售、娱乐等相关企业的紧密合作，形成战略联盟，带动相关产业发展，从而产生产业经济协同效益。其主要特征是“以农促旅、以旅带农”，促进本地特色农业与旅游业的有机结合。

澳大利亚休闲农业在发展过程中非常注重本土风情文化旅游这一主题，特色鲜明，形式生动活泼，强调参与性和体验性，其中以澳大利亚葡萄酒旅游最为典型。澳大利亚以葡萄庄园的生产设施、田园风光、特色餐饮、葡萄酒的酿制工艺和历史文化为吸引物，大力开发体验旅游和文化旅游。通过成立维多利亚葡萄酒业旅游委员会、南澳葡萄酒业旅游委员会，来促进葡萄酒业与旅游业协同发展，以此带动葡萄酒的加工和销售，吸纳农村剩余劳动力就业，促进农村经济发展，提高农民收入。

二、我国休闲农业的发展概况

（一）我国台湾休闲农业的发展历史

台湾是我国最早发展休闲农业的地区。1969 年，台湾农业生产领域出现了二战以后的第一次衰退，从而影响经济发展。为了使农业尽快走出困境，加速农业领域的产业升级，提高农民收入，以观光、休闲、体验、度假为主要特征的休闲农业在台湾开始兴起，并逐渐进入快速发展阶段。台湾休闲农业萌芽于 20 世纪 60 年代后期，发展迅速，呈现一片生机勃勃之景像。休闲农业在台湾具体表现为农业与旅游服务业的有机结合，是一种新型农业经营方式和新兴旅游产品。它主要通过利用农村自然景观、农业农田景观、农业生产设施、农业生产过程、农业文化、农家生活等，为旅游消费者提供观光、休闲、旅游服务，是一种供消费者体验农情、了解农村、了解农业的一种经营活动。台湾休闲农业主要有以下类型：观光农园、教育农园、休闲农场、市民农园、民俗民宿、休闲旅游。保护自然与文化资源、改善农业生产结构、增加农村就业机会、提供田园体验机会、促进农村社会发展、提高农民收入是台湾发展休闲农业的目标。

（二）我国大陆休闲农业的发展概况

1. 我国休闲农业的发展历程

我国休闲农业兴起于改革开放以后，开始是以观光为主的参观性农业旅游，这与旅游的初级阶段极为相似。20 世纪 90 年代以后，开始发展观光与休闲相结合的休闲农业旅游。进入21世纪，休闲农业有了较快的发展。回顾我国休闲农业发展的过程，大致可以分为以下5个阶段：

(1)早期兴起阶段(1980－1990年)。该阶段处于改革开放初期，靠近城市和景区的少数农村根据当地特有的旅游资源，自发地开展了形式多样的农业观光旅游，举办荔枝节、桃花节、西瓜节等农业节庆活动，吸引了城市游客前来观光旅游，增加了农民收入。例如，广东深圳市举办了荔枝节活动，吸引大量游客前来观光旅游，并借此举办招商引资洽谈会，取得了良好效果。河北涞水县野三坡景区依托当地特有的自然资源，针对京津唐游客市场推出“观农家景、吃农家饭、住农家屋”等旅游活动，有力地带动了当地农民脱贫致富。

(2)初期发展阶段(1990－2000年)。该阶段正处在我国由计划经济向市场经济转变的时期，随着我国城市化发展和居民经济收入的提高，消费结构开始改变，在解决温饱之后有了观光、休闲、旅游的新要求。同时，农村产业结构需要优化调整，农民扩大就业、农民增收提上日程。在这样的背景下，靠近大中城市郊区的一些农村和农户利用当地特有的农业资源环境和特色农产品，开办了以观光为主的观光休闲农园，开展采摘、钓鱼、种菜、野餐等多种旅游活动。例如，北京锦绣大地农业观光园、上海孙桥现代农业园、广州番禺区龙化农业大观园、河北北戴河集发生态农业观光园、江苏苏州西山国家现代农业示范园、四川成都郫县农家乐、福建武夷山观光茶园等。这些观光休闲农业园区，吸引了大批城市居民前来观光旅游，体验农业生产和农家生活，欣赏和感悟大自然，很受欢迎和青睐。

(3)规范经营阶段(2000－2010年)。该阶段处于我国人民生活由温饱型全面向小康型转变的阶段，人们的休闲旅游需求开始强烈，而且呈现出多样化的趋势。一是人们更加注重亲身体验和参与，很多“体验旅游”“生态旅游”的项目融入农业旅游项目中，极大地丰富了农业旅游产品的内容。二是人们更加注重绿色消费，农业旅游项目的开发也逐渐与绿色、环保、健康、科技等主题紧密结合。三是人们更加注重文化内涵和知识性，农耕文化和农业科技性的旅游项目开始融入观光休闲农业园区。四是政府积极关注和支持，组织编制发展规划，制定评定标准和管理条例，使休闲农业园区开始走向规范化管理，保证了休闲农业健康发展。五是休闲农业的功能由单一的观光功能开始拓宽为观光、休闲、娱乐、度假等综合功能。

(4)规范发展期(2010—2016 年)。农业部和国家旅游局开始高度重视休闲农业和乡村旅游的行业规范和制度，政府部门开始介入休闲农业产业和乡村旅游业务的规范化管理，从而使我国的休闲农业进入规范发展期。这一阶段的休闲农业发展得风生水起、异彩纷呈，发展速度快、产业规模大、类型模式多，整个产业出现了蓬勃发展的态势。休闲农业功能已经由观光、采摘体验功能拓展为观光、休闲、娱乐、度假、体验、科普、康养等综合功能。

(5)创意发展期(2016 年至今)。休闲农业结合了文化、科技等元素，以科技为先导、创意为核心，逐步向创意农业方向发展。创意农业是我国农业发展的新兴热点领域，成为引领农业功能拓展和产业转型升级的重要创新手段。2016 年，中央一号文件提出大力发展创意农业。此后几年，中央一号文件也提出要大力发展创意农业，使之成为繁荣农村、富裕农民的新兴支柱产业。

2.我国休闲农业发展的背景及需求分析

(1)城市扩张，人们回归自然的需要。城市化的快速发展，城市人口规模的扩大，为发展休闲农业提供了市场客源。长期生活在城市里的居民由于城市环境、生活和工作的压力，希望回归到自然，感受乡村的田园风貌，体验农村生活，以实现身心的放松与愉悦。城市的扩张导致城市人口大规模增加，从而为休闲农业旅游提供广阔的市场基础。

(2)居民收入增加，为休闲旅游提供可能性。经济的快速发展，为发展休闲农业提供了可靠的经济基础。根据国际经验，人均国内生产总值

(GDP)达到1000美元时，观光性旅游需求急剧膨胀；人均GDP达到2000美元时，将基本形成对休闲的多样化需求和多样化选择；人均GDP达到3000美元时，度假需求就产生。由此可见，居民收入的增加为休闲农业旅游提供可能性，成为休闲农业的潜在客源。

(3)新休假制度的实施，为休闲提供了充裕时间。2008年1月1日，新的休假制度正式实施。小长假增多、带薪休假制度更加完善，使得短途旅游成为新宠，带动都市周边的休闲农业飞速发展。

(4)道路交通系统改善，扩大了休闲的半径。农业休闲旅游大多数是短途旅游，以自驾游为主。目前城市私人汽车迅速增加，为城市居民外出旅游提供了条件。此外，交通系统日臻完善、各类公交辅助查询系统逐步建立，使得市民的出行更加方便快捷。

（三）我国大陆休闲农业的发展趋势

1.以田园乡村建设为主题的田园综合体迅猛发展

2017年，“田园综合体”作为乡村新型产业发展的亮点措施被写进中央一号文件：支持有条件的乡村建设以农民合作社为主要载体、让农民充分参与和受益，集循环农业、创意农业、农事体验于一体的田园综合体，通过农业综合开发、农村综合改革转移支付等渠道开展试点示范。

田园综合体是集现代农业、休闲旅游、田园社区为一体的乡村综合发展模式，是在城乡一体化格局下，顺应农村供给侧结构性改革、新型产业发展，结合农村产权制度改革，实现中国乡村现代化、新型城镇化、社会经济全面发展的一种可持续性模式。

近年来，随着城乡居民收入增长和需求结构升级，人们对农产品品种、品质、品位提出了更高要求，对乡村旅游和休闲农业等需求呈井喷式增长态势。在此背景下，抓好农村三产融合，就抓住了改善农业供给、拓展农业功能、拓宽农民增收渠道的“牛鼻子”。推进农村三产融合，必须充分挖掘和利用农村资源优势，推动绿水青山成为百姓致富的金山银山。绿水青山、田园风光、乡土文化是乡村独特优势，为把优势资源化为优势产业，中央提出利用“旅游＋”“生态＋”等模式，推进农业、林业与旅游、教育、文化、康养等产业深度融合。因此，我们预计10年后田园综合体在国家乡村振兴战略以及各种政策支持下会得到迅猛发展。

2.以特色产业为主题的特色小镇成为我国农村城镇化的主要特色

目前，浙江、江苏的特色小镇发展之所以得到中央的肯定，都是由于围绕最有基础、最具潜力、最能成长的特色优势产业来发展的。他们通过特色小镇的打造，紧扣产业发展趋势，延伸产业链、提升价值链，构建小镇大产业，培育出了有竞争力的创新集群、有影响力的细分行业冠军。特色小镇的关键在于一个“特”字，而其中特色产业是“特”的灵魂，围绕特色主导产业形成产业集聚生态圈，最终实现“以产立镇、以产带镇、以产兴镇”。

为了支持农村新产业新业态发展，国家在用地、融资、人才、基础设施等方面，作出了一系列政策安排。比如在农村新产业新业态用地方面，中央一号文件提出完善新增建设用地保障机制，将年度新增建设用地计划指标确定一定比例，用于支持农村新产业新业态发展。允许通过村庄整治、宅基地整理等节约的建设用地，采取入股、联营等方式，重点支持乡村休闲旅游养老等产业和农村三产融合发展。

在人才支撑方面，国家提出整合落实市场准入、财政税收、金融服务等方面的优惠政策，支持进城农民工返乡创业，鼓励高校毕业生、农业科技人员等各类人才回乡下乡创业，带动现代农业和农村新产业新业态发展。

根据行业发展趋势和政策指向，可以预测，未来十年我国的特色小镇将越来越多。

3.以产品为主题的专业化休闲农庄赢利模式普遍发展

目前，相当一部分农庄主是在基建、工业、房地产行业和流通行业中完成原始资本积累，看好休闲农业发展前景而转投休闲农业的，对休闲农业市场需求、特征和趋势等缺乏深刻认识。农庄主往往根据经验融合自己对休闲农业的体会自行规划设计，存在着建筑外观雷同，内部布局失当，功能单一，少有精品，游客回头率低等问题。

以目前休闲农庄发展态势来看，休闲农庄将会面临两种选择：一是转型升级，向主题化、专业化、品牌化方向发展；二是破产转让，退出休闲农业行业。转型升级成功的休闲农业企业将进入快速发展通道。新的休闲农庄业态不断发展，多数以产业为支撑，以产品为主题，以生产、休闲体验等功能拓展为方向，以产业链不断延伸为目标，以专业化、品牌化为手段的休闲农庄得到发展，其赢利模式获得普遍认同。

4.“农业＋教育”“农业＋康养”等新功能拓展业态不断发展

农业不光有提供产品、游乐的功能，还有教育功能、康体功能等。目前，一些传统农家乐只提供餐饮、棋牌、垂钓等低端休闲娱乐服务，形式老套，收益不佳。

为适应乡村旅游市场，今后“农业＋教育”“农业＋康养”等休闲农业新业态将不断得到创新与发展。很多农庄、农家乐将转型，在原来的基础上打造成以亲子教育活动、康体养生活动等为主题的自然生态乐园。目标市场转为亲子教育活动、体育休闲、养生养老等市场，提供的服务项目丰富多彩，如亲子教育体验、户外拓展、种植养殖、手工益智 DIY 等，还有以乡村旅游为主体的传统民俗文化、农耕文化等。

5.乡村民宿度假消费市场规模越来越大

乡村民宿是指农民利用自用住宅或者闲置的房屋，结合当地人文、自然景观、生态、环境资源及农林渔牧生产活动，以家庭副业方式经营，为旅客提供乡野生活的住所。乡村民宿不同于传统的饭店旅馆，没有高级奢华的设施，但它能让人体验当地风情、感受民宿主人的热情与服务，进一步体验有别于城市的乡村生活。

可以预测，以观光消费为主的观光农业模式将逐渐退出历史舞台，以休闲娱乐体验消费为主的休闲农业模式将得到充分发展。因此，以民宿为主的各种休闲农业和乡村旅游休闲度假服务业态越来越成熟，越来越普及。各种以度假为主题的服务项目丰富多彩，城乡进一步融合发展，农民收入不断提高。

6. 以互联网为依托的共享农庄成为消费时尚

共享农庄就是把农村闲置住房进行个性化改造，形成一房一院一地，并根据需求改造为市民田园生活、度假养生等模式，再通过互联网对外出租。休闲农业和乡村旅游想要推进农村三产快速融合，必须加快发展休闲农业电商化，着力提高休闲农业产业链的收益。今后 10 年，以“安、居、乐、业”为特征的共享农庄将逐步普及。

“安”即不改变宅基地产权归属，让农民没有后顾之忧；“居”即农民出空间，社会出资本，共建宜居宜营的共享农庄，吸引城市居民长租或承包运营；“乐”即农民将闲置资源租赁，不仅获取回报，也增加了收入，市民则能实现田园梦、创业梦，提升居住品质和感受，政府税收增加；“业”即真正实现农民不离乡不离土创业、就业，城市资本、管理、人员有序进入农村旅游行业。

第三节　休闲农业的相关政策

我国休闲农业与“三农”问题紧密相关，于 21 世纪初正式进入国家政策干预视野。梳理现有休闲农业相关政策和法规，有助于休闲农业经营主体、行业协会和产业联盟等服务主体从宏观层面上把握我国休闲农业和乡村旅游的政策导向与演化规律，并适时调整经营或服务方向、内容，明确工作重点；有助于各服务主体了解发展休闲农业的优惠政策和相关限制，促进休闲农业的有效运转。同时进行政策展望，对未来休闲农业的政策发展趋势做出分析。

一、休闲农业的政策演进

相对于传统农业而言，休闲农业的发展既转变了农业经营方式，又改变了社会对农业的观念。如果没有良好的政策环境，休闲农业难以长足发展，更无法产生一定的经济影响力。我国政府对休闲农业的认识有一个发展过程，因而其政策制定同样经历了一个较长的过程，并出现了政策反复，不断研讨与修正，从而逐步形成了较为完善的政策、法规体系。这些都成为我国农业发展的制度保障和政策环境。我国休闲农业的政策演进可分为三个阶段，分别为：政策过渡期（2001—2009 年），政策红利期（2010—2016 年）和提质升级与政策落实深化期（2017 年至今），下面对其进行详细介绍。

（一）政策过渡期（2001—2009 年）

2001—2009 年是我国由农业旅游政策向休闲农业和乡村旅游政策的过渡期，共出台了 9 项相关政策，政策导向经历了“市场开拓与主题促销——农业旅游与旅游发展空间格局拓展——乡村旅游与社会主义新农村建设”的变化。在这一时期，由于制度与规范尚不健全、基础建设滞后、行业组织不完善等原因，我国休闲农业和乡村旅游产业处于雏形阶段，市场发育不完善。为了引导我国休闲农业和乡村旅游规范发展，这一阶段出台的相关政策中，结构式强制工具的使用占据了主导地位，其次是互动式影响工具和契约式经济工具。

2001 年以前，我国休闲农业和乡村旅游政策的重点是宣传促销、市场开拓，主要以主题旅游年活动中设计推广的乡村旅游专项线路和产品为形式。2001 年，原国家旅游局把推进农业旅游发展列为当年旅游工作要点，并先后出台《农业旅游发展指导规范》、《全国农业旅游示范点、工业旅游示范点检查标准（试行）》（2002 年），对拓展之前以城市、景区为主的旅游发展格局有开拓意义，也说明“农业旅游”是“休闲农业和乡村旅游”概念的雏形。2006 年，以《关于促进农村旅游发展的指导意见》《关于促进社会主义新农村建设与乡村旅游发展合作协议》的出台为标志，国家开始重视组织休闲农业和乡村旅游政策的研究与制定，并以社会主义新农村建设为导向，强调将休闲农业和乡村旅游融入新农村建设政策框架中。为了提高政策效能，相关部门先后组建了全国乡村旅游工作领导小组(2007 年)、原农业农村部农村社会事业发展中心休闲农业处(2008 年)、中国旅游协会休闲农业与乡村旅游分会(2009 年)，标志着我国休闲农业和乡村旅游发展有了专门的组织机构保障。

(二)政策红利期(2010—2016 年)

2010—2016 年是我国休闲农业与乡村旅游发展的政策红利期，政府共颁布了 34 项政策，以通过品牌示范创建与标准化工作规范发展休闲农业和乡村旅游为政策导向。2010 年，原农业部和原国家旅游局签署合作框架协议，以推出一批示范县(镇)、示范村(企业)为标志，我国开始以示范创建项目为抓手，系统推进休闲农业和乡村旅游的标准化发展。2014 年以后，休闲农业和乡村旅游扶贫功能的发挥则成为另一政策着力点。国家开始重视运用市场手段、人才培养措施、信息和舆论支持优势，并鼓励通过多元主体合作、发挥行业协会的自管自律作用等促进休闲农业和乡村旅游产业的自我发展能力和扶贫潜力。

据统计，2010—2016 年我国累计共有全国休闲农业和乡村旅游示范项目(县、点、企业、园区)、中国美丽休闲乡村、中国美丽田园、休闲农业精品线路、全国休闲农业创意精品、国家乡村旅游度假实验区、中国乡村旅游“千千万万”品牌、中国乡村旅游创客示范基地等 10 项示范创建项目出台，形成了休闲农业和乡村旅游品牌创建和推介的“点、线、面”格局，并形成了一定规模，标志着一张全国性的休闲农业和乡村旅游重点产品地图的基本形成。为了提高创建质量、巩固创建成果，政府制定休闲农业行业标准、依托培训班等形式培养专门人才，对全国休闲农业进行摸底调查和监测工作同步展开。同时，休闲农业的宏观政策也陆续出台，这标志着我国休闲农业的政策体系框架已经基本形成。

（三）提质升级与政策落实深化期（2017 年至今）

2017 年，以文旅资源发〔2018〕98 号文、农加发〔2018〕3 号文、发改社会〔2017〕1292 号文和农办加〔2017〕15 号文开始关注休闲农业和乡村旅游转型升级与提质增效、可持续发展以及政策落实问题为标准，我国休闲农业和乡村旅游进入到了提质升级与政策落实深化期。2017－2018 年，共有 13 项政策颁布，相关部门开始注重运用税收、财政、金融、产权交易等工具优化我国休闲农业和乡村旅游的发展环境。

2017 年以来，我国休闲农业和乡村旅游政策呈现出以下特点：(1)从空间角度优化乡村旅游区域整体布局、促进乡村旅游区域协同发展正式提上政策议程。倡导东部、中西部、东北或乡村旅游发展基础不同的区域确立不同的发展模式、开发模式、合作模式。(2)进一步扩大产业服务主体，成立全国休闲农业和乡村旅游产业联盟。(3)2010－2016 年制定的标准多由农业农村部提出，用以规范休闲农庄、农家乐等实体的经营。近两年制定的相关标准主要由原国家旅游局提出，以民宿标准为突破口。(4)品牌示范创建项目进一步扩展到休闲渔业（全国休闲渔业品牌）、休闲牧业（全国休闲观光牧场）以及中国优秀国际乡村旅游目的地，品牌示范项目的创建类型进一步丰富、创建主体日趋多元、品牌创建要求日益提高。(5)人才培育类政策的重点正在由服务于产业规范化发展的实用技能人才和标准化经营管理人才到服务于产业转型升级、创新创意经营的规划设计人才、“双创”人才的转变。

二、休闲农业的支持政策

休闲农业的政策制定是一个不断发展的过程，我们将围绕资金、土地、基础设施、品牌培育、公共服务五个方面对休闲农业政策进行梳理。

（一）资金方面

政府相关部门除了发布各种相关财政补贴之外，还出台了各种金融支持和融资政策，致力于解决休闲农业资金短缺问题。同时，国家税务总局和各地税务机关制定各类财政补贴和税收优惠政策。

1. 金融支持政策

2015 年，国务院办公厅转发财政部、国家发展和改革委员会、中国人民银行《关于在公共服务领域推广政府和社会资本合作模式指导意见的通知》中指出："在财税、价格、土地、金融等方面加大支持力度，保证社会资本和公众共同受益，通过资本市场和开发性、政策性金融等多元融资渠道，吸引社会资本参与公共产品和公共服务项目的投资、运营管理，提高公共产品和公共服务供给能力与效率。"

2015 年《关于进一步做好政府和社会资本合作项目示范工作的通知》和 2016 年《关于推进农业领域政府和社会资本合作的指导意见》指出，要加快推进政府和社会资本合作(PPP)项目示范工作，尽早形成一批可复制、可推广的实施范例，助推更多项目落地实施。提升农业投资整体效率与效益，为加快农业现代化提供有力支撑。

2017 年，农业部发布《关于推动落实休闲农业和乡村旅游发展政策的通知》，第二条规定："在金融政策上，要创新担保方式，搭建银企对接平台，鼓励担保机构加大对休闲农业和乡村旅游的支持力度，帮助经营主体解决融资难题。要推动银行业金融机构拓宽抵押担保物范围，扩大信贷额度，加大对休闲农业的信贷支持，带动更多的社会资本投资休闲农业和乡村旅游。"

2. 财政政策

2016 年 7 月，农业部等 14 部门印发的《关于大力发展休闲农业的指导意见》在"保障措施"中提到，强化政策落实创设鼓励各地采取以奖代补、先建后补、财政贴息、设立产业投资基金等方式加大财政扶持力度。各地要加大投资力度，组织实施休闲农业和乡村旅游提升工程，推动休闲农业和乡村旅游的提档升级。

2017 年 5 月，农业部办公厅印发的《关于推动落实休闲农业和乡村旅游发展政策的通知》要求："在财政政策上探索采取以奖代补、先建后补、财政贴息、设立产业投资基金等方式加大财政扶持力度。要创新融资模式，鼓励利用PPP模式、众筹模式、互联网+模式、发行私募债券等方式，引导社会各类资本投资休闲农业和乡村旅游。”

2018年，中央一号文件《中共中央国务院关于实施乡村振兴战略的意见》要求建立健全实施乡村振兴战略财政投入保障制度，公共财政更大力度向“三农”倾斜，确保财政投入与乡村振兴目标任务相适应。休闲农业和乡村旅游作为农村一二三产业融合发展的新业态，是实施乡村振兴战略的重要途径之一，财政政策支持必不可少。

3. 税收优惠政策

2006年，财政部、国家税务总局《关于房产税、城镇土地使用税有关政策的通知》规定：“在城镇土地使用税征收范围内经营采摘、观光农业的单位和个人，其直接用于采摘、观光的种植、养殖、饲养的土地，根据《中华人民共和国城镇土地使用税暂行条例》第六条中‘直接用于农、林、牧、渔业的生产用地’的规定，免征城镇土地使用税。”

2015年4月，《国务院关于进一步做好新形势下就业创业工作的意见》提出，要鼓励农村劳动力创业，发展农民合作社、家庭农场等新型农业经营主体，发展农产品加工、休闲农业、乡村旅游、农村服务业等劳动密集型产业项目，落实定向减税和普遍性降费政策。为进一步支持小型微利企业发展，2017年、2019年和2021年均颁布小微企业税收减免优惠政策，按一定比例减税，同时再减半征收企业所得税。

（二）土地方面

目前，国家的土地政策对支持休闲农业发展越来越具有倾向性。休闲农业开发者和运营户熟悉国家有关土地的政策规定，按规定规划和使用，有助于休闲农业项目的顺利落地，推动休闲农业的长期稳定发展。休闲农业用地主要有生产用地、农用地、建设用地和宅基地等。

1. 生产用地和农用地

首先，发展休闲农业不得占用基本农田。基本农田俗称“吃饭田”

“保命田”，其重要程度不言而喻。2004 年，国务院《关于坚决制止占用基本农田进行植树等行为的紧急通知》对于基本农田提出了“五不准”的明确规定：不准占用基本农田进行植树造林、发展林果业和搞林粮间作以及超标准建设农田林网；不准以农业结构调整为名，在基本农田内挖塘养鱼、建设用于畜禽养殖的建筑物等严重破坏耕作层的生产经营活动；不准违法占用基本农田进行绿色通道和城市绿化隔离带建设；不准以退耕还林为名违反土地利用总体规划，将基本农田纳入退耕范围；不准非农建设项目占用基本农田（法律规定的国家重点建设项目除外）。因此，在进行休闲农业开发的过程中，必须弄清楚其是否占用基本农田。

2015 年，国务院办公厅《关于推进农村一二三产业融合发展的指导意见》指出：“对社会资本投资建设连片面积达到一定规模的高标准农田、生态公益林等，允许在符合土地管理法律法规和土地利用总体规划、依法办理建设用地审批手续、坚持节约集约用地的前提下，利用一定比例的土地开展观光和休闲度假旅游、加工流通等经营活动。”

2. 建设用地

2016 年中央一号文件和 2017 年发布的《关于推动落实休闲农业和乡村旅游发展政策的通知》共同强调，要大力发展休闲农业和乡村旅游，并指出：“依据各地具体条件，有规划地开发休闲农庄、乡村酒店、特色民宿、自驾露营、户外运动等乡村休闲度假产品。”“在用地政策上，要落实城乡建设用地增减挂钩试点，农村集体经济建设用地自办、入股等方式经营休闲农业的政策。要积极向当地政府汇报，争取将休闲农业和乡村旅游项目建设用地纳入土地利用总体规划和年度计划合理安排。要支持有条件的地方通过盘活农村闲置房屋、集体建设用地、‘四荒地’、可用林场和水面等资产资源发展休闲农业和乡村旅游。”

3. 宅基地

2015 年《关于积极开发农业多种功能大力促进休闲农业发展的通知》、2017 年《关于深入推进农业供给侧结构性改革，做好农村产业融合发展用地保障的通知》和2019年《农业农村部关于积极稳妥开展农村闲置宅基地和闲置住宅盘活利用工作的通知》都指出，鼓励村集体和农民盘活利用闲置宅基地和闲置住宅，在充分保障农民宅基地用益物权、防止外部资本侵占控制的前提下，依法依规发展休闲农业和乡村旅游等。

4.设施农用地

2010年，国土资源部和农业部联合发布《关于完善设施农用地管理有关问题的通知》（以下简称通知），对休闲观光项目用地进行了规定。通知对设施农用地的范围进一步界定，指出设施农用地是指直接用于经营性养殖的畜禽舍、工厂化作物栽培或水产养殖的生产设施用地及其相应附属设施用地，农村宅基地以外的晾晒场等农业设施用地。兴建农业设施占用农用地的，不需办理农用地转用。其中，生产设施占用耕地的，生产结束后由经营者负责复耕，不计入耕地减少考核；附属设施占用耕地的，由经营者按照“占一补一”要求负责补充占用的耕地。在以农业为依托的休闲观光项目以及各类农业园区，涉及建设永久性餐饮、住宿、会议、大型停车场、工厂化农产品加工、中高档展销等的用地，不属于设施农用地范围，按非农建设用地管理。确需建设的，必须符合土地利用规划，依法办理建设用地审批手续。在土地利用总体规划确定的建设用地范围内，因设施农业项目发展需要，申请按建设用地使用土地的，可按建设用地管理，并依法办理建设审批手续。

在此基础上，2014年国土资源部和农业部联合出台了《关于进一步支持设施农业健康发展的通知》等相关政策，规范和支持设施农业的发展，严禁随意扩大设施农业用地范围，各类农业园区中涉及建设永久性餐饮、住宿、会议、大型停车场、工厂化农产品加工、展销等用地，必须依法依规按建设用地进行管理，合理界定设施农业发展用地范围、积极支持设施农业发展用地、规范设施农业发展用地、加强设施农业发展的服务与监管。

综上所述，农村土地不仅仅是耕地，还有农民的宅基地、农村集体建设用地、“四荒地”等。我们在发展休闲农业的过程中，要充分利用好这些土地，盘活农民宅基地、村集体建设用地资产，创造更高的经济价值。同时，这些土地的开发和利用，对增加农民的资产性收入也可以发挥很大的作用。

（三）基础设施方面

目前，我国对于乡村旅游发展的基础设施建设的扶持政策比较少。

2008 年，中共中央、国务院颁布的《关于切实加强农业基础建设进一步促进农业发展农民增收的若干意见》中，明确表示要突出抓好农业基础设施建设，加大投入力度，加快建设步伐。

2009 年，《国务院关于加快发展旅游业的意见》指出，地方各级政府要加大对旅游基础设施建设的投入。中央政府投资重点支持中西部地区重点景区、红色旅游、乡村旅游等基础设施建设。

各地政府部门具体的扶持政策有：北京市对于观光休闲农业园区进行的生产、基础设施、科技推广等项目，符合相关部门扶持要求的择优扶持；天津市由市农委、市旅游局从农村发展资金、旅游发展资金中各自拿出一定资金，建立休闲农业与乡村旅游专项扶持资金用于乡村旅游配套设施、服务设施、卫生设施等项目建设；湖北省、云南省把农村的环境、道路、饮水等基础设施建设和垃圾处理、污水处理、厕所改造、农村沼气等支农工程向发展乡村旅游的村镇倾斜。

（四）在品牌培育方面

为凸显当地休闲农业竞争优势，我国政府及其有关部门推出了一系列政策措施，引导休闲农业着力培育自己的品牌，从而扩大其影响力。

2010 年 7 月，农业部和国家旅游局签订《关于推进休闲农业和乡村旅游发展合作框架协议》，共同组建中国旅游协会休闲农业和乡村旅游分会，来作为两部局开展工作的一个平台，并明确星级创建工作由休闲农业和乡村旅游分会承担。

2015 年 8 月，农业部等 11 部门联合印发《关于积极开发农业多种功能大力促进休闲农业发展的通知》,要求开展全国休闲农业星级评定等品牌培育工程,打造一批有影响的休闲农业知名品牌。形成《全国休闲农业和乡村旅游星级示范企业(园区)创建标准》,按照得分情况,分为三星、四星、五星三个等级,由全国休闲农业和乡村旅游星级评定委员会颁发牌匾。2016 年,在五星级企业(园区)的基础上,评选出年度最美休闲农庄。此举在社会上形成了一定影响,树立了休闲农庄品牌,有效地发挥了品牌对行业发展的引领和示范作用。

2016 年 11 月,农业部印发的《全国农产品加工业与农村一二三产业融合发展规划(2016－2020 年)》中作为重大工程之一的"休闲农业和乡村旅游提升工程"提出,要求加大休闲农业和乡村旅游品牌培育。重点打造"3＋1＋X"的休闲农业和乡村旅游。2017 年,农业部发布《关于推动落实休闲农业和乡村旅游发展政策的通知》规定:"在品牌创建上,要按照'3＋1＋X'的品牌培育体系,在面上继续创建全国休闲农业和乡村旅游示范县(市、区),在点上继续推介中国美丽休闲乡村,在线上重点开展休闲农业和乡村旅游精品景点线路推介,吸引城乡居民到乡村休闲消费。要继续加大中国重要农业文化遗产的发掘保护传承工作,推动遗产地经济社会可持续发展。要指导各地积极探索农业嘉年华、休闲农业特色村镇、星级户等地方品牌创建。"

2018 年 4 月,农业农村部印发的《关于开展休闲农业和乡村旅游升级行动的通知》提出"培育精品品牌促升级",同时指出:"创新推动休闲农业和乡村旅游品牌体系建设,以行政村镇为核心,建设一批天蓝、地绿、水净、安居、乐业的美丽休闲乡村(镇);以集聚区为核心,建设一批功能齐全、布局合理的现代休闲农业园区;以经营主体为核心,建设一批增收机制完善、示范带动力强的现代休闲农庄。全国上下联动、精心组织休闲农业和乡村旅游大会、美丽乡村休闲旅游行等主题活动,分时分类向社会发布推介精品景点线路。鼓励各地因地制宜培育农业嘉年华、休闲农业特色村镇、农事节庆、星级农(林、牧、渔)家乐等形式多样、富有特色的品牌。”

（五）在公共服务方面

加快发展休闲农业的过程中，公共服务政策也必须跟上。

2011 年 8 月，农业部印发的《全国休闲农业发展“十二五”规划》中指出，在公共服务体系建设方面，按照深化改革的方向，对于公益性较强的基础性公共服务，应主要由政府提供。各级政府部门应在国家发展休闲农业和乡村旅游总原则的指导下，通过对各地区休闲农业和乡村旅游资源的普查，编制合理的休闲农业和乡村旅游总体发展规划，进而形成省、市、县、乡各级休闲农业和乡村旅游发展规划，并将其融入当地整个农业与旅游产业规划当中。对于公益性较强的非基础性公共服务，除了那些必须由政府提供的项目，其他可以由社会组织或其他社会力量来提供，政府应通过财政补贴、特许经营、贷款贴息、优惠政策等方式给予支持。对于公益性较弱、具有经营性特征的非基础性公共服务，可以在政府的统筹规划和宏观调控下，由企业、个人或其他社会力量来提供，并通过市场调节供需关系，以满足休闲农业和乡村旅游发展的多样化需求。

在 2016 年、2017 年和 2018 年颁布的《关于大力发展休闲农业的指导意见》《关于推动落实休闲农业和乡村旅游发展政策的通知》《关于开展休闲农业和乡村旅游升级行动的通知》中分别指出：在公共服务上，要从规划引导入手，积极推进“多规合一”，将休闲农业和乡村旅游开发纳入城乡发展大系统中，打造产业带和产业群。要加大行业标准的制定和宣传力度，建立健全食品安全、消防安全、环境保护等监管规范。要加大监测统计力度，建立健全监测统计制度，开展动态监测分析，为产业发展提供数据支撑。加强对已认定的全国休闲农业和乡村旅游示范县等品牌的动态管理考核，研究设立考核标准和退出机制。鼓励引导社会资本参与信息服务平台建设，完善休闲农业和乡村旅游网有关功能，提升信息化服务水平。

三、休闲农业的法律法规

（一）农业法律、法规

我国政府已颁布的与农业产业相关的法律法规有《中华人民共和国农业法》《中华人民共和国动物防疫法》《中华人民共和国森林法》《中华人民共和国水法》《中华人民共和国防洪法》《中华人民共和国农村土地承包法》《中华人民共和国劳动法》《中华人民共和国土地管理法》等。

（二）旅游产业法规

目前，我国已颁布的旅游产业法规有《旅行社条例》《导游人员管理条例》《中国公民出国旅游管理办法》和《中华人民共和国旅游法》等。

（三）其他

休闲农业与乡村旅游涉及住宿业、餐饮业、娱乐业等方面，其相关的法律有《中华人民共和国食品法》《娱乐场所管理条例》《住宿业卫生规范》《餐饮业食品卫生管理办法》《公共场所卫生管理条例实施细则》等。

四、休闲农业政策展望

休闲农业在我国不仅仅是一个产品问题、产业问题，在新农村建设、扶贫开发、供给侧结构性改革、乡村振兴等环境下，它更是一个农业旅游文化“三位一体”、生产生活生态同步改善、农村一、二、三产业深度融合的“三农”发展形态问题，这也在客观上造成我国休闲农业政策导向更新较快、政策目标多元的特点。随着我国休闲农业市场的逐渐成熟，相关部门会逐渐减少对行政化的、强制性的、管制规范性的结构性政策工具的使用，而逐渐增加对人才培养、旅游公共信息服务、市场完善、培育行业协会等互动式影响工具，以及税收、金融、产权交易等契约式经济工具的使用。

从政策供给上看，我国休闲农业政策基本能反映政策作用对象在当时所处的宏观背景及面临的制度制约，有力促进我国休闲农业和乡村旅游产业的地位明显上升、产业规模迅速扩大。我国休闲农业政策未来趋势如下：

1. 以“农文旅”为政策价值取向，各政策制定主体应继续寻求深入合作，共同推动我国休闲农业和乡村旅游政策由要素驱动型向创新驱动型转变，促进休闲农业与乡村旅游提质升级。对具备休闲农业和乡村旅游产业发展基础的区域，应防止过度政策干预，避免因制度变迁带来产业运行效率下降的问题。

2. 政府部门更加注重通过规划引导、空间布局优化、市场监管和公共服务提供等，致力于设计出能充分发挥市场主体力量的政策和制度，如可适度增加对财政、金融、税收、产权交易等契约式经济工具的创设力度，并逐渐增加普惠金融、休闲农业和乡村旅游信用体系等创新型政策工具的使用。

第二章　科学合理建设休闲农业园区

休闲农业园区是一种以园区为单位，以农业为基础，结合科技元素并集农业生产、环境保护、生态建设、休闲体验等多重功能于一身的全新休闲农业形式。大力发展休闲农业园区，是农业与旅游业融合、城市与乡村统筹的关键载体。我们要以休闲农业园区作为产业融合的着力点，加速推进集约化、高效化转变，立足当地实际情况进行总体规划和科学决策，致力于打造集农业生产、生态、休闲、观光和娱乐于一体的现代化复合型农业园区，集合多产业之力，打造具有地域特色的旅游品牌，推动农村经济社会发展。

第一节　休闲农业建园战略规划

休闲农业发展总体战略是一个国家或地区在一定时期内具有全局性、决定性、长远性的重大问题的筹划与决策。为此，休闲农业发展总体战略思路正确与否关系到休闲农业发展的成败。休闲农业发展总体战略思路应按照以人为本的思想，满足人们休闲观光的需求，从绿色休闲农业的功能出发，体现人与自然和谐相处，生态、经济、社会协调发展，突出区域特色，创新项目与模式，开拓旅游亮点，树立品牌意识，实现绿色休闲农业的可持续发展。

具体应坚持以下几点：

一、以农为本，农文旅融合发展

休闲农业规划与开发必须整持以农为本，把农业发展、农民增收、农村进步放在首位，以农业生产为基础，充分发挥农业资源优势，确保农业产品在开发中占据主导地位。重点项目建设要注重游客的参与体验，设计出融参与性、知识性、趣味性于一体的农业休闲活动项目，使人广泛参与到农业生产、农村生活的方方面面，深入体验到农业生产及农村生活的情趣，享受原汁原味、丰富多彩的乡村氛围。农业资源的充分应用，是现代休闲农园经营的基本条件。

农业不仅具有食品保障功能，而且具有原料供给、就业增收、生态保护、观光休闲、文化传承等功能。因此，休闲农业规划与开发要积极拓展农业的多功能，加强农业与旅游业、文化有效结合，发展“农文旅合一”的新型产业。以农业为本、“农文旅”结合营造环境、景观，设计的体验活动与饮食是休闲农业的比较优势所在，是核心竞争力的构建基础，也是取得良好经济效益的可能途径。休闲农业园区要通过三者之间的相互带动，达到经济、环境、社会三大效益的统一。通过“农文旅合一”新型产业模式的发展变农业生产资源为农业资本，变生态环境资源为生态资本，变农村民俗资源为农耕文化资本，使农民“足不出户就业创业、经营山水增收致富”，使农民成为城镇居民消费需求的供给者，成为农业资源和资本的经营者和管理者。

二、因地制宜，突出特色

因地制宜是普遍适用的原则。在农业产品开发和项目设计上，必须根据各地区的农业资源、农业生产条件和季节特点，考虑其区位条件和交通条件，因地制宜、因时制宜，突出区域特色。农业是很大程度上受制于地域自然环境的行业，在引进新品种、新技术时，一定要慎重考虑自然条件的适应性。休闲农业园区要根据自身以及周边的地形地貌、土壤性状、气候条件、水源条件、农业耕作制度和植被情况、交通条件、能源供给条件等，合理规划布局，充分发挥出本地的特色优势。

特色是休闲农业发展的生命之所在，越有特色其竞争力和发展潜力就越强，因此，园区的建设要与实际相结合，挖掘优势资源，实施差别经营、避免雷同，营造本园区鲜明的特色，提高竞争力，保持其“人无我有、人有我优”的地位。因地制宜，在村容村貌、生态环境、历史文化、地域特色、建筑风格、农业生产、旅游商品等方面挖掘和体现自己的特点，展现不同的特色。

三、突出乡土性，塑造美丽乡愁

美丽的乡村景观和良好的乡村环境，是乡村区别于城市的重要特征。乡土性越明显，与城市的差异性越大，休闲观光农业的竞争力就越强，对城市居民的吸引力就越大。因此，生产、生活、生态三位一体构建的乡土性休闲空间和场景才是其核心竞争力之所在。

在设计方案时要充分利用当地的乡土元素，尽量采用当地传统民居建筑风格，保持原有农业文化形态。要按照“尊重自然、顺应自然、天人合一”的理念，塑造自然、独特、美丽、协调、多样的乡村景观；要合理利用既有的山水资源，以体现当地田园景观的自然、恬静和空阔为主，充分保护既有农田、山地、河流等景观的整体性和连续性；要充分挖掘利用当地的乡土文化、民族文化，搞好历史文化的保护与传承，突出地方文化特色；因地制宜、因时制宜，充分尊重自然，构建山、水、林、田、路和村落多位一体、协调发展的乡村景观格局。

四、生态优先，可持续发展

休闲农业资源规划与开发应以生态优先、可持续发展为第一指导原则。在具体的开发建设中，要注重妥善解决开发所带来的环境破坏和污染，采取必要的生态措施和技术改善林网、水系、田园的农业生态环境，培育生态绿色产业，繁荣生态文化，构建生态产业体系。把“生态文明”“可持续发展”融入各项目区的规划建设之中，高度重视生态保护和文化传承，充分发挥农业、农村、农民的生态和文化优势，吸引游客观光休闲和精心体验，避免盲目开发、无序开发和破坏性开发，走资源节约型、环境友好型的可持续发展道路。必须遵循自然生态规律，在保护、开发、培育资源与环境的过程中提高农业的开发与利用，以确保园区景观的完整性、原真性和生态性。做到生态环境保护与经济社会发展相结合，实现经济、社会、生态效益的可持续发展。

五、注重品牌化建设

在当今休闲农业项目开发经营活动中，主题趋同、质量标准趋同、服务规范趋同、促销手段趋同的现象越来越明显，因此，品牌化建设就显得尤为重要。休闲农业项目打造不仅要有特色，更要树立品牌。当前，很多休闲农业产品常常作为休闲农业的一个附属品，没有被充分重视，缺少乡土文化特色。休闲农业经营应该对具有浓郁乡土气息的传统饮食、服饰、手工艺品、音乐舞蹈、风俗习惯等文化进行深入的挖掘，从而形成休闲农业所应有的乡土氛围。同时，应根据农业资源的特点确定休闲农业旅游产品的类型，使资源得到合理的利用，开发具有文化背景的品牌产品。因此，在休闲农业发展过程中，应充分考虑休闲农业项目开发经营实现品牌化的主要途径。

六、适应市场与创造市场相结合

休闲农业作为一种旅游产品，当然要适应旅游需求市场，提供给旅游消费者一种实际效用，满足人们的某类消费动机。但仅仅被动地满足消费者还是不够的，一项成功的产品规划设计需要主动地创造市场。休闲农业在我国还属于发展初期，广大消费者还很陌生，因此，主动地创造市场尤为重要。要注重营销，促进营销方式的转型升级。

七、尊重现状与产品创新相结合

尊重环境、民俗文化的现状才能保持地方独特性和乡村性。尊重现状不是一切都保持原有状态，而是在进行旅游项目、设施规划设计与建设过程中要尽量保持环境的原生态特点，不能将民俗文化进行曲解与庸俗化。在设计活动时，应注重创新。例如，绍兴香雪梅海园区进行规划和设计时，设计者尊重园区自然生态现状，并针对梅文化的延伸产品进行了大量的创新。

第二节　休闲农业建园的SWOT分析

把对企业的机会、威胁、优势和劣势的分析综合起来全面考虑和评估企业经营环境就是SWOT分析：S表示优势（strengths）、W表示劣势（weaknesses）、O表示机遇（opportunities）、T表示威胁（threats）。SWOT分析法，是目前国际上通行的条件综合分析法，它通过对资源地发展旅游业所具备的优势、机遇及所面临的劣势和威胁等进行综合分析，来确定该地发展现代休闲农业园区的战略措施和其他原则性问题。作为一个要进行开发的休闲农业园区项目，其SWOT分析如下：

一、休闲农业的SWOT分析

科学地进行SWOT分析，将有助于制定科学的发展目标与发展规划。其中，优势、劣势是分析自身的条件，对现代休闲农业开发的资源条件、要素投入、市场份额、经营管理等方面进行分析，正确把握现代休闲农业开发的比较优势和不足。而机遇和威胁则是分析外部的条件，重点是对市场供求竞争对手、环境变化、发展趋势等方面进行分析，以找出休闲农业产品开发的机遇和潜在市场，同时明确休闲农业产品开发面临的竞争和挑战。

（一）优势（strengths）

优越的自然环境、良好的区位条件、雄厚的经济基础、多元的投资体系、完备的基础设施、畅达的交通网络、发达的高新科技、政府的大力支持、居民期盼开发的高涨热情、现代休闲农业园的区域布局已具雏形等。不同的园区项目，其优势条件的构成可能有一定的差异。

（二）劣势（weaknesses）

园区所在地的人均耕地面积少，用地矛盾突出；自然灾害时有发生，休闲农业旅游资源面临威胁；旅游大环境部分环节薄弱等。这些情况在经济发达地区也不同程度地存在。

（三）机遇（opportunities）

产业政策等宏观环境为休闲农业园区的开发提供契机；休闲农业的发展适应城市居民对自然生态旅游的偏好。

（四）威胁（threats）

来自本区域及周边地区的同业竞争；来自本区域及周边地区的其他类型旅游产品之间的竞争。通过 SWOT 分析，来确定现代休闲农业发展的方向、目标和为实现既定目标而采取的战略，这是在规划的战略选择阶段需要完成的任务。因此，发展战略主要是在 SWOT 分析的基础上解决三个关键性问题，即发展方向、发展目标、战略选择。

二、休闲农业的 SWOT 分析案例——以广西省南宁市为例

（一）优势

1. 区位优势

南宁市位于广西中部偏西南，背靠西南，东邻粤港澳，南临北部湾，位于西南、华南、中国—东盟经济圈交界处。是我国面向东盟国家的前

沿城市,也是国家“一带一路”有机衔接的重要门户城市,北部湾经济区的核心城市,地理位置优越。

2.自然条件良好

南宁市地处亚热带,气候温和,降水丰富,年均气温21.7℃,年均降雨量1298mm,四季绿树成荫,碧水常流。地形为典型的山地、丘陵和盆地,平均海拔76.5m。

3.民族文化资源丰富

南宁市是一个以壮族为主体、多民族聚居的城市,有壮族、汉族、瑶族、苗族等50个民族。境内有马山县古寨瑶族乡、上林县镇圩瑶族乡和里当瑶族乡3个民族乡,以及240余处文物保护单位。另外,还拥有壮族歌圩、壮族三声部民歌、邕剧、宾阳炮龙节、百鸟衣、广西粤剧(南派粤剧)、壮族三月三等7项国家级非物质文化遗产保护项目。

4.旅游资源丰富

截止到2018年,南宁市有5A级景区1家,4A级景区24家,3A级景区22家。除此之外,还有其他种类繁多的景区景点。

5.经济发展迅速

据统计,从2006年至2018年,南宁市GDP稳居广西首位,呈现快速发展的态势。2018年,全年财政收入753.20亿元,比上年增长9.5%。城镇居民人均可支配收入35276元,农村居民人均可支配收入13654元,和上年度相比,分别增长6.2%和9.1%。

6.交通基础设施较完善

目前,南宁市水、陆、空的交通体系基本形成。南宁吴圩机场的航线覆盖国内各主要城市和东盟各国,建立了十字形的高速铁路和普速铁路,西江航道的通航能力不断提升,蜘蛛网状的高速公路线有了雏形,建成吴圩国际机场T2航站楼、南宁东站、凤岭综合客运枢纽站等综合性枢纽场站,客货运枢纽场站布局进一步完善,面向东盟的跨境运输实现常态化。

7. 客源充足

东盟一体化建设的加快，使南宁市知名度逐渐提升，吸引了越来越多的游客。2018 年，外国游客超 40 万人次，国内游客达 1300 余万人次，比上年增长 19.0%，其中香港游客 8.96 万，澳门游客 6.07 万，台湾游客 8.73 万，跟上年相比，分别增加 33.3%、33.9%、23.0%。

（二）劣势

1. 旅游点分散，缺乏整体的科学规划

南宁市现辖 7 个城区和 5 个县及 3 家国家级开发区，各县区拥有的旅游点数量不均等，主要呈点状分布，线状、片状分布少，导致南宁市休闲农业呈现发展不均的特点。休闲农业经营者的传统观念根深蒂固，缺乏合作意识，很多小景区的开发水平低。各县区对休闲农业规划管理的程度也不一样，部分景点开发无序，效益低下。为了推动南宁市休闲农业发展到更高的水平，有必要对散乱的景点进行统一规划，提高资源利用率。

2. 配套设施建设不完善

在吃住行方面，饮食没有特色，房间不足且卫生质量和安全难以保障。休闲农业景区大多距市区有一定距离，给游客出行带来不便。游客在旅游旺季找不到住宿和停车位，车辆停在路上妨碍交通，增加了很多不必要的人员纠纷。乡村的卫生、水和电力等设施，也急需改善。

3. 缺乏核心竞争力

桂林因山灵水秀让人印象深刻，华山以险奇让人拍案叫绝。南宁市在休闲农业的发展过程中，没有将自己独特的民俗文化内涵融入到休闲农业中，很多流于表面形式，不利于品牌形象的建立。

（三）机遇

1. 政府政策

自治区政府编制《南宁休闲农业示范区规划》，计划从 2017 年起，3 年内建立 30 个示范区。由点到线再到面，逐步形成环首府的休闲农业产业带,推动全市农业的可持续发展。2017—2018 年,市财政每年投入资金 4200 万元,支持休闲农业示范区的建设。

2.休闲农业需求的兴起

节假日的调整和私家车的急剧增加,为城镇居民自驾外出休闲旅游提供了时间及交通便利;人们平时生活和工作压力大,有必要到郊外的农村找寻片刻休闲;收入的提高和消费需求的升级,使得人们对休闲旅游的需求不断增加。

3.中国一东盟经济圈带来的机遇

一方面,经济圈效应能吸收外国的多样性文化,使南宁市休闲农业博采众长,走向国际舞台。另一方面,中国—东盟经济圈将让更多外国游客见识到南宁市休闲农业的独特魅力,源源不断的文化输出,既能逐步形成自己的休闲文化品牌,也因为良好的经济效益,促进其向更高层次发展。

(四)挑战

1.与周边东南亚国家旅游业的竞争

东南亚各国纬度低、临近南海、水热资源丰富、旅游周期长。它们独具特色的热带水果,民族服饰、民族文化和特色饮食,独特的水上游玩体验项目,加之与国内相比较低的物价,这些都吸引着外国游客前往游玩,促进当地旅游业发展繁荣。例如,泰国、菲律宾、马来西亚等地,而印尼的巴厘岛则是全球著名的旅游胜地。

2.市内同质化竞争

南宁市休闲农业多以农业观光、采摘水果等形式为主,同质化竞争激烈,创新产品屈指可数,由此产生的不正当竞争打破了原有的市场规律,制约了其前进的步伐。打造具有当地文化内涵的休闲农业产品成为关键所在。

3.区内其他地级市休闲农业的竞争

据统计,至 2017 年,整个广西已有 1320 多个乡村旅游景点、756 个休闲农业园区。旅游业发展繁荣的桂林市2013年以创建桂林旅游国际胜地为契机，认真落实《桂林市休闲农业发展规划（2012－2020年）》，推动桂林市休闲农业与乡村旅游的创建，进一步提高其档次。玉林市自2014年以来，凭借自然地理优势，大力发展休闲乡村旅游业，例如，壮族文化村落民俗旅游、农耕文化体验、特色水果采摘等。区内其他地区休闲农业的竞争均是很大的挑战。

第三节　休闲农业建园立项申请书

休闲农业园区规划建设项目建议书（又称立项申请）是由项目建设筹建单位或项目法人提出的园区建设项目的建议文件，是对拟建园区提出的总体设想。它是在调查研究、收集资料、勘察建设地点、初步分析投资效果的基础上，论述拟建园区的必要性和可能性，它的目的在于争取批准立项。对于大中型休闲农业园区建设项目，还要编制可行性研究报告，作为项目建议书的主要附件之一。园区项目建议书是项目发展周期的初始阶段，是相关政府部门选择项目的依据，也是园区项目可行性研究的依据。

一、项目建议书的内容

休闲农业园区规划建设项目建议书的主要内容应包括：

1.总论；

2.项目提出的必要性和条件；

3.项目建设方案，拟建规模和建设地点的初步设想；

4.投资估算、资金筹措及还贷方案设想；

5.项目的进度安排；

6.经济效益和社会效益的初步估计，包括初步的财务评价和经济评价；

7.环境影响的初步评价，包括治理“三废”措施、生态环境影响的分析；

8.结论；

9.附件。

二、可行性研究报告

休闲农业园区项目建议书批准后，建设筹建单位应确定项目建设的机构、人员、法人代表、法定代表人；选定建设地址；落实筹措资金方案；落实供水、供电、供热、雨污水排放、电信等基础设施配套方案；进行详细的市场调查分析；编制可行性研究报告，可行性研究报告须由有资格的设计单位或工程咨询公司编制。

休闲农业园区规划建设可行性研究报告应在园区建设投资之前，从经济、技术、生产、供销到社会环境、法律等各种因素进行具体调查、研究、分析，确定有利和不利的因素、项目是否可行，估计成功率大小、经济效益和社会效益程度，作为决策者和主管机关审批的上报文件。

休闲农业园区规划建设项目可行性研究报告应包括以下内容：

1.项目总论；

2.项目背景；

3.市场预测与分析；

4.项目地点的选址；

5.项目规划建设宗旨与目标；

6.项目总体方案设计；

7.项目总投资估算与资金筹措；

8.项目的组织与管理；

9.项目效益评价；

10.可行性研究结论与建议；

11. 附件。

大型园区规划建设需单独做环境影响评价。

三、总体规划

确定休闲农业园区的性质、范围、总体布局、功能分区、总体定位、产品发展方向和设施布置，规定农业保护地区和控制建设地区，提出园区发展目标原则以及规划实施措施。主要包括以下内容：

1. 分析休闲农业园区的基本特征，提出园区内资源评价报告；

2. 确定休闲农业园区规划依据、指导思想、规划原则、园区性质与发展目标，划定园区范围；

3. 确定休闲农业园区的功能分区、结构、布局等基本框架，提出园区环境容量和游人容量、预测游人规模；

4. 制定休闲农业园区的农业资源保护、培育规划；

5. 制定休闲农业园区的植物景观规划；

6. 制定休闲农业园区的游憩景点与游览线路规划；

7. 制定休闲农业园区的旅游服务设施和基础设施规划；

8. 制定休闲农业园区的土地利用协调规划；

9. 提出休闲农业园区的规划实施措施和分期建设规划。

园区总体规划的文件和图纸主要包括：规划说明书；现状条件分析；旅游市场分析；旅游资源评价；规划原则和总体构思；用地布局；空间组织和景观特色要求；道路和植物种植系统规划；各项专业工程规划及管网综合；工程量及投资估算。图纸比例可根据园区规模、功能需要和现实可能确定。

四、详细规划

在园区总体规划的基础上，对园区重点发展地段上的土地使用性质、开发利用强度、环境景观要求、保护和控制要求、旅游服务设施和基础设施建设等作出控制规定。

详细规划分为控制性详细规划和修建性详细规划。

1.控制性详细规划应包括以下内容：

(1)确定园区规划用地的范围、性质、界线及周围关系；

(2)分析园区规划用地的现状特点，确定规划原则和布局；

(3)确定园区规划用地的分区、分区用地性质和用途、分区用地范围，明确其发展要求；

(4)规定各分区景观要素与环境要求、建筑风格、建筑高度与容积率、建筑功能、主要植物树种搭配比例等控制指标；

(5)确定园区内的道路交通与设施布局、道路红线和断面、出入口位置、停车场规模；

(6)确定园区内各项工程管线的走向、管径及其设施用地的控制指标；

(7)制定园区相应的土地使用与建设管理规定。

2.修建性详细规划应包括以下内容：

以总体规划、控制性详细规划为依据，制定用以指导各项建筑和工程设施设计和施工的规划设计。具体内容如下：

(1)建设条件分析及综合技术经济论证；

(2)做出建筑、道路和种植区等的空间布局和景观规划设计，布置总平面图；

(3)道路交通规划设计；

(4)种植区系统规划设计；

(5)估算工程量、总造价，分析投资效益。

第四节　休闲农业园区筹办

筹办休闲农业园区，需要经过相应的步骤，主要步骤有：了解相关政策和法规；选择地理位置；筹集和分配资金；人员配备与培训；证照办理。了解休闲农业建园的步骤，是发展休闲农业的第一步。只有了解相关法规和政策，才能明确发展休闲农业的优惠与限制，在规定范围内为自身赢得最大程度的支持；选择优越的地理位置，给消费者的出行提供便利，是持续吸引消费者的基础；多渠道筹集资金、合理分配资金，才能保证休闲农业园区有效运转；配备合适的人员并对其进行培训，才能使其提供优质服务，给消费者带来良好体验；办理相应的证照，是休闲农业合法合规经营的必备条件。本节将对上述几点进行详细论述。

一、了解相关政策和法规

休闲农业政策主要可以分为用地政策、资金政策、基础设计政策、设施农用地政策、品牌培育政策、公共服务政策等几种，了解相关的政策和法规，有助于休闲农业经营者明确各方面的优惠措施和限制，从而促进休闲农业的有效运转。

例如，在用地方面就有一些限制。2004 年 3 月，国务院《关于坚决制止占用基本农田进行植树等行为的紧急通知》对于基本农田提出了“五不准”的明确规定：不准占用基本农田进行植树造林、发展林果业和搞林粮间作以及超标准建设农田林网；不准以农业结构调整为名，在基本农田内挖塘养鱼、建设用于畜禽养殖的建筑物等严重破坏耕作层的生产经营活动；不准违法占用基本农田进行绿色通道和城市绿化隔离带建设；不准以退耕还林为名违反土地利用总体规划，将基本农田纳入退耕范围；不准非农建设项目占用基本农田（法律规定的国家重点建设项目除外)。因此,在进行休闲农业开发的过程中,必须弄清楚其是否占用基本农田。详细的相关政策法规请参照第一章第五节。

二、选择地理位置

休闲农业的地理位置十分重要,直接影响生产效益。如果选址得当,会长盈不衰,顾客盈门;而选址不佳,可能造成经营惨淡、步履维艰,难以长久发展。因此如何选择最佳的地理位置,是开发休闲农业或乡村旅游的重要步骤。决定一个地方能否建设休闲农业园,一般取决于区位条件、立地条件、资源条件及社会经济条件四个方面。

(一)区位条件

现代休闲农业建园的区位条件是决定休闲农业能否成功的首要因素。从旅游区位理论可以看出,决定休闲农业建园的区位条件主要是客源市场条件和交通条件。

1. 客源市场条件

客源市场是指旅游目的地对地域相异的游客的吸引力及旅客的出游能力,包括人口密度、人均收入、消费水平、闲暇时间、出游形式、旅游偏好等。客源市场条件是现代休闲农业建园成功与否的决定性因素之一,客源市场及潜在客源市场的规模、类型是现代休闲农业园建设能否进行的首要因素,也是确定旅游项目的依据。

2. 交通条件

游客的出游在很大程度上取决于目的地的交通条件,而交通条件的好坏往往与游客数量存在一定正相关的关系。影响现代休闲农业建园的交通条件主要体现在以下两个方面,一是离城市的远近,这直接关系到建园地游客的数量和相应配套投施的健全;二是建园地与客源市场的交通便捷程度,这是游客出游考虑的条件之一,直接影响游客数量。

(二)立地条件

立地条件是指现代休闲农业建园地的情况,主要包括自然环境条件和农业基础条件两个方面。立地条件不仅关系项目的可行性、布局、工程投资大小等，还关系规划用地开发利用的适用性和经济性。

1. 环境条件

建园地范围内的自然环境条件是建设现代休闲农业园的重要因素。良好的自然环境是现代休闲农业的必备条件，也是增强旅游资源吸引力的基础条件。现代休闲农业建园地的自然环境条件主要包括植被状况、气候状况、水文水质状况、空气质量以及地形地貌类型五个方面。因此选址一定要选择环境好的地方，比如森林植被茂盛，空气清新，水质优越，环境安静等。

2. 农业基础条件

建园地所在地域主要农副产品生产和供应的种类、数量及保障程度对现代休闲农业的旅游开发有很大的影响。总的来说，农业的种类、产量和农产品商品率与休闲农业旅游开发呈正相关关系。只有对建园地所依托地区的农业基础条件进行仔细的分析和研究，才能确定现代休闲农业旅游开发的主要方向。

3. 拥有独特的文化景观

我国文化丰富多彩，从而诞生了许多著名的文化景点，以这些景点为依托，也可以发展农家乐乡村游。如少数民族村寨、古镇、宗教圣地等，游客可以一边享受着当地文化的熏陶，一边品尝当地的美食、欣赏当地的风景。

（三）资源条件

资源条件是建设现代休闲观光农业园的决定性条件，只有合适的资源条件才能建设适宜当地发展的旅游资源。现代休闲农业的资源条件主要有自然景观资源和人文景观资源。

1. 自然景观资源条件

选择建设现代休闲农业的地区必须具备一定的自然景观资源，在具备自然景观资源条件的地区建园要比花大量人力改造建设休闲农业节约资金，并能实现所建现代休闲农业园的持续发展。由于现代休闲农业园具有强烈的地域性，建园地所在地区的综合自然景观资源条件在一定程度上决定了现代休闲农业的开发类型和发展方向，这是在建立现代休闲农业园时所应当注意的。

2. 人文景观资源条件

人文景观资源条件是建园所必须具备的文化条件，例如农村的生活习俗、农事节气、民居村寨、民族歌舞、神话传说、庙会集市以及茶艺、竹艺、绘画、蚕桑、雕刻等都是农村旅游活动的重要组成部分。这些现代休闲农业旅游活动中的重要人文景观不仅增长了现代休闲农业旅游者的文化知识，而且还提高了休闲农业旅游者的文化品位，从而吸引更多的游客前来观赏、研究。

（四）社会经济条件

社会经济条件是决定现代休闲农业能否发展的重要因素。影响现代休闲农业开发建设的社会经济条件主要包括建园地的区域经济条件、基础设施和旅游发展条件。

1. 区域经济条件

区域经济条件主要是指某区域所处的经济环境，也就是该区域的总体经济发展水平。它涉及经济基础、资金、技术等多方面。衡量一个地方经济发展水平的重要指标主要有当地的消费能力和投资能力。经济条件对现代休闲农业园的开发建设是十分重要的。处在较好经济条件下的现代休闲农业园优势突出，发展潜力巨大，资源丰富，对该地的发展有很大的推动作用。

2. 基础设施条件

现代休闲农业建园的基础设施条件主要包括水、电、能源、交通、通信等设施。这些基础设施是现代休闲农业开发，特别是现代休闲农业技术建设中不可缺少的条件和因素，并直接影响现代休闲农业开发建设的难度和投资金额。

3.旅游发展条件

休闲农业旅游的开发与该区域内旅游发展的情况密切相关。有良好旅游发展条件的地区，其旅游业的发展必将带来大量的游客，带动现代休闲农业向可持续方向发展，实现创收。

发展形式和内容多样化的现代休闲农业园区，既能符合社会经济发展，尤其是农业经济的发展需求，又满足了广大人民群众日益增长的物质文化生活需要。

三、筹集和分配资金

不管开发休闲农庄，还是开农家餐馆、家庭旅馆，或是农家商品店，或是经营乡村旅游项目，资金的投资少则几万，多则上百万，如何筹集和使用这笔资金，是令很多农民头疼的事。接下来，我们将讨论开发的投资预算、资金筹集及资金分配等内容。

（一）投资预算

服务项目不同，投资便不同，同时档次也不同，投资的多少差别也很大。因此，农庄或农家乐的投资要结合投资能力和风险承受程度，做好投资预算。

（二）资金筹集

开办农庄或农家乐所需的资金往往超出农民自身可以承担的数额，农民的自有资金远远不够，这时可以向周围的亲戚朋友筹借，或者通过入股分红的方式进行资金筹集。同时也可以利用政府对农家乐的支持政策，通过银行低息贷款、小额贷款筹集资金。银行贷款的形式有个人保证贷款、个人抵押贷款、个人质押贷款、个人创业贷款等。关于申请何种贷款以及贷款的技术细节问题，农民朋友可以向当地银行或地方相关机构咨询。同时，调动社会资本，引导更多外部资源来支持休闲农业，也是政府正在做的事情，很多地方政府更是直接针对休闲农业与乡村旅游产业出台了不少招商引资政策。

（三）资金分配

把筹集到的有限的资金进行科学、合理的分配，把钱花在刀刃上，是提高开发质量的关键步骤。资金的分配主要分为四个方面：开发建设资金、服务配套资金、经营管理资金与交通建设资金。

开发建设资金主要包括前期规划投入、环境整修、景观设计和硬件设备所需的资金，在资金预算表里，主要指的是基础设施建设项目（除交通建设资金）。

服务配套资金主要是指经营农庄或农家乐所需的各种软件、硬件配套费用，如各种乡村旅游项目设施的开销，如豆腐坊、年糕坊、农耕工具、垂钓等。

经营管理资金主要是指农庄或农家乐营业后管理发生的费用，包括员工管理、服务质量管理、宣传促销、财务控制等。

交通建设资金是指农庄或个体农家乐经营范围内兴建及维修道路、配备交通工具等所耗费的资金。

四、人员配备与培训

下面我们以农家乐为例，来说明人员配备与培训的情况。

（一）农家乐人员配备

要办好农家乐，如何配备结构合理的人员是十分重要的。农家乐开办得成功与否，关键是人员配备是否合理。一般的农家乐人员配备主要由经营者、厨师、服务员、专业人员等组合而成。

1.经营者

一般的农家乐以一户一制的单一“家族式”经营为主，除少数专门人员，如厨师等，其余人员如经营者、服务人员、管理人员等多为亲戚。但是大、中型农家乐的人员配备和“家族式”的农家乐截然不同，它具有人员结构完整、分工精细、合作密切的特点，必须认真设计安排。对经营者（经理）的一般要求如下：

经营者首先必须是决策者，要确定经营目标、制定实施方案，承担经营管理的主要责任。在市场经济的大潮中，只有看准方向，企业才有赢利的可能。经营者又是组织者，要起统筹、协调、督促、指挥的作用，充分调动企业人力、物力、财力，努力发挥他们应有的作用，这样才能取得良好的经济效益和社会效益。

其次，在农家乐持续经营的过程中，经营者要时时注意检查和监督各项工作的进程，掌握营业状况、资金状况，负责成本的监控，最大限度地降低成本，提高收入和利润。要对全体员工进行教育和培训，从各方面提高员工素质，合理安排职工生活。要对企业的财产安全和人身安全负责，也要对餐厅卫生和社会环境保护等事项负责。

再次，要具有领导者应有的素质。一是品德素质。认真执行国家的各项方针政策，要有为人民服务和艰苦创业的精神，作风要正派，在员工中要有威信。二是能力素质。能力是知识和智慧的综合体现，领导活动是一项综合的实践活动，所以经营者还应具有较高的能力素质，如筹划和决断能力、组织指挥和协调能力、人际交往能力、灵活应变能力和改革创新能力等。三是知识素质。要具有市场知识、服务技能知识、管理科学知识及相应的文化知识，还要有丰富的生活经验和工作经验。特别要掌握农家乐的有关文化知识和专业知识。四是身体素质。只有身体健康、精力充沛，才能适应繁忙的工作和复杂多变的环境。

2.厨房工作者

(1)厨师：农家特色菜的直接提供者就是厨师，其作用举足轻重。要根据农家乐的经营品种和风味特色来选择符合岗位要求的、具有相应技术等级的厨师。厨师长应由制作技术过硬、管理有方、能广泛听取意见的优秀厨师来担任。

(2)面点师：按照供应的品种和数量进行备料，做好发面、小面、烫面、三生面、油水面及酥面的加工，做好面皮、馅心的加工，如蒸、煮、烤、烘、炸、煎等。

(3)冷菜人员:做好选料,加工腌、卤、熏、拌、陈制品以及加工调味品和复合味的调制。

(4)水杂人员:原料的初加工,清洗及部分调味品加工等。

(5)笼锅人员:创作蒸菜的一项工种,熟悉墩子、炉子、下料、配料,安笼、定碗、蒸制技术。

(6)墩子人员:加工原料成为片、丝、块、丁、末、茸及配菜等。

(7)炉灶人员:负责氽水、熬油、熬汤、干料先制等。

(8)饭灶人员:负责制作米饭等。

3.服务人员

(1)迎宾员:主动、热情、耐心、周到地接待顾客,引宾入座,并介绍菜肴的特点、价格、质量、风味等。

(2)餐桌服务员:做好餐前准备工作,注意摆台、安座、递菜次序、上菜、分菜、撤菜的方法,并熟悉招待礼节。

(3)收银员:了解菜肴的价格,开票、算账等精确无误。

(4)清洁员:负责店堂内外桌、凳、门窗及环境卫生,杯匙碗筷等的清洁工作。

(5)客房服务员:负责客房的接待服务工作。

4.专门人员

(1)维修工:负责农家乐的各种电器设备、游乐设施等修理。

(2)保安员:负责农家乐的治安和安保工作等。

(3)和游乐项目有关的人员:如采摘项目的管理人员,游乐设施使用领护员等。

(二)培训费用

要加强招聘费用、培训费用等方面的预算,不要开支过大。因为农家乐招聘员工是一笔不小的开销,除支付员工工资外,招聘要支付手续费,培训又要花钱购买教材和支付教师报酬。由于行业的特殊需要,员工上岗前必须进行体检,拿到体检合格证书才能上岗,这同样需要支付体检费。农家乐员工的工作服、工作帽是必须配备的，外地员工住宿问题也要解决。上述各种费用都要精打细算，最好事先做出计划，以便合理有序安排相关事宜。

（三）培训模式

当农家乐的人员配齐之后，要进行实地操作、分类，并根据要求先进行岗位技能的练兵、岗位知识的学习和考核，考核合格后方能上岗。厨师要进行专门的烹饪技能培训，而服务人员除了专门的服务技能培训外，还要注重他们的服务素质培训，如礼仪、礼貌等方面。

农家乐的经营主体是农民，农民经营旅游的能力和素质是当前农村发展旅游面临的瓶颈之一。因为农民经营旅游，是从第一产业转向第三产业，行业跨度大，因此培训跨度也大，短平快的培训方式很难解决他们经营旅游中面临的诸多困难。建议从以下方面做起：

1. 培训对象

农家乐培训所涉及的对象不仅是一线从业人员，同时还要对从事农家乐行政管理的乡镇干部以及大型农家乐的主要负责人进行培训。

2. 培训师资

培训师资可以邀请高等院校内的专业教师，也可以聘请来自知名旅游景区的总经理等负责人，还可以请来自当地具有某项特长的农民。比如，农家菜培训的讲座，可以邀请当地会做菜的农户，请其现身说法，现场展示实际操作技能。这样的实训不仅有利于保证当地特色菜的纯正，而且便于培训对象有效吸收。给乡村干部做培训时，可以聘请具有丰富教学经验和对旅游前沿关注比较多的高校专业教师。

3. 培训课堂

为了遵守理论联系实际原则，让培训内容具有应用性，培训方式应具灵活性和直观性，可采取室内与户外相结合的方式进行。室内讲座一般是运用多媒体教学和案例教学法，图文并茂，案例生动实际；户外授课通常现场观摩、吸取成功经验。

4. 培训课程和教材

培训课程和教材按需而设，具有阶段性。这是因各个地方旅游业的发展程度不一样，比如在初步发展段，可能做一些简单的旅游入门知识培训、服务礼仪培训、农家菜培训、普通话培训、消防安全培训、食品卫生培训等内容，在发展越来越成熟的时候，培训的内容主要是旅游的营技巧，如市场宣传、旅游活动设计、管理系统化和机准化等方面的知识。同时培训也不是短时间内就能将相关知识完全传达给学员，所以在培训的设计上也要循序渐进。

5. 培训时间

旅游业具有明显的淡旺季，所以旅游的培训一般选择在淡季，差不多在11月至次年3月。不过有一些课程也具有季节性，如观光农业的学习，一般是在农业品种的播种前或在品种坐果的时段进行培训。

五、证照办理

（一）所需证照

以农家乐为例，加强农家乐的管理，规范农家乐经营所需手续，是引导农家乐健康规范发展的必然选择。以下是农家乐经营需要办理的相关证照：

1. 工商营业执照

工商营业执照是经营户必须办理的最基本的证照。

2. 卫生许可证

大部分农家乐都有餐饮接待项目，因此，必须办理卫生许可证。

3. 从业人员身体健康合格证

农家乐的从业人员须办理健康证，有外雇人员，还要办理暂住人口登记证等。

4. 税务登记证

依法纳税是每个公民的义务。农家乐经营者应在办理营业执照后

30天内，向税务机关申请办理税务登记证。

5.排污许可证

排污许可证的发放是为了加强农家乐经营户的环保意识，不允许排放物破坏当地的生态环境。

6.消防许可证

对于提供住宿服务的农家乐，须办理消防许可证或者消防部门出具的消防意见书。另外，还须把农家乐住宿的信息资料提交公安部门备案，由公安部门出具意见书。

7.文化经营许可证

设有歌舞厅等文化经营项目的农家乐，要办理文化经营许可证。

(二)办理手续

1.办理农家乐各种许可证的步骤

(1)首先，到卫生部门办理卫生许可证。

(2)凭卫生部门的卫生许可证，到工商部门办理营业执照，并提交以下材料：卫生许可证复印件；开办农家乐者的身份证原件及复印件1份，照片3张；经营场地证明(属公有产权的出具产权单位证明，私有房产出具私有产权证复印件，出租的出具双方租赁协议书及出租产权证复印件)；个人合伙经营的，出具合伙协议书；如果不是开店所在地户口的，还要出具居住地个人婚育证明及现暂住地的暂住证明；有关技术行业证件，如餐饮业的厨师等级证等。

(3)全体从业人员统一到有关卫生部门接受体检：体检合格后由卫生部门统一发放从业人员健康证。

(4)到地税局办理税务登记，需提供以下材料：营业执照副本复印件2份；开办农家乐申请人员的身份证复印件5份；经营场地证明1份。

(5)有些地区的农家乐须到环保部门办理排污许可证，而多数地区的环保部门只要求一些大型的农家乐到环保部门办理排污许可证，以确保排污符合环保要求。

(6)如果农家乐营业项目中有住宿项目的,则需要到公安部门出示农家乐的有关文件以供备案,由公安部门出具意见书。

(7)向消防部门提出申请,由消防部门检查农家乐的硬件设施设备是否符合经营条件,消防安全是否合格,并出具消防意见书。

(8)如果农家乐有经营卡拉OK、歌厅、演出、文化产品等项目,则需要到文化局主动申请,由文化局对其条件认定后,办理文化经营许可证。

(9)如果农家乐设有户外体育活动项目,则需要请体育行政部门对其设施设备进行检查,确保设施设备合格,符合安全条件,且农家乐的教练及救护员等应具备相应资质,由体育部门签署意见,同意开展户外体育活动项目。

(10)如果需要举办农家乐旅游节庆主题活动,需要工商、文化、宣传等部门进行审批,然后可通过媒体广泛宣传,以吸引更多的游客。

2.办理大型农家乐增加的审批项目

如果开发的是大型农家乐旅游项目,还需要做以下工作:

(1)购买取得经营权或通过政府招商引资开发此项目,其土地使用权的转让须有土地主管部门的批复,再通过商务局批准合同,通过公证处公证。

(2)农家乐开发立项报告(说明开发程度、投资规模、经营项目等),报当地政府发展改革委员会。

(3)农家乐的开发规划或方案,即可行性报告,报当地政府及相关的环保、财政、金融、建设局等批准。

(4)通过环保局委托相关单位或专家对环境影响进行评价,出具环评报告,以此为结论来评定农家乐具体的营业条件,并对不合格项目进行整改。而文化、工商及相关部门以此环评报告为依据,来确定是否核准其经营资格。《建设项目环境保护管理条例》第9条规定:建设项目需要办理工商营业执照的,建设单位应当在办理工商营业执照前报批"环境影响评价文件"。如果此文件没有通过,环保部门有权停止农家乐的经营行为，甚至取消其经营资格。

（三）登记收费标准

依据国家物价局、财政部《关于发布工商行政管理系统行政事业性收费项目和标准的通知》（[1192]价费字414号）的附件二：个体工商户注册登记费收费标准及其收入使用范围的规定：

1.登记费收费标准

个体工商户开业登记费为每户二十元；发放营业执照不另收费。以后每四年重新登记、换发营业执照一次，收费二十元。

2.变更登记费标准

个体工商户办理变更登记，每户每次收费十元。

3.补发营业执照费标准

个体工商户因营业执照遗失、损坏等，需重新补（或换）发营业执照的，每次收费十元。

4.营业执照副本收费标准

个体工商户自愿领取营业执照副本的，每个收取成本费三元。

5.个人合伙开业登记、变更登记、补（或换）发营业执照、领取营业执照副本等，均比照个体工商户收费标准执行。

第五节 休闲农业分区

休闲农业园与传统的生产性园区最大的区别，是要体现它的服务性功能。这就要以游客为中心，进行合理的功能布局。在现有产业布局的基础上，充分考虑游客观光休闲的要求，将园区内部划分为不同的功能区，如接待服务区、观光采摘区、休闲娱乐区、生产区等，保证每个区都有不同的功能和特色。在充分分析各种功能特点及其相互关系的基础上，以休闲度假区和农业种植体验区为核心，合理组织各种功能系统，既要突出各功能区的特点，又要使各功能区之间相互配合、协调发展，构成一个有机整体。

总结各地休闲农业园区规划分区，大体上可以分为入口区、服务接待区、科普展示区、特色品种展示区、精品展示区、种植采摘区、引种区、休闲度假区、生产区、设施栽培区等10个区。各区功能如下：

一、入口区

入口区是用于游客入园的区域，游人在此换乘园内的游览车入园。大型休闲农业园区一般规划建设2～3个入口。主入口区包括入口大门、入口停车场、服务建筑、导游牌、假山水池等。入口广场一般建成石块嵌草铺地的生态型广场，突出绿化效果。

二、服务接待区

服务接待区用于相对集中建设住宿、餐饮、购物、娱乐、医疗等接待服务项目及其配套设施。入园后，首先到达服务接待区。作为园内的过渡空间，游人将在此作短暂停留，做好入园的准备。此区可规划建设办公楼、游客服务中心、果品文化展示室、停车场等。

三、科普展示区

科普展示区是为儿童及青少年设计的活动用地，具备科普教育、电化宣教、住宿等功能。科普展示区可广泛收集、整理、保存、介绍园区内农作物的品种、栽培历史、文化知识等，结合青少年的活动特点，将科学知识教育与趣味活动相结合，进行知识充电和娱乐健身。该区可设计安排以下活动项目：生存训练活动、趣味寻宝活动、夏令营活动、冬令营活动、健身比赛活动、入队仪式、成人仪式等。

四、特色品种展示区

本区是各种不同的、具有当地特色的农业品种种植展示区，为观赏性较强的品种提供展示空间。本区以各种不同的果品栽培架式、不同的材料加以形式上的改造，形成形式多样，观赏性较强的园林景观。

五、精品展示区

精品展示区即精品农业种植区，可满足高端层次观光采摘者的需求。精品展示区在展示精品农业的同时，还可结合传统的园林艺术设计手法和盆景艺术制作技法，利用廊架、篱架、棚架等不同架式的排列组合来分割组织景观空间。

六、种植采摘区

此区面积最大，是休闲农业园的基本用地。种植采摘区可以分为不同果品的采摘区，在景观营造上应保留农田景观格局，在不破坏农业景观的基础上规划建设适当的园林小品和游憩采摘道路。在这里，人们通过认养果树的方式，选择性地参与农业生产的施肥、剪枝、疏花、疏果、套袋、采摘等各项技术劳作。种植体验区除了栽培果品以外，还栽培各种蔬菜，瓜果、浆果类植物，增加采摘的多样性和趣味性。此外还可开辟出小范围场地作为认养区，让人们通过认养果树的方式增强环保意识，从而拉近与大自然的距离。认养后，游人可选择性地参与果树剪枝、疏花、疏果、套袋、采摘、入窖等各项技术劳作。

七、引种区

引进和驯化国内外优良的农作物品种，建立优良农产品品种引进、选育和繁育体系。引进国内外不同成熟期（报早熟、早熟、晚熟、极晚熟）和不同颜色（红色、绿色、紫色、褐色品种）的优质农产品，对抗性强的品种进行适应性、抗性等方面的观测，选育适合当地生长的优良品种进行繁育。

八、休闲度假区

主要作为观光休闲者较长时间的观光采摘、休闲度假之用地。休闲农业园在合理的园区土地利用控制下，可适当建设度假木屋、度假小别墅等住宿设施，延长游客在园区内停留的时间，增强休闲农业园的休闲度假功能。

九、生产区

从事传统农业生产的区域，在园区其他功能区农产品供给量不能满足游客时可开放，生产区在景观建设、管理方面比其他分区要粗放一些。

十、设施栽培区

进行农作物设施栽培的区域，北方地区的休闲采摘园多设有设施栽培区，目的是通过果品的周年设施栽培，让游客在果品的非正常成熟季节采摘到新鲜的农产品。

第三章　因地制宜开发休闲农业资源

农业是中国文化的根基，文化是旅游的灵魂，旅游是文化的载体，产业融合是全球经济发展的必然趋势。在产业融合背景下，在充分利用农业资源的基础上，休闲农业的开发应坚持科学的发展观，按照“因地制宜、统一布局、生态循环”的原则，根据当地的自然、经济、社会条件，考虑市场需求状况，充分体现当地的历史人文景观和自然农业资源，切忌“求大、求洋”，贵在因地制宜，形成特色优势。休闲农业不同于一般的旅游业，必须利用其特有的乡土文化、风土民情和乡村生活方式去发展，一方面要农业生产、生态环境等资源丰富，另一方面也要有历史人文资源的积淀。因此，要注意提炼休闲农业的特色，突出农村生活风貌和乡土文化内涵。休闲农业只有更好地彰显本土文化特色和民俗风情，充分利用这些特色资源，并保持最自然最纯朴的乡村村貌，突出“农”字这一核心和灵魂，发展独具特色的休闲农业，才能更好地参与国际市场竞争。

第一节　农业生产资源的开发

在我国美丽乡村建设的背景下，研究生产文化对于休闲农业的发展具有重要意义。休闲农业的发展可以充分利用农村的生产资源，从而拓宽农业生产的功能，在田园景观设计、稻作文化开发、农产品加工业等多个方面进行深入挖掘，在促进休闲农业深入发展的同时，也促进我国乡村文化建设和乡村和谐社会建设。

一、种植业资源的开发

种植产业主要可分为六大类：粮油系列（水稻园区、小麦园区、油茶园区等）、蔬菜系列（蘑菇园区、芦笋园区、养生菜园区等）、水果系列（榴莲、草莓、石榴等）、药材系列（百草园、人参园区、党参园区等）、茶叶系列、花卉苗木。运用乡村种植农业资源，可以开发多种类型、多种形式的休闲农业。主要内容包括农作物观赏、园艺习作、农耕活动、特色农艺、农具体验方式等。

本部分主要对农田作物景观设计和水稻生产文化的开发作详细的介绍，并通过呈现具体的案例进一步深化读者对于种植农业生产文化开发的理解。

（一）农田作物景观设计与开发

乡村景观包含因地域环境形成的地域自然风貌、乡村聚落形态、后天农田景观等内容，是村民与自然和谐共处、天人合一的原真文化的体现，也是休闲农业开发的重点之一，在开发时就应该以恢复和保护为原则。我国地域辽阔，各地的地形地貌和气候环境千变万化，差异很大，我国人民很早就懂得根据不同土壤、地貌、季节与作物“因地制宜，因时制宜，因物制宜”地采取不同的经营方式，创造了多样性的农业生产模式。

景观农业就是利用多彩多姿的农作物，通过设计与搭配，在较大的空间上形成美丽的景观，使得农业的生产性、可持续性与审美性结合起来，成为生产、生活、生态三者的有机结合体。其突出的特征是用美学价值表现来自农作物的观赏价值和农作物的特征结构，包括农作物收获的喜悦、农耕与田园、具有地方特色的乡村生活，以及现代高科技农业带来的惊奇与对未来的展望。这种新型的农业景观，除了满足生产功能之外，同时带动了乡村旅游的发展，城市居民到乡村进行消费，直接促进了农民经济收入的大幅增长，也促进了乡村的振兴。

1. 农田景观开发

农田作为乡村生态系统的基础，影响着整个系统的平衡，并对粮食安全起着重要作用。针对村庄、工业设施等建设对基本农田的占用和破坏，农药化肥污染农田以及农田基础设施视觉效果不佳等问题，应从以下几个方面进行开发：

(1)保护基本农田。首先要减少对农田的不合理占用，如在建设各类项目时，能够优先利用荒地和劣质土地的就不占用耕地，能够调整其他用地的就不新增建设用地；通过合理规划建设工业企业、中心村、农田林网、水利设施，避免工业项目、居住用房、水利设施建设的不合理布局造成农田的支离破碎；尽量减少农药的使用，拓展农田的保护内涵；最终建设成“田成方，林成网，路相通，渠相连，土肥沃”的高标准基本农田。

(2)增加农田多样性。在景观生态系统里，小型斑块可以增加景观的多样性。在不影响农业生产、不破坏整体景观格局的情况下，可以因地制宜地镶嵌色彩，以区别于主要农田斑块的小型农业斑块，从而增加农田的多样性，提升景观效果。研究表明，棉花与邻作作物组合对棉田棉铃虫的出现具有显著的影响，而棉花邻作大豆或花生的复合景观可较好地减少棉铃虫的危害。也可在适当季节改变域内传统粮食作物种植，改为观赏性较高的作物大面积种植。如江西婺源的油菜花种植，不仅提高了农田的观赏性，还提高了经济效益，达到观赏性与生产性的统一。

(3)提升农业生产设施的美学价值。一些乡村农田水利设施类型丰富，但美学价值不足，可以利用艺术化手段进行处理。巧妙地设置地形，改变沟渠平缓的水流，形成跌水景观；对水利建筑的形式加以考究，例如将水井保护用房建设成为井亭，既起到保护作用，又提升了观赏价值；也可以在沟渠的两侧设置木架，种植攀援蔬果植物，形成绿色长廊。

总之，就是需要因地制宜，利用科学的、艺术的处理手法，营造视觉优美的农田风貌。另外，应注重农田轮廓的处理，在农田与居住区、农田与道路之间的田缘线合理种植植物，避免它们之间生硬地交接在一起，而应合理过渡、有效衔接。通过综合处理地形、植被的种植，增加农田田冠线的韵律和视觉效果上的层次感。

2.完善农田林网

不同地域都有其特殊的景观和文化，形成了不同特色的农田景观。以集约化经营为目的的土地整理，很难突破模式化，景观千篇一律，不利于保护乡村文化遗产。农田建设的本质之一也是创造在获得、应用和保护基础上的美学价值。因此，可以借助土地整理，保留当地传统乡村景观，突出地域景观的特殊性，体现本土的文化内涵，提升乡村景观的吸引力，增加乡村景观的经济价值，改善农村经济结构，推动乡村振兴的发展。具体措施如下：

(1)提高农田斑块舒适度。田块是农作物的载体，与建筑景观和自然景观要求不同，需要在满足农田生产的同时，增强景观美学，提高景观多样性，减少污染物的投入，其布局的形式力求紧凑、形状规则、地势平坦、没有险峻及奇特等条件，但可达到视野开阔与景观多层化等效果。

(2)提高农田廊道舒适度。农田廊道可以隔离不同农田地块之间虫害传播与污染物扩散，以防其他干扰，促进水分与养分在农田景观中的迁移。其中，田间道路是感知农田景观的重要廊道，是视觉敏感度较高的景观空间。田缘线是农田廊道舒适度的关键，应加强其空间的多样性，使人既可以感受到闭锁的近景，又有透视的远景。

(3)保护有价值和有特色的农村居民点，将农田与村庄相互融合。随着现代农业的发展和农业机械化，农田中零星的斑块(如林地、防护林、沟渠或草地等)大量地从现代农业景观中消失。通常情况下，农田的田块规模越大，廊道越少，需要投入的物质和资金越多，但其景观多样性差，生物多样性减少，污染物扩散也较快。持续利用下的农田景观不仅要满足生产需要，还要不断提高生物多样性。对村民喜闻乐见和已经具有悠久栽培历史的传统植物应当进行合理应用，如农作物、果树、药材、蔬菜、花卉等都是乡村农田植物景观营造的重要材料。

3.表达主题文化

休闲农业园区要体现“以农为本”的本质，必须以农业生产为主题。不同的主题农作物本身在不同时节、不同种植方式下会具有不同的形态，形成不同的景观。如日本农民将黄色、黑色、绿色水稻混合种植，不同品种、不同颜色叶子的水稻形成不同的色块，以黄色和黑色作为画笔在绿色的画布中绘出想要表现的图形。满足了游客观赏的需要，成为吸引游客的抓手。运用主题作物进行景观创造，发挥其生产功能，更能凸显主题文化的本质属性。

(1)在耕作制度上，无论空间还是时间的利用，既要保证农庄生产的正常运行，又要满足一定的休闲需要。如在种养品种选择上，既要能够适应当地的环境条件或设施条件，又不能带来或造成新的病害、虫害和生态灾害，因此，对于人体有害的植物必须谨慎引种。又如，技术与必要的设施要配套。对于体验尤其是农耕的设计，其全程配套技术和指定所需的设施、设备要求，必须有可应用性，并指明技术要点、技术关键。

(2)生产性植物景观除了要因地制宜、因时制宜、选择当地当季的品种外，还应对植物的形状、颜色、生长状态提出新的要求，以达到作物植株造型美、花朵美、果实美、文化美等。不同色彩给人的心理感受是不一样的，生产性植物景观的观赏性在于其色块的景观效果，设计时应该使暖色靠近主观赏点，冷色远离主观赏点，这样可以增大景观的视觉面积，给人更强烈的震撼。同时，根据人的视线，色块面积的安排由近及远依次变小，通过近大远小的透视原理，增大面积，产生放大景观的效果。

(3)生产和游赏的可契合性。休闲农业在农业生产基础上设置体验，通常会面临农业的生产性和游赏性并不统一的情况。在具体操作中，可以通过品种选择(新、奇、特、稀、珍等品种)、技术处理(套作、嫁接、修剪、造型等)等来实现，通过季节反差、品种反差或塑造景观氛围等方法加以调整、搭配，还可以通过一定的设施作衬托(如田间观览游道、艺术支架、通道花镜)或作为景点背景等方式形成美化的形象，从而使游客获得悦目感。

（二）种植业中水稻资源的开发

稻谷作为主要的粮食，是世界上一半以上人口的主食。稻谷生产系统及相关的收获和经营，为发展中国家农村地区近10亿人提供了就业，世界稻米的4/5是由低收入国家的小规模农业生产者种植的。民以食为天，大米是南方人口的主食。在我国南方，稻作生产是重头戏，因此，休闲农业可以重点在稻作文化上做文章，突出对稻作文化的开发。

1.建立稻作农耕文化博物馆

为了方便旅游者对农耕文化有更直观的认识，可以在乡村设置农耕文化展览馆、展览室。稻作文化博物馆主要包括实物模型、图片文字、纪念商品等。展馆布展的核心内容由稻作农耕文化实物区和民俗文化演绎区组成，设计理念传统而新鲜，基本能体现本地厚重的历史积淀与灿烂农耕文化的原生态特征。

(1)经典实物工具收集配套。农耕器具和传统手工艺制作器具是人们在农业生产、农村日常生活中发明创造的各类实用工具，其发展历程代表着一个地域生产力的发展水平。因此，可以陈列传统的犁耙绳索、扁担锄头、蓑衣斗笠、风车水车、拌桶谷仓、推子碾子、畚箕簸团、筛子篮子、篾箩皮箩、石碓石磨、独轮小车、柴刀斧头、镰刀撮箕、织布纺车、草鞋耙头等，以及不同形状的多用泥皮与树条、草秆编织而成的粮筐、粮柜、粮仓。不求全面，但是求真、求实，要具有代表性，宁缺毋仿、宁旧毋新，尽可能原汁原味地反映传统农耕民俗用品用具的风貌。

(2)图片、文献等农业文化遗产利用与配套。与农耕文化展馆配套的图片展示必不可少，发展休闲农业，“窗口”建设十分重要。必要的农耕文明展示，是其重要基础。对于难以搜集的农具，如古代不同时期的农作工具，则以图片为主。对主要农具的图片及介绍说明，采用对比的方法加以诠释和说明。以图片的形式，宣传稻作生产工具的发展、演变过程。这种方式既可以使农民回味过去，珍惜、保护和传承农耕文化，又可让对农耕文化陌生的城市居民、青少年了解传统的农耕方式和生产习俗，唤醒他们对农耕文化的兴趣。

(3)开发稻作文化旅游商品。休闲农业应建立完善的旅游商品市场，为游客提供购买具有农耕文化特色的工艺美术品、农产品的场所。可在农耕文化展馆或稻作博物馆旁设计乡土气息浓郁的一个小商店，以出售当地特色的旅游商品。商品主要包括各种工艺美术品、特色作物标本、文物及复制品、土特产品、旅游纪念品、旅游日用品及各种零星用品。一些农家乐特色示范村目前的旅游商品主要集中于农产品，如土鸡、鸡蛋、新鲜绿色蔬菜等，在农耕文化旅游商品开发方面尚有很大的上升空间。例如，开发以农耕文化为主题的工艺美术品作为旅游商品。将各种生产用具，如锄具、水车，以及具有历史意义的风车、独轮车等缩小体积加工成便于携带观赏的纪念品；或辅以农耕特色风景、再现农耕生产画面为卖点的纪念品，包括各种趣味农具，如小风车、小箩筐、小纺车、小石磨、打谷机、小推车等模型；或仿制当地农产品特产如柑橘、桃子、杨梅等作为装饰用品，其他如粮仓等农用建筑也都可以根据其式样加工制成旅游商品，再现江南陶艺、布艺、竹编、刺绣、剪纸作品等传统工艺品。

稻作农耕文化博物馆，应以稻作农业文化为主题，以乡村自然风光、田园作物、耕作场景为背景，以劳动工具、作物标本、生活器具为特色，以实物展示和文字介绍为主要方式，让人充分感受农业情怀和情趣，获得更多的科普知识和农业知识，营造人与农业之间的联系。以农耕文化为主题的展馆所展示的生产、生活类用具，可以从老百姓家中搜集，旨在通过展示农家器具，折射传统农耕生活，留存农村记忆。在方案设计上，要明确定位，具备旅游、宣传功能，体现科普性及互动性，以实物、模型、图片、文字等形式普及农业知识、宣传稻作文化，并可以让游客参与其中，切身体验感受。要体现一个导向性，就是要突出本地区农业生产的宣传，要具备服务功能，体现实用性。力求图文并茂，物景重现，寻旧怀古，探寻乐趣。农业文明是中华文明的基石，休闲农业应使参观者领略回归田园的雅趣、回归自然的乐趣。

2.展现农田景观创意，打造壮丽的稻田景观

农田景观创意，就是利用多彩多姿的农作物，通过设计与搭配，在较大的空间上形成美丽的景观，使得农业的生产性与审美性相结合，使生产、生活、生态三者有机结合。国外的这种创意有两种类型，第一种是利用花卉打造壮丽的花田景观，第二种是在农田打造艺术图案。作为一种农田艺术，稻田景观频频在各地乡间田园出现。在水稻生长的中后期，每逢双休日，农田地头车辆排长队，农家乐火爆，农田“笑脸”吸引不少市民前来欣赏。

稻田画景观已成为休闲农业发展的一个亮点。近年来，渐为推广的稻田画是以稻田为画板、禾苗为画笔的一种表现形式，稻田艺术画体现了农田自然美和设计者的智慧，其表现内容多种多样，这些经典创意既有结合时代特色的新气象、新观念，还有自然风景等。富有创意和观赏性的稻田画主要是采用紫、绿、黄三种彩色稻种组合创作而成，文字及图案由紫色、黄色水稻构成，背景为普通绿色水稻，种植出来的效果良好。创意稻田的图案需经过精心的构思及设计，多采用3D视角模拟技术，通过GPS定点构图，由数名经验丰富的农户人工插秧而成。以稻田画作为景观招牌的乡村旅游最成功的经典案例，有日本青森县田舍馆村的稻田艺术设计。

3.设计稻作农耕文化体验项目

休闲农业的基础是农业，目的是休闲，本质是体验。因此，要尽可能地把生产过程中某些环节的一般性操作转化为可参与性的操作，给游客提供尽量多的直接感受的机会，增强其参与感。在现有农耕文化展馆的基础上，在外围开辟“农耕文化体验区”，以便游客参与农耕体验，加深印象，增加乐趣，从而寓教于乐，保护并传播农耕文化。

例如，稻作生产经历从浸种催芽、整田、播种、秧田（秧盘）管理、移栽、大田管理、收割等农事操作过程。可将水稻生产的某一农事活动设

计成趣味实践活动，特别是将活动内容设计成竞赛项目，包括起秧、运秧、插秧比赛，割禾、拌禾比赛等，让游客在劳动娱乐中寻求乐趣。农耕文化展示现场，让游客穿着蓑衣、戴着斗笠下田插秧，吸引了大批游客观看。在娱乐的同时，了解了农业生产过程，体验到了农业生产者劳作的不易，也感受到了传统农耕文化的无穷魅力。

4.发展创意农业，传承“稻鱼文化”

作为我国传统农业的精华——稻鱼生态文明是我国首批入选全球重要农业文化遗产的项目之一。新时期下创新和传承稻鱼、稻鸭共生生态农业技术，对促进农业的可持续发展，减少农业面源污染，具有十分重要的现实意义。在发展休闲农业的过程中，稻鱼农业文明是促进农业产业链深化的重要抓手，传承和发展文化创意农业是中国国情下的必然选择。

稻鱼基地探索生态大米、谷花鱼、稻花虾立体养殖系统，当水稻生长到一定阶段，将谷花鱼、雏鸭、小龙虾放入稻田内，它们以失去功能的稻叶为食，有利于水稻抽穗灌浆，而且它们的排泄物也是稻谷最好的生态肥料，遵循自然规律，形成稻田生物圈。根据不同季节、时期，开展不同的传统农耕文化体验，主要项目有：收割稻谷、喂鸭子、抓田鱼、捉泥鳅、钓小龙虾等农事竞赛系列活动，以及学习跳“鱼灯”舞、参加摄影比赛等趣味活动，内容丰富多彩，其乐无穷；竞赛以家庭为单位，对前几名设立奖项，以资鼓励；亲子互动中迎来阵阵欢声笑语，游客们享受着乡村的美好与乐趣。活动突出游客群众主体，注重农事体验，展示农耕文化。通过实践、参观学习，还能对未成年人进行自然科学教育，体会劳动的光荣与艰辛，培养良好的品德。同时，推动生态米、田鱼促销，实现富民惠民，让游客乐在其中。

5.水稻资源开发典型案例——湖南“稻花鱼文化节”

2016 年 9 月，湖南凤凰古双云村举办了首届“稻花鱼文化节”，吸引了大量游人前来参观休闲，取得了良好的社会反响。并且以后将继续举办"稻花鱼文化节",以便进一步提升稻田生产效益,持续打响凤凰古双云村稻花鱼品牌,带动农村农业生态观光园产业的持续健康发展。整个"稻花鱼文化节"活动,既有苗家舞龙、舞狮子、苗家花鼓等民俗活动,组织稻花鱼养殖基地观光等亲鱼体验,也有几百人参与的徒手抓稻花鱼大赛。活动最后,数千人同桌,品尝苗家长龙宴,喜迎四方来客。古双云村位于凤凰县西部,是一个典型的苗族聚居贫困村。近年来,该县委办驻村工作队坚持以脱贫致富为目标,立足村庄现有资源,培育壮大支柱产业,改善农民的生产生活条件,使广大村民逐步走上脱贫致富之路。在驻村帮扶单位的帮扶下,该村成功组建了红心猕猴桃专业合作社。同时,大力发展稻花鱼特色养殖产业,并组建了稻花鱼专业合作社。古双云苗寨已打造完成稻花鱼连片工程150亩,其"稻花鱼+"特色旅游已初见规模,预计未来将会取得更好的经济、生态和社会效益。

二、养殖业资源的开发

(一)水产(鱼类)养殖资源的开发

"渔家乐"是新兴的旅游休闲形式,是渔民向城市现代人提供的一种回归自然从而获得放松身心、愉悦精神的休闲旅游方式。一般来说,"渔家乐"的业主利用当地的自然风光进行水上观光、捕鱼娱乐与渔产品加工满足客人的需要,成本较低,因此消费不高。近年来,"渔家乐"发展迅速,成为湖区、库区渔民就业创业、增收致富的重要途径。

1.发展高效渔业,提高产品附加值

休闲渔家乐除特色口味鱼品牌菜肴外,还开发市场少见的优质果品,整体规划,种植的水果品种错开成熟期,利用新技术培育绿色果品;在游客希望体验采摘乐趣时对外开放,品尝后确实比市场一般水果口感好,再以高于市场价采购。而且休闲场所基本都建有冷藏库,又可以延长果品销售档期,蔬菜也是如此。自己种的果蔬用于自家生态餐厅,新鲜又绿色。"渔家乐"将小型池塘流转合并,串联成数百亩的人工湖,令垂钓者如置身野外自然环境中，垂钓兴致一发而不可收拾。加之农庄贴近湖区水网，引进江水养殖，鱼品口味鲜美，外地钓友钓回大量的鱼分给亲朋好友，带动更多钓客前来消费。服务项目有机整合，游客在农庄休闲一天以上不显乏味，这是单枪匹马的农户无法办到的。由于一些地方的人文景观不是太多，乡村渔家休闲农庄能够为旅游团增加“农”字色彩极浓的景点，又主动为旅游团联系前后旅游景点，在深受旅行社青睐的同时，也为地方经济发展作出了贡献。

2. 清晰定位，避免同质化

“渔家乐”或“水乡人家”通过整体规划和科学论证，合理布局、功能配套，实行区域整合，统一经营；同时，规范管理、加强从业人员素质，全面、深层次地挖掘“鱼水”文化内涵，渔村文化旅游可以举行以下几种陈列展示业态：

(1)淡水鱼水族馆、观赏鱼展示长廊。以观赏为引导，推广销售为目标。

(2)渔文化博物馆。陈列渔网、渔具、渔船、渔主题艺术品等文物，展示渔业生活场景，介绍渔文化历史，并预留展室进行其他主题展览，如建立观赏鱼客户交流场所和推广平台，推动观赏鱼的消费。

(3)将当地的民俗文化特色融入乡村旅游活动。例如，洞庭湖区拥有丰富的乡土文化，如跳蚤舞、渔民号子、威风锣鼓、渔民画等，通过餐饮、表演、图片、文字、活动、装饰等途径，融入“渔家乐”的各个环节，以提升“渔家乐”品位。湘菜中，经典鱼类系列食谱更是不胜枚举，其中的口味虾、水煮活鱼、清蒸团鱼、剁椒鱼头、红烧鲫鱼、臭鳜鱼、紫苏炒鳝鱼、火焙鱼等都属于其中的名菜，具有独特的文化魅力。

3. 设置多种游乐方式，增强体验性

(1)钓鱼捕鱼乐园、湿地观光乐园。包括湿地植物观赏、湿地生态科普陈列、湿地游乐、芦苇荡泛舟、采菱赏荷、花湖漫游(借鉴著名的江苏兴化垛田油菜花海景象，在陆地和水面之间的滩涂地带遍植类似油菜、向日葵这样的半人高花卉，形成壮观的花海景观，以栈桥蜿蜒伸入其中，人游其中，如在花海中漂浮，也可作婚纱摄影之背景）；浮桥观鸟（可设浮桥伸出水面，上观鸟，下观鱼）。

（2）荒岛野炊（提供家庭或单位集体的野炊活动场所，增强家庭成员的亲情联系和单位的团队凝聚力）、丛林野战游戏（在扑朔迷离的芦苇荡中玩CS、枪战游戏等）。

（3）水上乐园、沙滩游乐场。内容包括：沙滩排球、足球、日光浴、生态浴场、沙埋健肤、沙滩烧烤等。

（4）渔村特色餐饮一条街：各种烧鱼、炸鱼、烤鱼、清蒸团鱼、炖鳝鱼、鱼汤等特色鱼品；鱼火锅馆等；地方特色店，如洞庭三宝，芦笋、野芽和野蒿等。

（5）洗浴康体中心：提供鱼疗保健、生态泳池，如池中有鱼的游泳环境，可抓鱼嬉戏；洗浴，如室内及露天的人造洗浴场所等。

（6）延伸性游乐活动。会展：包括各种专题会展活动，如“锦鲤精品展”“渔具精品展”“品牌鱼饲料汇展”等；节庆：如中秋赏月晚会、春节“年年有余”鱼文化庙会、七夕情人节花湖漫游、五一灯会、国庆烟火晚会以及采菱节、赏荷节、观鸟节、捕鱼节等；提供水幕电影、湖滨舞台演唱会、水上歌舞表演、湖滨舞台服装秀等活动。赛事：如钓鱼大赛、航模大赛、端午龙舟赛、沙滩排球大赛、沙滩雕塑大赛。其他：如青少年“渔家乐”夏令营、湿地科考营、拓展训练营等。

（7）配套服务策划，如客服中心。为了更好地为消费者服务、提升服务质量，必须建设功能齐备的客服中心。客服中心包括游乐项目售票点、导游服务点、医疗工作室、小型超市、旅游商品摊点、观光车车站、婚庆服务工作室、停车场等。

4. 鱼类资源开发案例：“漓江渔火”与“漓江夜捕”

从大山流出的漓江，在桂林至阳朔段，像一条青色彩带缓缓地漂浮在山际间，形成了漓江画廊，构成了闻名世界的漓江风光。白天，游客可以乘船观赏秀水青山、美石奇洞；晚上，游客能够乘船领略渔家灯火、漓江夜捕。渔民夜晚在漓江捕鱼所形成的“漓江渔火”和“漓江夜捕”的美丽晚景早已有之，但被开发为旅游观光项目却是近几年的事情。漓江水流平缓，水质清澈，是各种鱼类生长繁衍的理想之地，“漓江鱼”是游客百吃不厌的美味佳肴。生活在漓江两岸的居民，常常是一边从事农作，一边以捕鱼为生。

“漓江渔火”和“漓江夜捕”是一种奇特的原始捕鱼风俗。“漓江渔火”和“漓江夜捕”旅游项目，抓住游客的心理与需求，丰富了游客的夜晚生活。它们把渔民组织起来，配备安全设施与负责人员，挖掘捕鱼的文化内涵和科学道理，编写导游词，解说个中韵味。在凉风习习的夏季傍晚，让游客登临竹筏或渔船，在欣赏漓江夜景的同时，体味渔家生活和渔民劳动，其乐无穷，其境恬静，渔家生活的情趣油然而生。项目开发以来，深受游客喜爱，年接待游客数十万人次，收入数百万元。

（二）传统及特色畜牧业的开发

近年来，人们对肉类食品需求的提高，也给畜牧业的发展带来了新的机遇和方向。可以根据本地环境条件和农业生产特点，结合休闲农业发展特色畜牧业，促进畜禽发展的转型升级；重点发展特色养殖，主要以散养、生态、健康的养殖模式进行生产。传统养殖是基础，创新养殖是突破。因地制宜维持现有的传统养殖，发展特色畜禽养殖是市场的需求。

1.以畜牧、家禽养殖为基础，开发各种类型的游乐场

（1）草地游乐场可提供草地野餐、草地舞会、骑马体验、牧羊体验、狗（羊）拉草撬、坡地滑草、湖畔篝火晚会、环湖情侣自行车、射箭、草地网球、放风筝等活动。

（2）林地游乐场提供林中秘境、林下养鸡、林中露营、林间情侣吊床、林间骑马运动、拓展运动、定向运动等项目。

（3）丘陵山区以发展散养生态黑山羊、小型花猪为主，辅以特种野味动物养殖（豪猪、野兔、野鸡等）。

稳定和提高农产品质量，控制数量出精品；将畜禽等农产品和休闲

农业相结合，形成“特种养殖＋基地＋乡村餐饮酒店（大型超市）”及养殖、种植、休闲、观光产业链。实现传统畜禽业升级和发展的新突破，为当地发展休闲农业作贡献。

2.以康体疗养和健身娱乐为主题，发展康乐型农业旅游

可以重点突出以康体疗养和健身娱乐为主题的康乐型农业旅游，聘请专业技术人士或对相关工作人员进行培训。例如，掌握一般的针灸艾叶疗法和鱼疗、蜂疗培训技术，设立针灸艾叶疗法室和鱼疗趣味点，对有需求的顾客进行专门服务（活动收费）。另设蜜蜂养殖科技示范基地，在蜜蜂养殖点设有专门的蜂疗场所供游人体验蜂刺疗法，有专门的宠物蜜蜂配套产品出售等，以满足广大游客特别是儿童的兴趣爱好。传统养殖应坚持以“生态、体验、科普、自然”为核心理念，致力于把养殖园打造成集农业特色体验、科普教育、农家餐饮、休闲娱乐等项目于一体的乡村旅游观光体验基地。

3.把握亲子市场，塑造“动物”特色

近年来，亲子游产品关注度不断上升，家庭亲子游市场不断扩张，其中动物园、海洋世界、主题公园成为最受欢迎的出游产品，小朋友们对动物世界、植物世界的好奇与向往，使得以动植物为主题的亲子游产品成为时尚热点。以“动物”为主题特色开发休闲农业，该类特色的休闲农场、牧场对以家庭为单位出游的游客具有广泛的吸引力。例如，乡村科学教育体验之动物成长科学：动物生长观察，如小鸡孵化、蝴蝶破茧成蝶、蚕吐丝、饲喂锦鲤、蝌蚪观察等；又如趣味鱼疗法，利用栖息环境与自然景观的完美组合，展现出极致的生态之美，又能与鱼儿亲近，成为吸引游客的重要抓手。针对假日乡村休闲游，以时下火爆的亲子市场为契机，创新家庭亲子休闲业态，将“特色休闲农业＋动物主题休闲”有机融合，做精家庭假日休闲产品，引入“童趣”概念，以生态、亲子、萌宠为主线，通过动植物的卡通化、拟人化、故事化、情景化的展示，开发人与动物的互动体验产品、“动物田园”为主题的亲子游乐产品和“动物生态”为基

础的亲子农业休闲产品，同时围绕“种、养、加”的产业特色，发展农业观光、农事体验、农渔休闲、特色动物观光等休闲活动，形成农业“种植、养殖、加工、旅游”有机复合的循环模式。

4.发展特色畜牧业

我国饲养的特种养殖动物种类繁多，主要有兽畜类、珍禽类、水产类、昆虫类等特种养殖动物。特种动物养殖主要是供观赏、饲喂、繁殖、食用。养猪、养牛的人比较多，亮点少，赚钱利润空间小，特色养殖市场有待进一步拓展。

鹿是一种珍贵的药用动物，人工养殖一般是梅花鹿和马鹿两种。鹿的生活能力极强，饲料以草料为主。在目前鹿茸市场价格下，仅采鹿茸即可略有盈利，如能开发鹿血酒、鹿胎膏等深加工产品，提高综合利用率，乡村旅游会获得更多的利润。宁乡花猪必须在完全天然、健康的环境下生长，与洞庭湘莲、武冈铜鹅一起被誉为湖南“三宝”，是农业部确定的首批国家级畜禽遗传资源保护品种。观赏犬、香猪等，养殖周期短、成本低、收效快。兔肉，营养价值较高，口感细嫩，受到消费者的喜爱。观赏鸟的市场较大，由于养殖成本低，养殖利润高，养殖观赏鸟既可以圈养为乡村旅游增添旅游观赏景点，又可以向社会提供产品；其他如肉鸽、鸵鸟、火鸡、孔雀等。

特种动物养殖是一种产品具有特殊利用价值的、新奇的、特殊的养殖业，特别是一些边远乡村一直以农业生产为主，但综合经济效益不明显，作为经济效益更明显、附加值更高、市场需求更大的农业新增长点，以特种养殖为核心的生态农业，必将带领广大农民走上更加宽广的致富大道。

5.休闲农业兼营养殖项目的选择，应注意以下事项

(1)兼营养殖业，要在保证旅游主业经济效益的前提下，解决好两个重要问题：一是疫病防治需要的隔离措施和条件。疫病难免与旅游业发生冲突，同时，一些人畜共患病也可能给游人的健康带来危害；二是环境污染，养殖业的粪便、污水、饲料对所在地的水源、空气和土壤会产生污

染，其特有的气味也会影响游人的兴致。因此，旅游农庄兼营养殖项目的选择应满足以下要求：与旅游业大力结合，既可以作为观赏、娱乐动物，又具有较好的经济价值和市场需求；对环境及防疫条件要求不是很严格，比较适应粗放饲养；规模适宜，不给环境造成大的污染；结合投资方自身优势，如具有较为稳定的产品加工条件、销售渠道等。

(2)了解国家特种动物养殖的法律、法规和政策。养殖国家林业局发布的可以从事商业性经营利用、驯养繁殖技术成熟的陆生野生动物时，也需办理驯养繁殖许可证，同时还要符合动物防疫、检疫的要求。

(3)充分了解市场，选择合适的养殖品种，注意加入相关的行业组织，及时了解信息，进行市场调查。热门品种和紧俏品种不一定是好品种，有经济效益的、最适合自己养殖条件的才是好品种。如果以前没有特种经济动物养殖的经历，应选择容易饲养、种源充足、供求市场都很大的常规品种。尽管利润有限，但风险较小。

乡村休闲观光，畜禽渔业作为一种新兴产业，融合了养殖业与旅游业的优势，符合回归自然、感受自然的旅游新需求，也为养殖业找到了新的增长点，是一种能够促进养殖业可持续发展，提升挖掘其附加值的新型发展模式，具有极大的发展空间。其发展模式并非养殖与旅游的简单相加，而是一个包含农畜、家禽、水产养殖、观光、科普、休闲、体验、环境保护等多功能于一体的多元有机结构。“休闲观光养殖业”不能一味模仿和一味求大求全，应结合本地的产业链条、交通情况以及本地的林地、草场承载力等进行科学规划，防止由于人员过度密集、游客生活污染导致的森林破坏、草场退化、环境污染等情形发生。

三、加工业资源的开发

(一)深入开发地方特色农产品

促进乡村振兴，必须要创新农业经营方式，实施农产品加工转型升级战略，延伸农业产业链，加快发展农产品加工业。国家支持精深加工装备改造升级，建设一批农产品加工技术集成基地，提升农产品精深加工水平；支持粮油加工企业节粮技术改造，开展副产品综合利用试点。休闲农业事业应推进粮食初加工设施建设，突破初加工关键技术环节，提升初加工整体水平；农家乐、休闲农庄、乡村旅游经营者等新型农业经营主体，应积极建设烘储设施，加强菜篮子产品和特色农产品产后商品化处理，改造升级贮藏、保鲜、烘干、分类分级、包装和运销等设施设备。对于特色食品的开发，各地乡村可根据自身资源禀赋的情况，因地制宜地进行相应的开发。下面以沅江芦笋系列产品的开发为例。

沅江芦笋，又名“荻笋”，生长在南洞庭湖的滩涂湿地上。它营养丰富，风味独特，集天然野生和绿色有机等特点于一体，是大自然对人类的无私馈赠。沅江市以“政府扶持、市场导向、科技支撑、龙头带动、品牌培育”为指导思想，推动芦笋产业走“规模化、集约化、标准化、品牌化”的发展路子。其产业定位为：紧扣“绿色、健康、药食同源”；产品定位为：坚守无公害、无污染、原生态采摘标准；加工坚守零添加、低盐分（盐分含量不超过0.6%）、无防腐剂三条底线，重点支持功能保健系列产品开发。

注重产品研发，由芦笋办牵头，科技和工信局负责，按与湖南农业大学、湖南中医药大学签订的合作协议，主要合作开发五类产品：①清水罐头产品。确保生产无添加、无防腐剂、无盐分、保质期长、原汁原味原生态的绿色健康产品。②粗纤维芦笋干粉。采用粗纤维发酵技术，生产具有一定养生保健、滋容养颜功效的功能产品。③茶饮品。以芦根、芦笋为主要原料，引进饮料生产线，生产保健类茶饮品。④冻干芦笋食材。引进冻干设备，生产冻干芦笋。对引进冻干设备和其他先进设备的企业，市政府从项目资金中进行扶植。⑤高端休闲即食芦笋。组织企业开发口味好、功能强的休闲即食产品投放市场。由于沅江芦笋天然野生，无须人工栽培，不仅风味独特，更重要的是绿色健康，营养价值高。芦笋是营养、美容、减肥、抗衰老的保健佳品；新的研究表明，芦笋具有清热生津、清肺解毒的功效。现如今，野生芦笋系列产品成了当地旅游的时尚佳品。

(二)旅游纪念品的开发

旅游纪念品是指能使人回忆某地、某事、某次旅游或经历的东西,即为对某一特定旅游目的地有纪念意义的实物商品,它是一个地区的名片,一种文化的载体。大力开发旅游纪念品是促进休闲农业发展的重要手段之一。

1. 非农性旅游纪念品的开发

(1)挖掘特色,开发地方品牌。要在创新方面做出相应的改变与调整,避免出现尴尬的雷同产品,使纪念品由广而粗放向着精小具体的方向发展。要树立品牌意识,开发地方自主品牌。旅游纪念品是一个地区旅游印象的浓缩,具有地域特色,使其能独具识别性,成为其设计是否成功的关键标志。因此,发展休闲农业应根据本地旅游资源的实际情况,挖掘出特色,结合具体情况挑选一些作为旅游纪念品开发的题材。围绕某一题材,依据不同旅游消费群体的需求,开发出多规格、多档次的系列产品。

(2)重视旅游商品的包装及店面的装潢。建议在休闲农业主要景区修建专门的定点小商店,店内实行柜台分区,一区一品,并注意根据游客消费心理进行橱窗布置,营造良好的购物环境,以适应乡村旅游发展的形势,带动当地区域经济的发展。

2. 农产品旅游纪念品的开发

我国是一个农业大国,但随着农业科技的推广普及,许多传统农具已悄然退出历史舞台。为了让更多的人通过农具了解历史,珍惜今天,也为了满足人们的怀旧情结,可大量开发具有特色农业文化情调的农具模型。

一些农家巧匠们仿照各种农具实物,按比例缩小,制作出了微型木制农具系列工艺品。农具系列产品要求工艺精湛,既保持原生木种的天然纹理,又经过现代工艺的精雕细琢,小巧精致、古朴典雅,同时还具有一定的科普性,作为休闲农业开发的小商品——迷你农具,是目前难得的观赏和收藏价值俱优的佳品。

传统农具可开发的主要产品包括：风车、水车、翻斗车、马拉木车、手推车、花轿、手推磨、纺车、织布机、锄头、箩筐、背篓、排车、碾子、耩子、马扎、划船、压水井、子孙桶、多功能组合式自动出烟机等。开发的农具模型工艺品，让古代文明从博物馆、书本中进入游客的生活，将传统与时尚有机结合，既可以作为家居摆设，也可以用于教学模型、电影道具、博物馆展览等场合。独具文化特色的模型工艺品，还可用于会议、商务、文化交流等礼品市场及旅游纪念品市场。

（三）特色工艺品的开发

特色工艺美术品向来是我国各地旅游纪念品市场中的主角。工艺品本身包含着特定的文化，它是民族文化与地域文化的融合，是旅游业不可缺少的一个重要组成部分。旅游者除了消遣娱乐外，还在很大程度上期盼了解当地的人文地貌，希望购置一些当地的手工艺品，尤其是富有地方特色的工艺品。因此，我们应开发具有本土文化气息的工艺品，以满足游客的相关需求。

第二节　农业生活资源的开发

农业文化中所谓生活性，不仅有乡村村民的日常生活方式和柴米油盐之事，更主要的是把田园养生作为生活的一种方式。日常的起居饮食是基本，田园养生从事的农作、农事、农活，特别是农活，完全就是一种生活，也是一种生活方式。因为它所指的是农村中的日常生活，是食、穿、住、行等。至于农事，其所指的社会事务包括政治活动、村庄建设、乡风文明和宗教信仰等，虽不是日常生活，但却与日常生活密切相关，或者可以说，是日常生活在深度和广度上的扩充。因此，农事也是一种生活方式。至于农作，作为田园养生，要求的农作是生活式的，即是适度的，且有利于锻炼身体。

一、民俗文化的开发

乡村农民生活文化资源，主要包含以下方面的内容：一是农民本身，如当地语言、宗教信仰、个性特质、经历的历史等；二是日常生活特色，如饮食、衣物、建筑物、开放空间、交通方式等；三是农村文化及庆典活动，如工艺、表演艺术、民俗小吃、宗教活动等。

（一）乡规民约、礼仪孝道等传统文化的开发

在民俗生活方面，乡规民约、礼仪孝道等宣传与展示，是建设美丽乡村、发展休闲农业的一个亮点和需要。一方面可起宣传告诫的作用，另一方面起弘扬传承的作用，也是现代文明乡村发展的需要。

通过乡规民约、礼仪孝道等文化墙、文明长廊的宣传与展示，打造出一大批各具特色的示范村和文明村。文明村组环境焕然一新，实现院整、墙齐、路硬、树绿、村洁，呈现出美丽文明的景象。以抓文化设施建设、文化氛围营造、文艺队伍组建、文化活动开展为重点，全面加强村组旅游点上的文化建设，使学在农家、乐在农家，在硬件上有条件、机制上有保障、活动上有内容。

（二）乡村文化创意园的开发

如今，消费者已不仅满足于创意农业的观看、品尝、采摘等简单体验，他们的需求日趋多元化、个性化，也更看重创意农业的整体氛围。在创意农业中植入乡村文化资源，有助于打造富有文化内涵和氛围的创意农业生产区或休闲景区。加强对社会主义新农村文化建设意义的认识，乡村文化建设要以传统经典农业文化、积极向上或先进文化为引导，着力营造新农村建设需要的文化环境，带动旅游业的发展。

乡村文化在创意农业生产区或景区上的体现，主要是挖掘有价值的乡村文化符号，并将其在基础设施和景观设计上加以体现。例如，在生

产区或景区整体的规划与设计上，彰显地域文化特点；在休闲长廊、景观小品、廊道、亭台、绿化景观等各类设施的设计和建设上，使用具有村镇特色的色彩、图案、形状、图标等；要素配置合理化。此外，在创意农业生产区、景区的内部标志、解说系统，或者对外宣传册和广告上，也可以突显出乡村文化的特色。通过特色化的装饰、美化和宣传，将创意农业生产区或景区，打造成特点鲜明、文化突出的经营场所，以更好吸引消费者，促进农民增收，从而带动乡村振兴的发展。

(三)夯实农村文化阵地，繁荣群众文化

加快文化广场、农家书屋、农民网吧、广播电视覆盖，业余文艺团队组建，改善创建点的文化条件，着力打造一批高水平的形象宣传、精品文艺演出，进一步夯实农村文化阵地，繁荣农村文化。例如，每个村、每个创建点结合实际，成立一个以上的文艺、健身、书法、绘画、诗词、营销、农村事务自助等协会，设立专门的活动室或宣传栏，制定活动计划、活动内容、规章制度、组织机构、会员名单，定期开展活动，公开会费收支、财政补助经费使用情况，设置文化墙张贴活动图片和资料。对于精品旅游新村、农家乐，每年必须推出2～3个新创作的有地方特色和民俗文化的节目。丰富文化墙内容，突出本地文化，以“幸福农家·美丽乡村”以及国家政策等为主要内容，绘制山乡水墨画卷，美化公路沿线和精品旅游点，宣传本地文化。

(四)大众生活文化的开发

大众文化是就文化传播的广泛性而言的。“大众文化”反映农民的利益与呼声，是乡村大众所喜闻乐见的乡村文化。但文化的内容必须是先进的、健康有益的，而不是低级趣味的。

1.农民艺术

历代传承的农民艺术是乡村大众化文化旅游开发的要素，与农业生产和农民生活息息相关的民俗民间艺术，是我国农民在数千年的农耕活动中，不断创造和发展的乡土艺术。这些生活中的艺术有民间节庆、表演、号子、说唱、民谣、猜谜等，尤其是被物化的产品如年画、剪纸、农民画、布艺、草编、木雕等几种艺术形式，生动、形象、充分反映了历代农民淳朴、热情、活泼的性格和生产、生活态度，给人们以鼓舞与教育。

2.农业节庆活动

广泛的民众性是节庆产业成功的魅力所在。节庆产业的成功，不在于安排多少项活动，而在于有多少大众亲临其境感受其人文气氛。民俗生活项目展现给前来的游客一种有别于城市生活的农村生活，对于暂时逃离城市生活的人们无疑是一种别有情趣的体验，因此，深度挖掘地域民俗文化，结合生态农庄和郊野生态环境，全方位地整合传统民间游艺项目，作为休闲农业的特色体验，如集体跳绳、滚铁环、跳皮筋、踢毽子、跳方、盘磨、翻花线等乡村传统游戏。同时，结合农业民俗，可开展类似于开心农场种植体验、手工作坊体验、牧场动物表演等农业民俗主题体验活动，带给人们一种乡村生活的真实体验。因此，农业与民俗的体验是休闲农业的一大特色。

立足市场多元化需求，可推出一批以节庆表演为参与的娱乐型、以自然气候为吸引物的避暑度假型、以生态景观为载体的城郊休闲型、以特色农作物采摘为主导的乡村体验型、以民族村寨为特色的民俗陶冶型等乡村旅游产品。依托本地自然生态、特色农业、民族村居、文化遗产，以普通生产及生活文化要素为基础，打造地方特色的一批乡村旅游品牌，吸引游客慕名而来、纷至沓来。

二、饮食资源的开发

中华饮食文化颇负盛名，曾博得“食在中国”的美誉。饮食文化是中国传统文化中最具特色的部分之一，内涵十分丰富，它至少包括饮食资源、烹调技术、食品制造、食物治疗、饮食民俗等方面的内容。餐饮是休闲农业的重要环节，是记住乡愁的一个重要载体。乡村民宿提供的餐饮应用当地食材，且按当地的饮食方法进行烹饪，这样做出来的农家菜才能让游客产生熟悉的乡愁感受。在体现传统饮食文化特征的基础上，各地应根据实际情况，因地制宜开发具有本地习俗风格的特色主题餐饮和住宿活动。此外，休闲农业活动可以通过举办农业嘉年华活动，或开展类似美食品尝宣传的主题活动，以展示当地的特色饮食文化生活。活动内容可根据当地村镇或农户实际情况因地制宜实施。

(一)地方特色菜和民间菜肴的开发

随着时代的进步和科技的发展，乡村生产出来的食材品种日益增多，人们对美食的口味和营养需求也在不断升级。近年来，乡村休闲旅游迎来热潮。都市消费者越来越向往生态自然和简单朴实的乡村美食，这也是休息日乡村餐饮爆满的原因。尤其是那些用具有浓厚地域特色的食材所开发出的特色餐饮，甚至成为人们追捧的“网红菜品”。地方特色菜开发主要有以下三种方式：

方式一：大致包括“大舞台”“丰收乐”“购物街”“美食坊”“欢乐谷”“奇品园”和“乐翻天”“文化长廊”等板块。主要涵盖展、娱、商、演、学、研等六方面内容。展：乡村小康建设和旅游农业成果展等；娱：开展农歌会竞赛，邀请地方电视栏目参与并播出；商：农产品展销、小额投资洽谈等；演：农村民俗文化表演等；学：为游客介绍并帮助他们学养花、养草、养鱼、养宠物等；研：开展地区乡村旅游农业论坛、专业咨询等。

方式二：以“魅力乡村，快乐农业”为活动内涵，设置“大舞台”“农产品PK”“绝技食坊”“农家节令小吃”“农业奇品园”等板块，美食制作高手现场展示绝活，奇品园内更是有很多奇花异菜，令人开眼，游客能观看挂满水果等农产品的造型。农业嘉年华的亮点更突出，具体表现在：能看到的奇品更多、可购农产品更多、农家美食花样更多，并配合果园的采摘品尝活动进行，如杨梅、葡萄、红枣、桃李、草莓等体验系列活动。

方式三：举办“醉美农家乐之闻、品、尝、留”摄影大赛，参赛题材包括赏果、采果、美食、民宿，线上投稿投票评比，并进行颁奖。结合果园的采摘活动，每个周末举办乡村果品(草莓、杨梅、葡萄、蜜桃、柑橘、枣等)音乐节和果品鲜榨果汁、果酒体验活动。

味道是最能勾起游客乡愁情结的，经营者要用心做好自己的“味道”，让游客们多一份美味的记忆。

（二）乡村绿色生态菜肴的开发

乡村农业文化旅游强调生态环境的原真、生态饮食的原味、生活环境的原本。作为生态农业旅游的客源主体——城市居民，到农村旅游很重要的一个原因就是可以享受源于自然的“绿色原味”和“无污染食品”。因此，乡村旅游餐饮一定要具备原汁原味、绿色健康、特色经营以及干净卫生等特点。乡村食品应符合绿色、朴实、鲜美、营养、价廉的要求，充分发挥本地乡野原料“野、绿、鲜”的优势。同时，将传统农业的生产与现代技术相结合，充分合理地利用资源，生产出游客喜爱和放心的无污染农产品。

1.菜品的原汁原味

(1)重视菜肴的新鲜度：用植物未成熟的果实、根、茎、叶入菜，口感鲜嫩，色泽翠绿，如青豆米、青菜头、青蒜苗、青豌豆、小瓜尖、豌豆尖等。

(2)重视野生菌系列产品的开发：在野生食用菌资源丰富的地区，如美味的牛肝菌、野生寒菌、羊肚菌、林地蘑菇、地木耳、草菇、鸡油菌、鸡菌、黑木耳等开发系列的美味佳肴。

(3)重视野生蔬菜系列产品的开发：如马齿苋、鱼腥草、野苋菜、水芹菜、蒲公英、车前草、荠菜、藜蒿、蕨菜等野菜系列，特别是村民们自家腌制的野蔬、蜜饯、果脯和果酱等。当然，野葱、洋姜、麻壳笋和一些叫不上名的野菜也是城里人的最爱。

(4)重视花卉菜肴的开发：即野生或庭园花卉入馔。随着鲜花市场的迅速发展，每到春天鲜花盛开，很多庭园花卉也被开发为桌上佳肴，如小炒栀子花、茉莉花炖鸡蛋、夜来香炒鸡丁、酿百合花、玫瑰米糕、雕梅扣肉、软炸玉兰花、套炸瓜花、清炒南瓜花等。

(5)重视食用昆虫菜肴的开发：如湘西人对炸马蜂幼虫感兴趣。由于昆虫具有蛋白质含量高、蛋白纤维少、营养成分易被人体吸收、繁殖世代短、繁殖指数高、适于工厂化生产、资源丰富等特点，成为理想的亟待开发的食物资源。

2.使用现代科技，做好农业清洁生产

(1)适量、科学、合理地使用化肥，科学施肥，推广配方施肥，施用微生物肥料，以减少对化肥的需用量。

(2)使用清洁、无公害的农药品种和施用技术。科学、合理、安全地施用农药，使用无公害农药，开展生物防治。

(3)使用可降解的农业地膜、秸秆还田。

(4)全过程防止禽畜养殖废弃物污染，做好畜禽粪便资源化的利用，做好种养结合的循环利用，进行生态养殖。例如果园养猪模式，猪粪尿分离后，一方面，猪粪可以发酵生产有机肥；另一方面，猪尿经过沉淀后，可以作为果园的肥料。

(5)加强对灌溉的管理。改变传统的灌溉方式，禁止使用污水灌溉。

(6)保证农产品收获加工的清洁。树立标准化加工的意识，设备的标准化和清洁化，加工技术和管理的标准化。此外，大型家庭农场、农村专业合作社可申请加入农产品质量安全可追溯系统。

(三)利用物候和节气的变化开发养生菜肴

二十四节气是我国劳动人民独创的文化遗产，它能反映季节的变化，指导农事活动，人们还按照节气养生，影响着千家万户的衣食住行。在不同的节气，有着不同的饮食习俗。“吃”的重要性不言而喻，都市人群关于饮食的回忆，是当下休闲农业的重要宣传噱头。在一些重要的节气时间，人们喜欢外出踏青游玩。结合城市居民对乡村文化旅游的兴致，在特殊的节气安排特殊的美食是至关重要的，这样能引起游客的共鸣。作为乡村旅游探索发展过程中的一小部分，提炼农耕民俗节气中中国式养生学的生活观念，将是未来休闲农业旅游发展的突破点。融合了传统二十四节气饮食习惯的“吃”，在乡村旅游餐饮文化的安排设计中，应该是科学合理的，且不同的节气有不同的应时美食。下面以部分节气举例说明。

1. 立春饮食

立春是一年中的第一个节气，春季与五脏中的肝脏相对应，很容易发生肝气过旺，对脾胃产生不良影响，妨碍食物正常消化吸收。餐饮可选择一些柔肝养肝、疏肝理气的草药和食品，中药材如枸杞、郁金、丹参、元胡等，食品选择辛温发散的大枣、豆豉、葱、香菜、花生等灵活地进行配方选膳。

2. 雨水饮食

雨水时节空气湿润，又不燥热，正是养生的好时机，故应多吃新鲜蔬菜、多汁水果以补充人体水分；应少食油腻之物，可多选用红枣、淮山、莲子、韭菜、菠菜、柑橘、蜂蜜、甘蔗等食材作为餐饮材料，同时向游客宣传介绍相关知识。

3. 清明饮食

清明节又称寒食节，即清明之日不动烟火，只吃凉的食品；饮食调摄方面，注意适量，不暴饮暴食。对形体肥胖者，需减少甜食的摄入，多食瓜果蔬菜。在降低摄盐的同时，还应增加钾的摄入，如多食用蔬菜、水果类食品。此外，清明时节正是采食螺蛳的最佳时令，因这个时节螺蛳还未繁殖，最为丰满、肥美，故有“清明螺，抵只鹅”之说。螺蛳食法颇多，可与葱、姜、酱油、料酒、白糖同炒，也可煮熟挑出螺肉，可拌、可醉、可炒、可炝，无不适宜。若食法得当，可称得上“一味螺蛳千般趣，美味佳酿均不及”，满足顾客需求。

4. 谷雨饮食

南方地区谷雨时节有采茶食香椿习俗，传说谷雨这天的茶，喝了会清火、辟邪、明目等。农历五月五日是端午节，与春节、中秋，并称中国三大传统节日。端午节时值春夏之交，节日所处的节气靠近夏至，其习俗活动有丰富的文化内涵，采药祛病、驱毒避邪；也有祭拜屈原、追思先哲的含义，为全国性民俗大节，有吃粽子、蒜头等多种民间食品的习俗。

5.小暑饮食

在这个时节，天气开始变得炎热，减衣身上轻；在饮食调节上，多吃豆制品种及各种蔬菜，少吃冷饮。例如，我国民间有“小暑吃藕”的习俗，因“藕”同合，故民俗用食藕祝愿婚姻美满，又因其出淤泥而不染，与荷花同为清廉高洁的人格象征。藕中含有大量的维生素C和食物纤维，适合夏天食用。吃藕具有清热凉血、通便止泻、健脾开胃、益血生肌、止血散瘀等功效。

6.大暑饮食

该时节天气酷热，养生可吃山药清热祛湿。在炎热的夏季，人们容易出现全身乏力、食欲不振、出汗、头晕、心烦、昏昏欲睡等症状，大暑时养生保健要除湿，最好吃冬瓜薏米、茯苓、山药（又名淮山）等食物。

7.寒露饮食

寒露与重阳节接近，此时菊花盛开，为除秋燥，某些地区有饮“菊花酒”的习俗，这一习俗与登高一起，渐渐移至重阳节。菊花酒是由菊花加糯米、酒曲酿制而成，古称“长寿酒”，其味清凉甜美，有养肝、明目、健脑、延缓衰老等功效。

8.冬至饮食

“冬至大如年”，这一天南方有吃冬至长线面的习惯，而现在的人更倾向于吃顿大餐。冬至时节，可多吃甲鱼、羊肉、桂圆、荔枝、胡桃肉等食品，这些食品味道鲜美，富含脂肪、蛋白质、糖类物质及钙、磷、铁等多种营养成分，不仅能补充因寒冷而过度消耗的热量，还能益气养血，对身体虚弱者尤为适宜。

总之，在饮食文化生活方面，各地发展休闲农业，应根据节气合理调节安排。养生菜肴的开发还应与当地的特色食品相结合，推出新颖的菜名，主打特色品牌，同时，饮食要根据不同人群区别对待。只有这样，才能在乡村旅游市场的竞争中占得先机。

三、茶酒资源的开发

(一)茶文化的开发

中国产茶历史悠久,茶文化源远流长。数千年来,中国积累了大量关于茶叶种植和生产的物质文化,诸如茶的历史文物、遗迹、茶书、茶画、各种名优茶、茶馆、茶具、茶歌、茶舞、茶艺表演等,还有茶德、茶道、以茶待客、以茶养廉、以茶养性等,形成中国特有的茶文化。茶与美景相结合,能够创造出美妙且富有诗意的意境,地方茶产品与山水名地结合,能够使景色的意境升华,使茶的品味得到提升。

1.茶景观

茶园景观设计主要讲究"因凭就势""随势造景"等手法。很多茶叶基地地形复杂,地势多变,在进行景观设计时,应根据自然环境资源,采用自然式手法合理布置景观,形成不同特色的茶园、水体、建筑等景观元素,从而达到浑然天成的效果。常见的茶园设计手法有:选择不同高度树种搭配种植,茶树与经济林套种,在茶园种植不同色彩的花树,将茶树种成各种图案等。

2.茶体验

茶叶生产基地做休闲农业,不仅要使茶园满足茶叶种植,还需要满足游客休闲、娱乐、体验等需求。推出系列茶事体验产品,开展茶叶采摘、山歌对唱、茶叶加工、品茶交流等活动,满足游客有深度、有内涵且兼具时代气息的茶文化休闲旅游,感受采茶、炒茶、品茶的乐趣。

3.茶道

茶道,就是品赏茶的美感之道。茶道亦被视为一种烹茶饮茶的生活艺术,一种以茶为媒的生活礼仪,一种以茶修身的生活方式。茶叶生产基地通过为游客举办沏茶、赏茶、闻茶、饮茶、茶道讲座等观光休闲活动,让游客相互增进友谊,美心修德,学习礼仪,领略传统美德。茶道精神是茶文化的核心。

4. 茶艺

茶艺在中国优秀文化的基础上广泛吸收和借鉴了其它艺术形式，并扩展到文学、艺术等领域，形成了具有浓厚民族特色的中国茶文化。茶叶生产基地通过向游客传授茶叶品评技法，表演艺术操作手段，品茗美好环境等活动，展示茶文化形式和精神的相互统一，传统的茶艺有：选茗、择水、烹茶技术、茶具艺术、环境的选择创造等一系列内容。

5. 茶具

茶具主要是指茶杯、茶壶、茶碗、茶盏、茶碟、茶盘等饮茶用具。中国的茶具，种类繁多，造型优美，除实用价值外，也有颇高的艺术价值，因而驰名中外，为历代茶爱好者青睐。茶叶生产基地做休闲农业，要通过举办茶具展示，茶具销售、茶具茶画拍卖等，拓展茶叶生产基地观光、休闲、购物等途径。

6. 茶饮

茶叶不仅能开发美食，还能通过水浸泡、过滤、澄清等工艺制成茶汤，或在茶汤中加入水、糖液、酸味剂、食用香精、果汁或植(谷)物抽提液等调制加工成茶饮料。茶叶生产基地通过开发风味独特，含有天然茶多酚、咖啡碱的茶饮产品，为游客提供具有营养、保健功效且清凉解渴的多功能饮料，从而增加产品供应与效益。

7. 茶俗

茶俗是我国民间风俗的一种，它是中华民族传统文化的积淀，也是人们心态的折射，有较明显的地域特征和民族特征。它以茶事活动为中心贯穿于人们的生活中，并且在传统基础上不断演变，成为人们文化生活的一部分。茶叶生产基地做休闲农业，通过挖掘各地茶俗活动，如茶与婚礼、茶与祭腌、饮茶习俗等丰富茶文化活动产品，如中国的饮茶习俗就有敬茶、擂茶、三道茶、迎客茶、留客茶、祝福茶、新娘茶等。

8. 茶产品

茶叶生产基地做休闲农业，除了创意休闲旅游活动外，更重要的是不断提高茶产业质量效益。通过与高校和科研机构合作，基地要建设健康茶叶科技示范基地，研发茶叶加工新工艺与新产品，不断提升茶叶的科技含量和商品附加值，推动茶业转型升级，提升茶产业品质和规模，提高茶产业的综合竞争力，打造地方茶品牌。

建立生态休闲茶园，可以使传统的茶叶生产过程转变为人类观赏与体验茶事活动的全新过程，使茶业具有生产和旅游休闲的双重属性，同时将农事活动和旅游休闲融为一体，实现了第一产业与第三产业的跨越式对接和优势互补，做到了一二三产业融合发展。因此，建立生态休闲茶园，既可带动茶业的发展，也有利于休闲农业与乡村旅游新型产业的发展，对实现茶业的可持续发展有着十分重要的积极意义。

（二）酒文化的开发

中国传统的酒类主要包括白酒、黄酒等。酒文化在中国源远流长，在中国人的社交中，酒也一直起着重要的作用，酒和酒文化在中华民族五千年历史长河中占据着重要的地位。酒文化旅游是一种体验，游客通过对酒庄及酒产地的访问和游览，无论是品酒、参与酿造、享受酒美食、酒疗、进行酒知识培训等，其过程都具有参与和体验的特征。酒文化旅游的主题很明确，可以说是一种主题旅游，其参与性和体验性很强。

1.酒文化博物馆

这是一个综合展现酒文化的地方，精品化陈列展示，同时注重互动性、体验性以及文化交流。抓住主线，具体内容分为几个主题。例如分为传统酒文化篇、酒庄的企业文化、酒品牌文化与酒发展史。传统酒文化可以从酒的起源和发展、酒具的展示（按照酒具制品的原料和用途会有不同的分类）、酒与名人、酒与文学、酒与习俗等主题展开。表现形式可结合现代的高科技手段进行，采用多样化的展现方式，例如静态展览呈现，多媒体声光电同步演示，现场演示等。

2.酒文化主题酒店

建筑外观可采用地方传统建筑形式，建筑内部的设计融入酒文化的特定内容。酒店功能融住宿、美食、酒文化展示与交流、购物等于一体。还可根据需要建设一些规模各异的会议场所。

3.酿酒工艺参观体验

酿酒文化的展示，微型谷酒或葡萄酒酿造流程工艺的演示，游客可进入酿酒作坊，采用游客参与体验的互动方式。

4.美食

中国人很重视吃，吃往往与酒是分不开的。在酒文化旅游地，为了突出本地特色风味餐厅，会结合酒的特色，为游客提供各种味觉体验。如可以开办酒文化的主题餐厅、私家餐厅，亦可以引进异地美食，主要以乡村特色美食为主，将酒与美食完美搭配。

5.酒文化风情展示园

结合酒庄特色，选择中国传统酒文化的精彩内容作为主线，园区分为几个主题区，可以开放式的园区为主导，配以少量的室内展览，如展室或雕像馆。园区景观方面，可以设计对应的酒文化主题景观小品，例如以酒与文学、酒与名人作为主线，结合“酒中八仙”“扬州八怪”等人物，通过碑刻和雕塑等形式进行展现，也可以将他们的人物介绍和与酒相关的作品进行室内展览。或根据酒与名人、酒与文学的故事，打造一个以参观为主的历史文人塑像馆。

四、服饰资源的开发

服装品牌附加值不仅体现在服装的高新科技含量上，同时更应该从文化、低碳、环保、绿色等概念上挖掘出服装的品牌内涵。各民族的传统服饰留给后人的启示和思索是永不过时的，也给我们带来了更多的美的享受。爱美之心人皆有之，一些少数民族服饰的优秀传统艺术，正因其深厚的积淀而有待我们的传承开发，发挥其在休闲农业文化旅游中的主体作用。

各地应充分利用休闲农业文化节等活动，开展特色服饰时装模特秀节目表演，演员以不同年龄段的本地村民为主，展示特有的地方服饰文化生活。同时，在乡村游主要景点专门安排非物质遗产传承人进行现场加工表演，以增进游客的认证感，提高其参与的热情；开设民俗服饰商店，以供游客挑选。只有这样，才能在竞争激烈的行业中立足。

以湖南省湘西为例。湖南省湘西非遗资源丰厚，非遗创意产品的开发也方兴未艾。湘西山谷居民文化传播有限公司开发出的具有民族特色的服装、女包、围巾等系列产品十分走俏。公司关注每个细节，关注基本要素以及创意的源头，通过民族特色与现代工艺的交叉融合，借用新工艺技术和新设计的表达形式，将民族主题的要素进行重新解构，产品涵盖包、帽、服饰等系列。在短短3年时间里组建了设计部、生产部、销售部等，发展了10多家直营店及加盟店，并在多家旅游城市建立了分销点。“买件旅游纪念品，将锦绣潇湘带回家”，张家界、衡山、韶山等地依托旅游景区多角度、多领域丰富特色民族服饰旅游商品种类，用创意传播湖南故事，开发民族旅游商品。

五、民宿资源的开发

民宿作为一种基本的乡村旅游业态，是进入休闲农业时代民居功能的延伸而非替代。与乡村酒店、度假村相比，民宿具有自身的独特气质。民宿规划与建设就是打造一个留住乡愁的空间，再现一座寄托乡情的家园，“山水乡愁，好客人家”，让人走进民宿就能记住乡愁。民宿是一个综合的概念，是作为一种乡村旅游的综合性产品而产生的，从简单的住宿功能到休闲、体验等功能的延伸，都是这种产品性质的体现。

（一）开发民宿，找准定位是重点

民宿开发的首要条件是所在地或周边拥有可以吸引大量游客的旅游资源，要么是环境优美宜人，要么是富有特色的地方游乐项目或本土化饮食。同时，要做到因地制宜。结合当地的乡土文化、自然景观、周边环境资源，对原住宅进行精心设计、装修，尽量使民宿保持“土野”的纯真性，营造出浓郁的田园风味和农家氛围，让城市游客产生一种置身田野和农舍的感受。充分体现土气和野性，尽可能地传达出乡情之真、乡风之淳、乡貌之实的浓厚乡土味，从而使城市游客体验到原汁原味的乡村风情和乡村之美，对这里留下美好的回忆。

（二）发展民宿，运作模式需升级

民宿的运作模式主要有以下四种：第一种是居民依托自家房屋自发开发；第二种是政府统一引导当地居民改造自家房屋；第三种是政府、协会开发管理，居民以服务入股；第四种是开发商租赁或购买。当前，民宿运作模式多为依托自家房屋自发开发，能满足单一的住宿需求，但娱乐价值、休闲价值有待提高。对这种模式，可通过跨界合作——与咖啡店、茶吧、书店、手工作坊、花店、博物馆、户外俱乐部等业态自由组合，形成内容丰富的生活体验空间，以提高住宿品质。

（三）推广民宿，整合营销是关键

民宿的营销手段主要有三种：一是网络营销。通过建立旅游在线网站以及微博、微信等网络渠道展示推广民宿。二是整体营销。联合组建民宿协会，整合资源，整体打包营销，同时通过集体举办节庆活动来提高人气。三是口碑营销。在与游客建立良好关系的基础上，充分利用微信公众号等平台加强与客户互动、推广优惠活动，推介产品。乡村民宿可将以上三种营销手段系统化结合——如采用“大型节事活动＋网络营销＋价格差异化”等整合营销手段，或根据各自特征进行动态修正，以实现价值增值。例如浙江松阳“柿子红了”民宿曾因地处偏远、配套设施不全、营销理念较为落后，长期处于“叫好不叫座”的尴尬境地，后来通过“网络营销推广自驾游＋免费体验活动＋旅游纪录片拍摄”等手段进行整合营销，成效非常显著。开启“政府＋景区＋农户”建设模式，形成了农家乐和民宿经济一条龙式的发展格局，以增强农家乐和民宿产业的发展潜力。

（四）创新发展，突出特色

1.养生养老民宿

依托生态资源，结合“银发市场”，发展“养生养老民宿”。

2.运动体验民宿

利用森林古道资源，开发“运动体验民宿”。部分山林地区，留有许多森林古道，以户外运动爱好者、驴友为主要客源，开发与古道探秘、有氧运动、山地自行车、山林越野等项目相结合的运动体验主题民宿。

3.亲子农园民宿

利用农业资源，结合家庭旅游市场，发展“亲子农园民宿”。特别是目前经营中的农家乐，可以在原有基础上，依托农业资源，结合农业观光园、休闲庄园等项目的建设和特色采摘游、农耕文化体验游等产品的开发，发展亲子农园主题民宿。

4.文化休闲民宿

利用村落环境和历史文化资源，开发“文化休闲民宿”。针对都市白领、私企业主等中高端客源市场，充分挖掘各地特色文化、历史文化资源。在生态环境较好、历史文化深厚的村庄周边，开发集文化体验、休闲度假、商务会议等功能于一体的文化休闲主题民宿。

第三节　农业娱乐资源的开发

娱乐文化是人们在繁忙劳累的生活中，为了缓解工作压力、放松心情、与人交流、化解矛盾等方面的需求而产生的文化。它有单人的娱乐活动，如唱民歌民谣，也有需要几个人合作才可进行的娱乐项目，如打麻将、跑胡子、桌球，甚至有成千上万人共同参与形成的娱乐文化，如庙会、节庆等。在休闲农业文化旅游中，娱乐文化具有独特的作用和功效。

一、农业嘉年华的开发

提起“嘉年华”，人们自然想到“狂欢节”，而专题农业文化嘉年华，就是农业行业里的狂欢节。农业嘉年华服务于都市农业和城乡统筹，表现形式以吃、喝、玩、乐、娱、购、体验等内容为要素，以创意的手段包装，以人们喜闻乐见的方式呈现，以充满“农”味的素材为特色，打造一个融新、融美、融经济和社会效益于一体的富有内涵的农业盛会。通过产业融合，借助科技手段，定期举办能够体现乡村特质的文化旅游活动，设计乡村文化艺术节或农业嘉年华系列活动。如昌平国际草莓大会、山东寿光国际菜博会、安徽和县蔬菜博览会和南京农业嘉年华，均已成为当地都市农业的一块金字招牌和亮丽的名片。

（一）农业嘉年华的设计

1. 确定主题，突出亮点

各地乡村举办农业嘉年华系列活动，应确定每届的主题，如“农家乐翻天”“乡村大舞台”“醉美欢乐谷”“农业奇品园”“农产品大 PK”“快乐龙虾节”“稻草人艺术文化节”等，突出亮点。设计安排好活动时间、地点以及活动内容，如休闲、表演、体验观赏、美食、农产品展示展销（购物街）、全家福、文化带等。大型的农业嘉年华系列活动，应按功能分区，搞好宣传、组织、保障等工作。

2. 游客参与，注重体验

农业嘉年华活动应注重体验性，让市民体验农具、农趣和农耕文化、乡村文化，办成名副其实的乡村文化旅游盛会。活动内容基本涵盖展、娱、商、演、学、研等六方面内容，各地可根据自身特点设计相关环节。

3. 发挥创意，出新出彩

活动设置类似“乡村大舞台”“创意农业馆”“快乐农趣”“农产品 PK”“绝技食坊”“百味品尝园”“蔬菜果品大拼盘”和“涂鸦大赛”等多个创意板块。如在“绝技食坊”，美食制作高手现场展示绝活；在“蔬菜果品大拼盘”或“奇品园”“创意农业馆”内，更是有很多奇花异菜和拼图活动，令人开眼。为展示休闲农业创意产业发展成果，激发各地开展休闲农业创意的积极性和主动性，进一步推进乡村农业文化旅游创意产业发展，应向社会展示乡村农业新成果，展示农民新风采，为游客建出了一个交流、互动、发展，共同娱乐、庆祝的平台，并认真规划和制定好每届乡村休闲农业创意精品活动和农业嘉年华方案。

（二）农业嘉年华的宣传

为扩大农业嘉年华影响，应积极运作市场进行推广。相关的运作方式有：邀请专业传媒公司制定完备的对外宣传计划；争取与地方电视台栏目组合作，制作一档专栏节目；与新浪微博对接乡村休闲农业创意精品比赛事宜，现场网络直播；制作本地农业文化旅游宣传片；开展乡村农业嘉年华与休闲农业创意精品推介活动新闻发布会及开幕式当天媒体宣传；在地方电视台晚间黄金时间，进行短期的农业嘉年华创意精品推介活动宣传片播放和滚动字幕预告；休闲农业创意精品推介活动前一个月在广场、公交等场所向市民宣传，适时组织若干场社区广场宣传活动；展期在乡村旅游展览文化中心立广告宣传牌。

此外，在活动中还可举办摄影征文大赛，将美景与感受化作照片与文字，同时面向游客开展征集创意 LOGO 和吉祥物的活动；乡村组委会对作品进行评奖，优秀作品给予奖励，在以后类似的休闲活动中，可将优秀作品以宣传广告的形式展示给游客。开发设计系列的农业嘉年华、农趣夏令营活动，可逐渐形成惯式，每年定期举办，造成影响和声势，以扩大其知名度。

（三）农业嘉年华案例

我国农业嘉年华以南京的农业嘉年华和北京的农业嘉年华最为有名。

1. 南京农业嘉年华

以“农民的节日，市民的盛会”为主旨的南京农业嘉年华是南京农业旅游的品牌，兼有展览、娱乐、购物、展示、宣传、招商等多种功能。从

2005年起，每年9月由南京市政府、江苏省农委主办，南京市农林局承办，向社会全面展现休闲农业发展成果，传递现代农业文化，为农民和市民搭建交流、互动、娱乐、庆祝和共同发展的平台。南京农业嘉年华从向市民推介旅游农业的景观、产品与特色线路，到全面宣传现代农业成果，在社会上引起强烈反响。南京农业嘉年华现已成为南京都市农业的一块金字招牌。

2.北京农业嘉年华

北京农业嘉年华始于2013年，它是以农业生产活动为背景，以国际化娱乐狂欢作为载体的一种农业休闲体验模式，是建立在市场需求、农业科技、文化创新基础上的现代都市农业的全新体现。北京农业嘉年华用开放创新的思想，将农业与中国文化相结合，是一场传统文化盛会，也是一场现代都市的盛宴，是一个聚集资源、表达主题、扩延思想的平台。北京农业嘉年华的活动目标是：惠民、兴业和创品牌。北京农业嘉年华已成为北京地区农业及农村文化产业发展的重要推动力。

二、节庆活动的开发

我国乡村传统节日丰富多彩，加上少数民族特有的节日活动，更是不胜枚举，它们都是中国文化的重要组成部分。例如，我们了解的传统节日有春节、元宵节、端午节、中秋节、重阳节、七夕节等，另外还有独特的农耕文化节（清明谷雨采茶节、芒种节、四月八、倒稿节等）。这些传统节日起源于农耕时代，体现了中华民族的和谐理念，是自然法则与生活智慧的结晶，也是中华文化的有机组成部分。

不同的节日里，各种各样的民俗活动深受游客喜爱。特殊时间开展的民族节庆活动丰富多彩，是开发乡村文化旅游的重要资源。利用节庆机会，乡村旅游可举办富有文化内涵的民俗活动和农事活动。不同地区、不同民族的风俗是乡村文化旅游的重要吸引物，如果乡村旅游能够充分利用好节庆文化资源，并适应时代变化，将当代人的情感、欲求融进其中，就会迎来蓬勃发展的新局面。深层次挖掘乡土本色，突出田园特色，才能避免城市化倾向。

休闲农业在开发中要注重对原汁原味的乡村本色进行保护，满足旅游市场日益发展的需求，才能在同类产品的竞争中处于有利地位。因此，无论是对休闲农业园区的规划建设、农副产品的包装营销，还是对乡村节庆旅游活动的策划实施，都应深度开发乡村特有的文化，开发一些乡村土特名优工艺品，例如木器、剪纸、泥塑、竹器、藤器、草编等，并就特色文化产品组织农民进行加工生产和经营；还要组织具有乡村特色的表演和竞赛活动，如乡村歌舞、乡村耕织、乡村竞技、乡村风情、乡村喂养等；积极挖掘和展示，使众多乡村艺术走进休闲农业市场，通过提供具有乡土气息的文化产品来提高休闲农业文化对游客的吸引力。

随着休闲农业文化旅游的开发，节庆活动应该突出少数民族的传统歌舞元素。民族歌谣作为开发的一部分，宏观上，力求发展本地特色民族元素品牌建设，例如“苗族四月八节”“土家摆手舞、打溜子”等活动的创办；微观上，发展民族工艺品，开发与山歌有关的“绣球”“芦笙”“纸伞”“花灯”“敬酒用具”等。不仅让远方的来客得到听觉上的享受，更通过开发设计各种产品，让这种感染力变成浓浓的情意，向四方传播。

三、民间体育的开发

我国是一个历史悠久的、统一的多民族国家，各民族在长期的生产劳动过程中，创造了与生产劳动、风俗习惯、文化传统紧密相连的民间传统体育。传统体育已经成为建设有中国特色的社会主义事业不可缺少的组成部分，是社会主义精神文明建设的重要方面。

1. 民间传统体育的开发

民间传统体育是生活在一定地域的一个或多个民族所独有的，在人民大众中广泛传承的、具有修身养性、健身技击、竞技表演、观赏游艺、趣味惊险、民俗音乐歌舞交融特色的体育活动形式。民族（民间）传统体育作为一种传统文化要素，承载着一个民族的价值取向，影响着一个民族的生活方式，体现出一个民族的自我认同的凝聚力。同时，它对提高各民族人民的健康水平，增强各民族人民体质和促进各民族团结、构建和谐的社会文化，具有十分重要的作用。作为人类共有的体育文化财富，民族传统体育是人类社会生活的组成部分，具有文化价值、社会价值、经济价值，同时也具有教育、竞技、健身、娱乐以及审美等方面的功能。民族传统体育包括三类：一类是中华民族优秀传统体育项目，主要是武术、中国式摔跤、围棋、中国象棋、风筝、龙舟等。二类是民间体育项目，这类项目仅限于民间广泛开展，没有正式的比赛，如拔河、跳绳、踢毽子、跳皮筋、舞狮、舞龙等。三类是少数民族体育项目，这类体育项目数量众多，风格各异。

乡村体育文化旅游开发，汉族地区应以传统体育周的形式、少数民族聚居地应以绝技艺术周的形式进行展示。一些大众化的民间体育娱乐活动，如滚铁环、打陀螺、踢毽子、跳皮筋、跳房子、射箭等，易于在规模较小、层次较低的农家乐设置。这些游戏明显的好处就是“寓乐于体”，让游客在随时随地的娱乐中得到锻炼，乐享低碳生活，唤起市民儿时记忆。以丰富多彩的形式展示本地区具有代表性的传统体育、民间绝技、民族文化形态，能让每一位游客和观赏者在享受民族文化精粹盛宴的同时，为我们民族文化的伟大和精深而感到震撼与自豪。通过表演者与观众互动，给游人带来无限快乐。

2.发展乡村体育文化旅游

大力开发民间传统体育，也要注重发展乡村体育文化旅游。一方面，要强化品牌意识，提升认知度。体育旅游认知度代表了参与者对其的了解程度，关系到体育旅游者体验的深度，是体育旅游者接受体育旅游传播，并参与体育旅游项目和享受体育旅游服务后，逐渐形成的对体育旅游的认识。特色是体育旅游资源形成吸引力、竞争力、影响力的关键。构建优化体育旅游地域网络，以体育旅游中心乡镇为核心，以重点体育旅游景区(点)为支撑点,以休闲疗养、康体健身、观摩赛事、寻求刺激、民族民俗、游览观光等体育旅游为纽带,打造特色鲜明的体育旅游区。加强体育旅游这种新兴旅游形式的宣传,让人们更多地了解体育旅游,积极培育人们终身体育的健身意识和自觉行为。

另一方面,要做好整体规划,优化地区体育旅游资源整合。任何一个地方要形成一个整体,必须从区域资源整合的大局观念出发,必须突破行政区域及地方主义观念的束缚,共谋联合发展。规划是体育旅游发展的纲领和蓝图,是促进其和谐、持续、健康发展的重要保证。做好区域体育旅游资源开发的总体规划,包括跨地域的规划。充分合理地利用丰富的自然、人文资源,进行有计划、有秩序、有重点的统一规划和安排。还要根据县镇各地体育旅游发展的实际情况,及时对体育旅游规划进行修改和修订,保持规划的及时更新和弹性,以满足体育旅游发展变化的需要。通过拓展体育旅游,扩大消费空间,联合开发体育旅游资源,建设精品体育旅游景区(点)和线路,找准定位,合理分工,形成大旅游,实现多方共赢。

第四章 提质增效完善休闲农业管理

休闲农业的管理有别于一般旅游景区和旅游企业，每个农村区域有不同的特点。因此，其各方面管理的改进优化也应该从实际出发，不断实践和完善，实现螺旋形增长，从而有效提升休闲农业旅游景区的服务管理水平，更好地以优质服务管理质量来满足游客的旅游体验和需求。

第一节 休闲农业服务管理

休闲农业服务质量的高低直接决定着游客的体验。因此，休闲农业从业人员应做好餐饮、客房及解说等方面的服务，秉持敬业、礼貌等服务理念，掌握各领域服务的基本操作知识，提高服务质量，提升服务能力，为消费者带来良好的体验。

一、休闲农业餐饮服务

(一)餐厅员工的基本素质

1.要有敬业乐业的精神

餐厅从业人员必须充分认识到餐饮服务工作与其他工作一样，都是社会生产和生活的一部分。身为餐厅员工，应热爱本职，在实践中培养个人兴趣，端正工作态度，主动提升服务技能，为宾客提供优质服务，为餐厅创造良好的经济效益。

2.树立自觉的纪律观念

餐厅人员多,工作忙,这就要求员工必须树立自觉遵守纪律的观念,认真贯彻各项规章制度,不可自行其是,这是统一和协调好工作的前提和保证。

3.要具有良好的形象

由于工作环境和工作性质的需要,餐厅服务人员应注意自己的形象,特别是日常的仪容仪表。

4.熟练运用专业操作技能

熟练掌握并巧妙运用专业操作技能是做好餐饮服务的必备条件。服务人员操作技能的熟练程度会给宾客留下深刻印象,也是宾客评价餐饮服务质量优劣的一个标准。

5.讲究各种礼节,运用各种礼仪

餐饮顾客不仅享受美食,也要享受服务的过程。礼节、礼仪的运用对于餐饮业改进和提高服务质量有着不可磨灭的作用。在具体工作中,服务人员要掌握各种礼节、礼仪,真诚待客。通过语言表达回应客人,力求语言准确、恰当,使用敬语服务。

6.具有健康的体魄

服务工作看起来并非重体力劳动,实际却“日行百里不出门,穿梭奔忙脚不停”。无论站立、行走、托盘等都需要功力,需要腿力、臂力和腰力的有机结合。所以,服务人员不但要有任劳任怨的吃苦精神,还要有健康强壮的体魄,才能胜任工作。

(二)点菜服务

点菜是客人购买餐饮产品的初始阶段,它关系到整个服务过程的成败。如果点菜的服务不周到,客人很可能会拂袖而去,甚至可能对餐厅的整个服务不满。优质的点菜服务是餐厅服务创新、提高客人满意度的重要环节,也是餐厅服务人员做好营销工作的一个关键点。因此,餐饮从业人员需要掌握点菜的基本程序要求和服务方法。

1.点菜基本要求

(1)时机与节奏。把握正确的点菜时机,在客人需要时提供点菜服务;点菜节奏要舒缓得当,不要太快也不要太慢,但要因人而异。

(2)服务要规范化。填写点菜通知单要迅速、准确,单据的字迹要清楚,注意冷菜、热菜分单填写。要填写台号、日期、用餐人数、开单时间、值台员签名。菜肴和桌号一定要写清楚。

(3)客人的表情与心理。餐厅服务员开始为客人点菜时,需要细心观察客人,做到“一看二听三问”。一看:看客人的年龄,举止情绪,是外地人还是本地人,是吃便饭还是朋友聚餐,还要观察到谁是主人,谁是客人。二听:听口音,判断地区或从顾客的交谈中了解其与同行之间的关系。三问:征询顾客饮食需要,作出适当的菜点介绍。在服务过程中,服务员还应注意客人所点的菜和酒水是否适宜,需要观察客人的表情和心理变化。

(4)清洁与卫生。点菜中,要注意各方面的清洁卫生。菜单的干净美观、服务员的个人卫生、记录用的笔和单据的整洁都要符合标准,才可使客人在点菜时放心。

(5)认真与耐心。客人点菜时,应认真记录客人点的菜品、酒以及客人的桌号,认真核对点菜单,避免出错;要耐心回答客人的问题。当客人发脾气时,服务员要宽容、忍耐,避免与其发生冲突。

(6)语言与表情。客人点菜时,服务员的语言要得体,报菜名要流利、清楚,表情应以微笑为主,以体现服务的主动与热情。注意礼貌语言的运用,尽量使用选择性、建议性的语言。

(7)知识与技能。服务员要不断拓宽自己的知识面,提高服务技能,才能应付复杂多样的场面,满足不同顾客的不同需求。

点菜应是餐厅服务人员和消费者之间一个互动的过程,要适应和满足顾客的偏好需求,可以推荐和介绍一些特色产品。餐厅员工必须改变要么被动地记菜单,不吭一声;要么就卖力地推销高价的菜品等。这些都应纳入日常服务的标准规范中。

2.菜品推销

(1)按顾客的年龄进行推销。老年顾客:饮食要求嫩、烂、酥、松、容易消化、多汁松软的菜肴,服务员要耐心,不急躁,向这类顾客推销一些滋补食品。青年顾客:饮食上要求香、脆、爽,菜肴丰富多样,服务要求迅速、及时,提供有针对性的介绍。少年儿童:饮食上要求新鲜,少骨无刺,造型美观的菜肴,还喜欢吃甜味菜肴,服务人员应主动关心该群体的其他需求。

(2)针对不同职业客人进行推销。工农顾客:讲究实惠,偏爱价廉,量大、味重且高热量能下饭的菜肴。知识分子、干部:喜欢菜肴精细、少油、清淡、应少而精。文艺界人士:菜肴鲜嫩,营养价值高,热量低。

(3)利用不同时机来进行销售。客人请服务人员代为点菜时:点菜前要通过听、看、问等方式了解客户的身份、口味以及消费水平,提供个性化的点菜服务,这样既能达到餐厅效益的要求,又能使客人满意。宾客点菜时,及时提醒客人漏点的菜肴。例如客人点了热菜却没点凉菜,点了荤菜却没有点素菜,服务员应把握机会建议多种凉菜或素菜以供客人选择。宾客在进餐过程中,服务人员要根据宾客用餐情况主动询问,增加一些推销机会。如客人菜肴已经吃完,但酒水还剩许多,服务员应主动询问客人是否再加些菜肴,以增加销售。还可以勤巡视、多观察,多给客人斟斟酒、倒倒茶等。这些做法都可以刺激客人的消费。

3.点菜服务流程与规范

(1)递上菜单。开餐前,餐厅迎宾员应该准备好开餐所需要的菜单,保证菜单数量充足,坚持菜单的整洁完好程度。菜单应摆放在方便服务员取拿的位置。客人要求点菜时,迎宾员翻开菜单第一页,站在点菜人的右侧,将菜单呈送到客人身前。菜单呈送的位置以不挡住客人视线为准。

(2)推荐介绍菜品。在客人点菜前,服务员应留出时间让客人翻看菜单。在客人翻看菜单时,及时向客人简单介绍菜单上的菜,及时回答客人的询问。向客人介绍厨师长今日特别推荐的菜品、其他的特色菜、畅销菜和高档菜等菜品，并介绍其样式、味道、温度和特点。

(3)接受点菜。接受客人点菜是餐厅服务员与客人沟通的关键环节，点菜的过程是服务员与客人相互了解的过程，是客人审视餐厅经营特色和服务水准的过程，也是餐厅服务员展示推销技巧的过程。在这个过程中，服务员既要提供服务，进行适当推销，还要准确地收集或传递以下信息：第一，先在点菜单上记下日期、本人姓名及台号、就餐人数等；第二，客人点菜时，应注视客人，听清客人点的菜名，适时帮助客人选择菜品，并主动推介菜品，准确记录菜名；第三，对于特殊菜品，应介绍其特殊之处，并问清客人所需火候、配料及调料等；第四，若客人用餐时间较紧，点的菜用时较长，则应及时向客人征求意见；第五，若客人有特殊要求，应在点菜单上清楚注明，并告知传菜服务员。

(4)复述点菜内容。客人点菜完毕后，服务员应清楚地重复一遍所点菜品名称，并请客人确认；复述完毕后，在点菜单的右上角写明当时的时间，以便查询；收回菜单时刻记得向客人致谢，同时请客人稍等，说明大致的等候时间。

(5)下单。点菜单一般是三联，一联为存根联，交账台结算。另一联为提货联，送至厨房。第三联交由服务员或传菜员保存，一般是上一道菜划一道菜，以免上错菜肴。下单应注意以下事项：第一，填写点菜单和点酒单要准确、迅速、清楚、工整；第二，填写内容齐全，点菜单注意冷热分开；第三，及时分别送交厨房、收银处、传菜部；第四，不同的点菜单要按规定递交给不同的烹饪部门或责任人；第五，点菜单与酒水单应分开递交。

(三)上菜服务

中餐上菜是一项程序性极为严格的工作，稍有不慎，就会导致客人不满，甚至放弃在此就餐。因此，餐厅要求服务员操作时一定严格按照程序和方法进行。

1.上菜的程序

中餐的上菜顺序一般为：冷盘、热炒、大菜、汤菜、炒饭、面点、水果。上汤则表示菜已上齐。一般情况是：先上菜，然后后退一步远离餐桌后报菜名，必要时回答客人的提问。

上菜时，要选择正确的位置，一般不宜选在老年人、儿童身边，以免出现意外。上菜要始终保持在同一个位置。残菜要随时撤下，但不要撤得太多，菜盘应及时调整，注意盘与盘之间的距离，保持桌面的整洁、美观。

2.上菜服务规范及安全要求

(1)上菜的总体要求。桌上的菜品应按格局摆放好。要讲究造型艺术，尊重主宾，注意礼貌，方便食用。

(2)上菜规范摆放的具体要求。主菜肴的看面应正对主位，其他菜肴的看面要朝向四周。散坐菜的看面要朝向顾客。菜肴的所谓看面，就是最宜于观赏的一面。各种菜肴摆放时要讲究造型艺术，应根据菜品原材料的颜色、形状、口味、荤素、盛器、造型对称摆放。原则是讲究造型、颜色搭配。

(3)安全要求。餐厅服务员在席间服务中，要保证操作安全。在上各种菜肴时，应做到端平走稳，轻拿轻放。上菜忌讳“推”和“墩”，并注意盘底、盘边的干净卫生。上带汤汁的菜肴应双手送至餐桌上，以免洒在客人身上。

3.上菜注意的事项

(1)上菜时不可贪方便。干的菜肴可以用手拿送，带汤汁的菜宜用托盘。

(2)上菜时要轻巧，不要弄出声来。端送盘、碟、碗时，每只手应将大拇指轻按边缘，其余四指支撑底部，手指不可触及食物。

(3)热烫的菜上桌时，应提醒客人注意。因为有些用油炖的菜虽然沸，但没有冒热气，不知情的客人往往一口气咽下，容易受伤。

二、休闲农业客房服务

（一）客房服务员的必备素质

1.品行端正，具有良好的职业道德

由于其所在岗位的特点，客房部的员工会经常出入客人的房间，有机会接触到客人的行李物品，其中当然也包括一些贵重的钱物。如果没有良好的道德品质，见财起邪念，利用工作之便顺手牵羊拿走客人的物品，就会给企业的形象与名誉带来不可估量的损失。

2.工作态度好，踏实认真，能吃苦耐劳

客房部的主要工作就是清洁卫生，如客房卫生、公共卫生、洗涤衣服和布置等。因此，在客房部工作的员工必须不怕脏，任劳任怨，具有吃苦耐劳的精神。

3.具备较强的卫生意识和服务意识

既然客房部的主要工作是搞清洁卫生，那么，为了做好这项工作，服务员就必须具有强烈的卫生意识、服务意识，不然就无法将客房部的工作做好，为客人提供满意的服务。

（二）客房接待服务

1.迎前准备工作

客人到达前的准备工作一定要充分、周密、细致，具体来说，要做到以下几点：

（1）了解客人情况。客房服务员接到客人接待通知单后，应详细了解客人的人数、抵店离店时间、宗教信仰、风俗习惯等信息，做到情况明、任务清。

（2）布置房间。要根据客人的习惯、生活特点和接待规格，调整家具设备，配齐日用品。客人宗教信仰方面忌讳的用品要暂时撤换，以示对客人的尊重。房间布置完后，还要对室内家具、水电设备及门锁等再进行一次全面检查，发现有损坏失效的，要及时维修更换。

2.客人到店的迎接工作

客房服务的迎接工作是在客人进房间时进行的。客人经过长途跋涉，抵达后一般比较疲惫，需要尽快妥善安顿，以便及时用餐或休息。

客房服务员见到客人应微笑问候，主动帮助客人提拿行李至客房，介绍房内设施设备的使用方法。这个环节的工作必须热情礼貌、服务到位。

3.入住日常服务

客人住店后，各种需要多，要求也多。客房服务员要做大量琐碎的、看起来很不起眼的工作。但是，“服务无小事”，若做不到这些，就会影响接待的服务质量。

对住客的服务，包括常规性服务和针对性服务两大类，常规性服务是客人入住后的日常服务工作，做好客房清洁卫生，确保客人安全和提供各种服务给客人以方便和温暖。如送水服务、整理房间、租借物品服务等。针对性服务是在分析不同客人的旅游动机和目的的基础上，采取不同的服务方法，以便有针对性地为客人提供服务。

客人住宿期间，要严格执行已制定的服务规范和标准，服务质量控制主要以预防为主，发现质量问题要及时纠正，避免重复发生。

4.送客服务工作

(1)行前准备工作。服务员应掌握客人离店的准确时间，检查客人交办的事项是否完成。要主动征询客人意见，提醒客人收拾好行李物品并仔细检查，不要遗忘在房间。

(2)送别。客人离房时，要热情道别。对老弱病残客人，要护送至门口或上车。

(3)善后工作。客人走后，服务员要迅速进房检查，主要查看有无客人遗留物品。若发现遗留物品，要及时通知客人。如果发现客房设备有损坏、物品有丢失的，也要立即上报，请客人付账或赔偿。同时也要做好客人离房记录。

（三）客房清洁服务

1.进房

（1）观察门外情况。进房前，要注意客房门把手上有无挂着“请勿打扰”牌和反锁标志，房门侧面的墙上有无亮着“请勿打扰”指示灯。如有则不能敲门，而应将工作车悄悄地推走，离开该客房。

（2）敲门。用食指或中指第二骨节敲门三下或按门铃，切忌用手拍门。敲门应有节奏，轻重适度。然后通报“客房服务员”。

（3）等候。敲门后应等客人反应3～5秒，同时站在门前适当位置眼望门镜，以方便房内客人观察。敲门后切勿立即开门或连续敲门，也不能通过门镜向房内窥视。此时，若房内有回应，服务员应再次通报，并征求客人意见，如客人不同意此时清扫客房，服务员应向客人道歉并轻手轻脚离开此房。或视情况征询客人何时清扫方便，并把客人要求清扫客房的时间记录在“客房清扫日报表”上，以免遗忘。如客人允许，则在门口等候客人开门。

（4）第二次敲门、等候。第一次敲门、通报没有回应后，过10秒钟，第二次敲门，通报后静候房内反应。3～5秒后，若仍无动静则用钥匙将门打开。

（5）开门。开门时，应将房门打开1/3，用手在房门上轻敲两下，同时通报，并注意观察房内情况，不要猛烈推门。若发现客人在睡觉，应马上退出，轻轻把门关上；若客人已醒，但未起床或正在起床，应马上道歉后退出，不要解释，以免造成客人不便；若客人已经起床，则应询问客人是否可以清理客房，并按照客人的意见去做。

（6）进房。如客人不在房内或征得客人的允许后，服务员可将房门敞开，立即进行客房清扫。

2.清扫

（1）“进”。按照进房程序开门进房，将房门敞开，直到该客房清扫完毕。房门打开后，应把“正在清洁牌”挂于门锁把手上，然后打开电灯，检查有无故障。把窗帘窗纱拉开，使室内光线充足，便于清扫。打开窗户约5分钟，让房间空气流通。把小垫毯放在卫生间门口的地毯上，清洁篮(或清洁小桶)放在卫生间台面一侧。

(2)“撤”。首先，撤掉客人用过的棉织品、肥皂及其他杂物；其次，撤换枕头套、被套、床单，同时检查枕下有无客人的遗留物品，如有应及时妥善处理，检查用品有无破损、污渍等，若有要单独放置分别处理。再次，撤出用过的杯子和烟灰缸，杯子和烟灰缸不能在房内清洗，须将脏的杯子和烟灰缸放在工作车上或专门的推车上，送至工作间清洗消毒；最后，用房间的垃圾桶收垃圾，注意烟灰缸的烟头是否已熄灭，必须在熄灭后才可将之倒入垃圾桶。可回收利用的物品要及时回收。

(3)“做”。“做”就是指做床。因为中式铺床简洁、快速、省力，现在越来越多的乡村客房采用中式铺床。第一，拉床。站在床尾将床连同床垫同时拉出约50－60cm。对正床垫，并根据床垫四边所标明的月份按期翻转，使其受力均匀平衡。第二，铺单。将折叠的床单正面朝上，两手用力将床单打开。利用空气的浮力定位，使床单的中线不偏离床垫的中心线，两头垂下部分相等。包边包角时注意方向一致、角度相等、紧密、不露巾角。第三，套被套。将被芯平铺在床上然后将被套外翻，把里层翻出，使被套里层的床头部分与被芯的床头部分固定，两手伸进被套里，紧握住被芯床头部分的两角，向内翻转，用力抖动，使被芯完全展开，被套四角饱满，然后将被套开口处封好。最后调整棉被，使被套床头部分与床垫床头部分齐平，棉被的中心位于床垫的中心线，将棉被床头部分翻折25cm。第四，套枕套。将枕芯装入枕套，使枕套四角饱满，外形平整。两只枕头并列斜靠在床头板上的中间，与床成45°斜角。注意枕头的开口方向不能朝向房门。第五，将床复位。将铺好的床向前推进与床头板吻合。

(4)“洗”。“洗”是对浴室的清洁冲洗。浴室是客人最容易挑剔的地方，也是客房清扫整理难度最大的地方，必须严格按照操作规程进行，使之达到规定的卫生标准要求。清洗前要打开抽风机，戴上胶皮手套。清洁浴室时应注意以下几点：第一，不同的设备进行清洁时，要使用相应的清洁工具和清洁剂；第二，清洁用的抹布不可以一块抹布用到底，不能使用客用毛巾清洁浴室；第三，移动客人用品时，动作要轻稳，不要损坏客人的物品；第四，撤换毛巾时，不要误将客人的自备毛巾撤走。

(5)“抹”。“抹”就是抹尘。抹尘时，要按环形路线依次把房间各家具、用品擦干净，不漏擦。每擦一件家具、设备就检查一项。

(6)“补”。“补”是指添补客房用品。房间物品的补充要按规定的品种、数量及摆放要求补充。在补充时，要注意不要有遗漏，物品摆放要整齐，商标要面对客人。

(7)“吸”。“吸”是指用吸尘器吸房间内的地面及软垫家具，必要时也可以吸房间墙壁等。

(8)“检”。“检”是自我检查。客房清扫完毕后，服务员应站在房门口仔细观察房内有无不妥之处，一旦发现问题及时纠正。检查房内是否已经打扫干净，物品是否补充齐全，摆放是否符合要求，清洁用具是否有落下；检查窗户是否关好，窗帘、窗纱是否拉上，电器和空调开关是否已经调至适当位置。

(9)“登”。“登”是指客房服务在完成房间的清扫整理后，做好客房登记记录。离开房间时，要取走电卡，熄灭房内的灯；将房门轻轻关上，并试一下门锁是否完好，取回“正在清洁”牌；填写做房登记表，登记进离房的时间和做房的内容。

3.清洁注意事项

(1)保证客房的通风与日照。乡村一般空气湿度较大，加之很多都是平房，地气潮湿，很多来自城市的游客难免不适应，所以要保证客房的通风和日照，为游客提供一个舒适的居住环境。

(2)防治蚊虫。乡村空气湿度大，夏季容易滋生蚊虫，蚊虫叮咬游客，也容易传播疾病，很多客人对这一点很在意。要避免蚊虫对乡村旅游住宿服务质量的不良影响，首先要保证客房内外的环境卫生，消除蚊虫滋生的环境；其次要在室外喷射杀虫剂等，消灭蚊虫滋生的死角；最后采取室内措施，如安装纱门、纱窗，在客人床铺加装蚊帐，提供蚊香、防蚊液等。

(3)布件的卫生。客房内的床上用品，绝对不能出现头发、污渍等，床单、枕套、被罩等布件要严格做到每客一换、每客一消毒。

三、休闲农业解说服务

解说服务是休闲农业导游员在园区内向游客提供的导游、讲解等服务的总和。这是园区旅游产品消费的主要内容，是游客期望的旅游活动的核心部分，也是导游服务工作的中心环节。

(一)导游员讲解

游客通过导游员的精彩讲解，可以增强对休闲农业与乡村旅游园区游览的兴致，加深旅游观光的印象，减轻旅途的疲劳和寂寞，了解许多农业及其他相关知识，感受到宾至如归的浓郁人情味，在精神上和心理上得到满足，从而留下深刻美好的记忆。

1. 介绍参观、游览线路和主要内容

集合地点选择在园区大门(或入口)处的导游图前(个别园区门票上印有游览线路时，也可请游客边看线路图边听讲解)，时间是在致欢迎词之后，导游员要明确告诉游客园区的构成与分区，游客在本园区游览的主要线路和所需时间，园区游览注意事项等。讲解线路和注意事项应简明扼要，尽量让每一位游客都听清楚，防止游客在园区内走失。

2. 园区、景点概况介绍

集合地点可在园区大门(或入口)导游图前或能俯瞰园区全景的观景台、游客中心，可与交代园区游览路线和注意事项同步进行。内容包括：园区名称由来、园区历史沿革、园区主要特色、园区品味和主要景点概况等，目的是激起游客对园区的游览兴趣。

3.沿游览线路带游客游览并提供讲解服务

从大门（或入口）开始沿游览线路边游边讲。如果旅游团（者）停留时间较短，则选择旅游团（者）感兴趣的重点景点进行讲解；如果旅游团（者）时间充裕，应将沿途景点详细、全面地进行介绍。讲解时，注意观察旅游团（者）的动向和注意力，根据旅游团（者）的反应对讲解内容、讲解方法、进行速度等进行调整；注意语音、语速的控制，尽量让每位游客都能够听清、听懂；在游客关注的景点可向游客介绍最佳观赏点和摄影角度，并给游客留下观赏和拍照的时间；结合园区内参观游览的内容向游客进行生态平衡、环境保护等相关知识的宣传，留意游客的动向，提醒游客安全注意事项，防止游客走失和意外事件的发生。

（二）指示牌解说

1.指示牌的颜色及形状

统一规范的公共信息指示牌图形符号的应用便于国际的交流，并且易被各种文化程度的人们所接受。如红色表示禁止，蓝色表示指令，黄色代表警告，绿色表示提示和向导；没有警告含义不允许使用黄色；没有禁止、停止和消防含义的图形符号，一定不能使用红色；且国家标准的公共信息指示牌主要有正方形、正三角形、圆形三种；正方形表示提示、安全，正三角形表示警告、注意，圆形表示禁止、指令。有些警示牌字体或背景颜色应为红色，而一些景区某些警示牌用错颜色，且形状使用不当，不能起到应有的警示作用。

2.指示牌内容

指示牌上的内容主要是文字、图形（包括方向指示图表等）和符号。信息传播者通过将信息转化成文字、图形、符号等形式，记载于传播媒介，即“指示牌”上，信息受众通过观看指示牌来获取信息。受面积的约束，而且由于是设立于园区，需要面向所有的游客，游客指示牌上的内容一般通俗易懂，简洁明快，字数较少，描述或书写的均是园区最有特色的资源或标语，游客对此会印象深刻，无形中增强了影响力和广告效应，有利于园区的发展。在园区内，指示牌上的内容和图片都要采用规范的表达方式，简洁醒目，语言含义清晰，不能模棱两可，不能引起歧义。采用英语翻译文本的时候，要注意译义是否准确、恰当，语法是否正确。

3.完善指示牌设置

指示牌的设计要结合不同的环境氛围，整体规划，统一设计，统筹安排，不仅能够发挥指示牌的功能，同时还应该充分体现景区景点的风格和整体风貌。构建旅游解说系统所使用的设施、设备、材质、设置的位置以及外观、字体、色彩，甚至字的大小、字距、字的颜色等，都必须与周围的景观相融合。要尽量使其形成的景观与周围的环境相协调统一。

4.指示牌定期维护

园区指示牌是旅游来访者了解园区的直接途径之一，其具有耐久性、稳定性强的特点，使用设立于被解说物旁，对照强，可多人同时使用，但也具有无人管理，易受外界因素的破坏，一次性投入较大，启动成本高，文字有限，信息易陈旧化等缺点。建议园区内有关工作人员对园区内指示牌进行定期检查，做到定期维修、油饰，保持图文清晰、清洁美观，同时定期清理牌示周围的植物枝叶，使其清晰化。

第二节　休闲农业环境卫生管理

开展休闲农业的地区一般都属于自然或人文环境优越的地区，这些地区的生态环境相对脆弱，一旦遭到破坏，恢复会非常困难。目前，有些地区在开发休闲农业过程中，由于环保意识淡漠，或因片面追求经济利益而对环境产生了不同程度的破坏，这不仅会影响到当地居民的日常生活，也会影响到旅游产业的可持续发展。因此在休闲农业发展的过程中，要对环境进行有效的保护，使休闲农业能够遵循“生态旅游”的模式，实现健康良性的发展。卫生管理是休闲农业发展的基本要求之一，良好的卫生环境才能保证游客的健康和生命安全，减少风险。同时，干净舒适的卫生条件会吸引更多游客前来旅游，促进休闲农业经济的发展。

一、常见的环境污染问题

（一）建筑垃圾污染

建筑垃圾污染主要指在开展乡村旅游的地区进行食宿、娱乐、游览等设施建设施工过程中对环境所造成的污染和破坏。主要包括工程建设所产生的固体垃圾（如碎砖、碎石块、石灰等）对土壤、水体、空气所造成的污染，以及工地的噪音污染。同时还包括盲目兴建豪华人工建筑物与乡村环境不协调而造成的视觉污染等。

（二）垃圾和固体废弃物污染

乡村旅游区的垃圾处理能力一般比较有限，因此生活垃圾与固体废弃物的处理问题普遍存在。此类污染物的主要来源为：餐饮业户的餐饮垃圾、游客丢弃的无机类垃圾（如易拉罐、啤酒瓶、废弃纸张等）及有机类垃圾（如瓜皮果核、食物残渣等）。

（三）旅游开发与经营活动所造成的污染

乡村旅游目的地的居民为了从事旅游商业经营，如果不适当地使用当地的动植物资源，如捕杀珍禽异兽、乱伐树木、破坏植被等，都会给当地的生态环境带来破坏与污染。除此之外，乡村旅游经营业户的随意堆放、倾倒或垃圾填埋行为也会对生态环境造成污染。当然，游客的不文明旅游行为也会破坏自然生态的和谐，带来相应的污染。

（四）噪声污染

噪声污染主要包括汽车等机动车的噪声、游艇船舶的噪声、音响设备的噪声等，这些源自于城市的声音打破了乡村宁静的生活氛围，在一定程度上违背了乡村旅游的初衷。

二、常见污染问题的防治

(一)大气污染的防治

乡村中的大气污染主要包括机动车辆的尾气污染、燃料污染等,也包括少量的建筑施工过程中的粉尘污染。大气污染目前在我国形势严峻,因此一定要重视这方面的整治,使乡村空气永葆清新。

1. 改进燃烧设备,改变燃烧结构

一方面,要改进燃烧设备,使燃料能够充分燃烧,减少烟尘等有害物质的产生;另一方面,要对燃料进行选择和处理,改变燃料结构。推广使用天然气、沼气等清洁能源,尽量杜绝焚烧秸秆等行为。

2. 科学规划园区,进行合理布局

例如厕所、污水处理厂、垃圾转运站等设施应建在主要游览区全年主导风向或旅游季主导风向的下风侧。停车场的选址要与餐馆、野营地、娱乐场等保持相应的空间距离,尽量隔离尾气污染。

3. 推广环保交通,控制交通污染

核心旅游景区应尽量控制机动车辆的进入,推广使用环保交通工具,减少由于尾气排放所带来的大气污染。

(二)水污染的防治

乡村水污染的污染源主要是生活污水。生活污水中存在大量的有机污染物,可以破坏水体的观赏功能、饮用功能以及水生生态系统。乡村旅游水污染的防治应从以下方面着手开展:

第一,重视乡村景区内生活污水和厕所污水的处理,必须要能达到国家排放标准之后才能排放,不得随意向饮用水源或观赏水源排放生活垃圾和污水。同时对旅游者也要重视环保宣传,提醒旅游者不要将垃圾等废弃物投入溪流、湖泊或海洋中。

第二,乡村景区内不得进行工业项目的建设,并应严格控制周边地区的工业建设项目,杜绝工业污染源。同时要防止高消耗、高污染的工业项目向农村转移。

第三，开展水上游乐项目的村落，水上游船应协调好非机动船与机动船的比例，各种水上游乐设施的使用应以不污染水体资源为前提。

第四，大力推广生态农业，引导农户科学使用化肥和农药，发展高效、无污染的绿色肥料和有机肥料，推广高效、低毒和低残留的化学农药，保障食物供给环境的安全。

（三）土壤污染的防治

休闲农业区的土壤污染，要贯彻"以防为主，防治结合"的环保方针，首先要从控制污染源着手，同时提升土壤自然的净化能力。在游客中普及土壤保护知识，使游客认识到践踏行为对土壤与植被可能造成的不良影响。加强对农用水源和污水灌溉的管理，避免带有不宜降解的高残留污染物随水进入土壤，引起土壤污染。同时合理使用化肥和农药，发展生物防治措施。增加土壤有机质的含量，增加土壤对有害物的吸附能力与吸附量，减少污染物在土壤中的活性，提高土壤容量和土壤净化能力。

（四）固体废弃物污染的防治

1.旅游垃圾的处理

垃圾的处理可以结合农村的特点，将垃圾处理和利用可再生能源结合起来。对于农业生产中所产生的垃圾，如畜禽的粪便、农作物秸秆等，可以通过建设大棚、沼气池等，将各类垃圾集中在一起，形成循环使用的生态化机制。同时，在垃圾处理的过程中，对于无污染性的垃圾，可采用就地填埋的方式处理。总体而言，旅游固体废弃物的处理要做到系统化、无害化和责任化。

2.旅游垃圾的收集

在乡村旅游区内，要配备充足的垃圾收集设施，这些设施中可以包括部分的固定垃圾箱等，也可以在旅游旺季的时候在游客集中的区域，如停车场、餐馆、商店、游客休憩区、热门景点等地方临时增加垃圾桶（箱）等。在有条件的情况下，也可以实行分类收集，引导游客分类丢弃不同种类的垃圾。

在可能的情况下,园区也要设立垃圾转运站和垃圾处理场,并要选择设立在远离水源地的地方。旅游旺季时,要保证垃圾每日清运,旅游淡季时可视情况而定。

三、休闲农业卫生管理

休闲农业以乡村社区为主要活动场所,所处环境卫生条件相对较差,这对休闲农业卫生工作提出了很高要求。食用卫生、公共卫生以及各种生活用品的清洁卫生都直接关系到游客的身心健康,各级旅游部门要引导和教育休闲农业从业人员自觉养成讲卫生、爱卫生的良好生活习惯,并购置一些必要的卫生消毒设施,抓好各项卫生防范措施,为游客创造出一个健康卫生的旅游和生活环境。

(一)休闲农业住宿卫生标准

新建住宿设施选址要选择地势高、干燥、通风、水源充足、交通方便的地点,应远离垃圾、养殖场、采石场、机械加工和金属冶炼等场所,防止各种工业性污染。在设计客房时,必须考虑采光、取暖、通风、防噪、排污、紧急疏散等与人体健康和生命安全有关的卫生要求,做到科学合理。

(二)休闲农业餐饮卫生标准

休闲农业餐饮设施的新建、改建、扩建工程,必须严格按照国家《饮食建筑设计规范》选址和设计,经过公共卫生监督部门的预防性卫生检查。

休闲农业从业人员应定期进行身体检查和卫生检查,以防止有传染病者上岗,保证休闲农业的饮食卫生。

建立休闲农业餐饮卫生培训制度,定期对从业人员进行卫生知识培训,使他们了解工作岗位的卫生管理制度,懂得国家餐饮卫生法规,并且纠正休闲农业餐饮卫生存在的问题,完善餐具消毒制度。休闲农业餐饮设施的餐具可以采用集中消毒的办法降低消毒成本,保证用餐卫生。

(三)休闲农业饮用水卫生标准

在休闲农业发展过程中,需根据国家饮用水标准的有关规定选择水源,建设安全卫生的供水系统。水源选择要考虑历年水质、水文、水文地质情况和取水点附近地区的卫生状况,应从卫生、经济、技术和水资源等多方面进行评价,选择在水质良好、水量充沛、便于防护的地下取水。同时,也要做好乡村内部的垃圾清运工作,使果皮纸屑、建筑垃圾与游客彻底绝缘。

四、关注环境卫生,推进可持续发展

休闲农业的发展是以良好的环境和卫生为基础的,休闲农业在推动区域经济发展的同时,也应该在旅游资源的合理、永续利用、保障生态平衡等方面发挥积极的作用。

(一)保护特色的乡村文化环境

社会的城市化进程带来了现代化的生活方式,这给质朴的乡村文化带来了相应的冲击,休闲农业在发展的过程中,应尽量避免向城市文化效仿、看齐,进而丧失自己独有的乡村特色。当具有浓郁乡村风格的建筑被现代化的建筑所取代,当独特的民俗风情活动被淡化,乡村旅游也会失去它生存发展的土壤。所以在休闲农业生态的保护中,文化原生态的保护也是尤其重要的。现代社会中很多东西都是可以创造的,唯独历史遗迹、传统民俗是无法复现的,它们一旦被遗失或破坏,就很难复原。因此,我们要重视对当地传统文化的传承与保护,不能随意构建乡村民俗风情的旅游项目。

(二)维护基础的自然生态环境

乡村旅游的开发要走生态效益型的道路,要充分考虑到当地资源、环境的承载能力,合理地开发利用。开发之前要做好环境影响评价,避免破坏性开发。认真核定当地自然环境的承载能力和社会承载能力,确定适当的游客容量,通过对游客容量的控制,避免自然生态系统的破坏。

推广使用清洁型能源，减少有害物品的使用和废弃物的排放，尽量避免使用不可回收的一次性用品和塑料容器。鼓励旅游者参与生态环境的监督，宣传普及生态环保知识。

第三节　休闲农业市场营销管理

休闲农业的发展离不开市场营销，只有充分把握各市场主体的需求和消费特征，才能设计出个性化的休闲农业产品，满足各类人群的不同需求。同时，要做好营销推广，提高品牌知名度。根据市场动向，制定合理的产品价格。

一、休闲农业的市场构成

（一）亲子休闲农业市场

近年来，我国旅游市场发展迅速，随着大众旅游休闲时代的到来、“二胎”政策的全面开放、80后90后父母对家庭教育的重视，加之一些亲子户外真人秀节目的热播，亲子旅游市场迎来了爆发式增长，亲子旅游市场产品需求旺盛。亲子旅游是伴随旅游市场的细分、完善而出现的，是指由父母和未成年子女共同参与，集认知、教育、体验、亲情、休闲等于一体的旅游方式。其充分考虑到了未成年子女的旅游需求，目的在于增进亲子感情和家人之间的亲密关系。

（二）青少年乡村修学旅游市场

这一客源市场主要特点是认识学习型，以学校或家长安排的特殊旅游与考察写生、实习等为主要内容，以学生远足、夏令营等为主要形式。通过有别于城市生活场景的农业旅游，扩大视野，开阔眼界，以及培养吃苦耐劳的精神等。针对这一市场需求，我们可以开发参与农事的采摘务农活动、高科技农业技术参观活动等，以此增进青少年对农村、农事和大自然的了解。

（三）青年休闲农业市场

现代青年人大多追求生态环保潮流，渴望体验多彩人生。休闲农业对于这类人群来说更多的是一种体验式旅游。对于青年休闲农业市场来说，适合开发田园自然观光的生态休闲农业、参与性和娱乐性比重较高的“农家乐”休闲农业产品。另外，以特色风光、农事活动或村落名胜等观光旅游为主的旅游产品也能激发青年人的兴趣。

（四）中老年休闲农业市场

中老年旅游市场的本质特征为寻根怀旧、回归自然。他们喜欢有独特乡村氛围和景色的休闲农业。那些有过上山下乡插队经历的中老年人，有着十分强烈的“知青情结”和“寻根情绪”。对于受教育程度较高、对建筑及历史文化有兴趣的中老年游客，也可以开发以民居建筑游为主的休闲农业产品。

（五）都市居民休闲农业市场

都市居民往往向往乡村宁静、安稳、健康的生活环境，喜好绿色健康的食品，偏好休闲的旅游方式。乡村特色的餐饮美食，以及以采摘垂钓等为特色的休闲农业产品较为适合城市人群。以自然生态观光旅游为主，由农户家庭接待的“农家乐”以及新鲜瓜果采摘等农业休闲项目，能吸引邻近城市的居民。

（六）城市文化者休闲农业市场

对于城市中文化水平和受教育程度较高的都市知识阶层，他们的主要旅游动机是体验城乡文化差异。他们更愿意选择探索村寨历史地理，品味具有独特乡村风土人情的旅游产品，体验自己不熟悉的乡村生活以达到心理享受。其中包括现代农村观光、科技农业考察、古村落民居体验等具有文化内涵和人文精神的休闲农业产品。

（七）乡村度假旅游市场

乡村度假旅游产品的目标客源市场主要是城市收入较高者及其家庭，如企业高级雇员、机关干部、事业单位高级职员以及部分企业老板等。山野与水体运动，以及以乡村自然环境疗养健身为主的乡村度假活动较能符合这一市场的需求，如温泉疗养、中草药浴、名贵药材采摘等特色服务和活动。

二、休闲农业的消费决策

旅游消费决策是游客做出的关于购买某种旅游产品的决定。人们的旅游消费决策五花八门，决定进行休闲农业消费是其中的一种决策。休闲农业游客在做出消费决策时面临的问题，可以归纳为 5 个 W 加 1 个 H。

一是 Why，即为什么消费。休闲农业游客的消费动机不同，产生消费行为的原因也多种多样。

二是 What，即消费什么。决定消费什么是休闲农业消费决策的核心，具体内容包括休闲农业产品的类型、品牌、新颖度、等级、规格和价格等。

三是 Which，即怎样消费。如是否选择预订，是选择书面预订、口头预订、电话预订，还是网上预订。

四是 Where，即到哪里去消费。一般休闲农业游客都会选择相对较近的目的地消费，但对一些服务良好、信誉可靠的休闲农业园区，休闲农业游客也会“舍近求远”。

五是 When，即什么时候消费。一般取决于休闲农业游客需求的紧迫性及休闲农业市场行情的变化状况。

六是 How many，即消费多少。休闲农业游客消费数量的多少，通常取决于其实际需求、支付能力及市场供求状况。

三、休闲农业的营销战略

休闲农业营销管理关键在于制定合适的营销战略，从而有效吸纳游客，提高当地旅游知名度。营销战略是对如何有效扩大销售进行指导的战略，具体到休闲农业与乡村旅游是如何有效吸纳游客数量的问题。营销战略回答的问题可以表述为：有什么样的人，在什么样的地方，通过何种方式，将何种产品与服务提供给什么样的消费者。营销战略的确定通常需要对市场进行研究，已确定现有产品和研发中的产品在市场上的定位，进而决定是否对营销组合进行调整。

（一）强化宣传促销

宣传促销是休闲农业园区和乡村旅游景点营销管理的重要环节，一般的促销手段有广告活动、人员促销、促销活动、公共关系促销等，采取视觉听觉媒体结合的宣传方式。广告活动是最有效的促销手段。休闲农业开发者可以利用新媒体，如抖音、快手、微博微信等方式展示当地休闲农业的特色。各个休闲农业园区和乡村旅游景点经营者可结合区域内的近期和远期发展规划、目前经营状况、目标市场定位等进行性价比较，不同阶段选择不同宣传媒介。

此外，每年定期举办文化节、专家讲座、采摘节、培训教育等带有公益性质的活动，一方面可以体现社会责任，彰显文化内涵；另一方面也会间接起到广告宣传效果，扩大当地休闲农业园区的影响力，刺激旅游消费，吸引更多游客驻足此地。

（二）开拓市场潜力

开发休闲农业特色产品和服务。经营者和管理者在进行休闲农业产品开发时，应该充分考虑市场的群体需求差异，注重对市场需求和游客的调查，借助周边地区的客源市场基础，借助风景名胜的吸引力，实现客源和设施共享。注重对观光旅游主体产品的开发，各种特色和辅助旅游产品的建设，在核心产品的基础上建设商品购物、交通设施和文化产品，建立营销网络服务平台，从而形成多层次立体的旅游产品。

对本地市场，不仅要依靠政府及相关部门的指导与扶持，结合本地新闻媒体进行宣传，还应主动上门向机关团体、社会机构派发宣传册、挂历等资料，加之政府部门给予的优惠政策，逐渐形成一批回头率高、消费稳定的团体；对外地市场，依托中心城市设立办事处拓展业务，并多渠道参加中心城市及邻近城市举办的旅游交易会、展销会，或运用合作方式把各地较大型的旅游工作年会吸引到本园召开，乘机为自己大做宣传。无论是本地市场或外地市场，对阶段性宣传时机要较好的把握，如利用中国传统的节假日、各类会议的高发期、各应季水果的最佳采摘期、旅游黄金周、学生假期等等，针对不同的消费对象有的放矢地采取传真、寄卡片、派发卡片等方式促销。

（三）规范产品供应

解决提供产品或服务的速度、质量、价格的问题，对于产品要考虑存货的情况，对于无形服务要考虑便利性问题。休闲农业应该通过各种措施，提高服务的速度和质量，提高消费者的满意度，增强消费者的忠诚度。要打破分散经营状态，进行联合开发。分散经营不利于休闲农业产品的发展，也很难进行统一的管理和促销，这对于休闲农业的长期发展是不利的，因此，休闲农业经营者必须联合起来开发旅游产品，联合起来推销旅游产品。这种联合，以互惠互利、共同受益为原则，集中人力、物力、财力，进行统一的营销管理，并且通过各种促销方式加大宣传力度，提高休闲农业的知名度。

（四）打造特色品牌

随着市场经济的发展，价格竞争将逐渐过渡到以文化为内涵的品牌化竞争。在激烈的旅游市场竞争中，休闲农业的经营者应摆脱小农意识，树立长远的战略眼光，通过园区建设的精品化、旅游服务的优质化以及旅游形象的鲜明化，逐渐在市场上确立自身良好的品牌。

四、休闲农业的定价策略

(一)差别定价

同一休闲农业产品，可以根据不同的休闲农业游客或不同的消费量、休闲农业园区淡旺季以及市场需求制定不同的价格。

1. 价格歧视

休闲农业产品价格歧视是以游客为对象的差别定价，其中也包含以旅游产品消费量为基础的定价。休闲农业经营者对每一单位休闲农业产品制定不同的价格，如 6 瓶 1 升的啤酒和 1 瓶 6 升的啤酒价格肯定是有差别的，休闲农业纪念品往往不以单个定价而是以包装数量定总价。同时对休闲农业产品每一单位确定不同的价格，如在旅游淡季，住宿费可能会是第一天 80 元，第二天 60 元，第三天 40 元，而不是每天 80 元或 40 元。休闲农业线路每多增加一个景点，收费标准也会打折扣，而不是一成不变的。

2. 时间差别定价

休闲农业产品需求具有季节性，因而大多数休闲农业产品在一年中存在明显的淡旺季并且淡旺季价格不同。淡季，可以用低价来吸引游客；在旺季，高价应对高需求，获得最大收益。旺季高价，可以调节游客的时间分布，使得游客在一年内相对均匀。

3. 地点差别定价

不同等级的休闲农业对游客的吸引力和辐射范围是不同的，反映在休闲农业景点上，有热点景区、温点景区、冷点景区之分。不同线路，不同需求，同样可以实行差别定价。如需求量大的热点景区价格可以高一些，而温点景区需求较低，价格可以偏低些，冷点景区需求量很低，价格可以再低一些。

(二)转移定价

转移定价也叫做隐藏定价，通常是将一种休闲农业产品价格定得较低，通过产品之间的连带效应，使游客在其他休闲农业产品消费中，补偿前一种产品的损失。在门槛值较高的旅游产品中，常采用此类定价方法。如乡村度假区的餐厅，可以推出某些特价菜吸引游客，而在酒水、菜品中适当提价以赚取利润。旅游线路综合性较强的休闲农业产品，可用较低的交通费作为引诱产品。

第四节　休闲农业设施管理

休闲农业园区的设施是指构成园区固定资产的各种有形物品，是园区提供旅游服务、进行经营活动的生产资料，是园区提供休闲旅游产品和服务的物质基础和重要依托。休闲农业的设施管理包括规划管理、配置管理和维护管理。设施规划管理工作是在园区资源种类、数量及分布的调查基础上，根据调查结果预测未来园区的发展情况，规划各阶段的设施需求。设施配置管理工作（前期管理）是根据设施规划管理工作的结果，根据现阶段开发所需的设施数量、设施组合及估算各设施使用情况等因素，对各项设施进行实际配置，以使园区各项设施发挥最大的价值。园区设施的维护管理（服务期管理）是设施投入服务后所做的维护和保养工作。

一、休闲农业设施的分类管理

休闲农业园区设施类型多样，根据其用途，可分为基础设施、服务设施、娱乐游憩设施、农业生产设施四个大类。根据性质和功能，还可划分为不同的亚类，如下表所示。

类别	内容
基础设施	道路交通（车行道、停车场、游步道）、电力通讯、绿化等
服务设施	接待服务设施：餐饮、食宿、商业服务设施
	导游服务设施：各种引导标识、解说设施
娱乐游憩设施	附属于接待服务设施：瑜伽馆、棋牌室、游泳池等
	体验区设施：垂钓场、过山车、美术馆等
农业生产设施	高温科技室、农耕用具、养殖设备等

下面以住宿设施和游憩设施为例进行详细介绍：

（一）休闲农业住宿设施管理

1.主题农院

接待农户应建设不同的主题农院，减小接待农户间的重复建设和隐藏的矛盾竞争。主题农院的建设主要通过房屋内外的乡土化装修，体现乡土气息而实现。依托现有的乡村村舍及其各自分布特点，进行不同主题的选择与营造，如“红椒院”“金葵园”“秋收里”等，使农舍摆脱“××号”的生硬编制，成为具有主题内涵的新景点，同时也方便游客按需选择。

尽量保持乡村农舍原有的风格特点，在装饰点缀方面，除了种植具有观赏性的乔本、藤本、草本植物外，还鼓励大量使用玉米棒、辣椒串、大南瓜等色彩明快的农产品，以及草盖、草墩、锄耙、磨盘、石坎等乡间农用具作为院落点缀，以增加农院的乡土气息。

要在建筑风格及周围环境的基础上确定客房的装修风格，在装饰内容和形式的统一中体现出艺术特色。可以体现文化气息、地方特点、风土人情，也可反映优美的青山绿水、宾至如归的温馨家庭、世外桃源的宁静幽雅。

2.星级农庄

建议乡村住宿的内部设施应按照中华人民共和国国家标准《旅游星

级饭店的划分与评定》(GB/T14308—2003)中一、二星级的标准建设,其标准不难达到。这样可增加住宿功能的使用率,留住客人。针对休闲农业接待的特点,通常客房设施设备的配置应打破常规。如将写字台或小茶几变为正方形,以便喜欢打牌的客人可以随时起牌局,客房休息区的地毯换成硬质地砖等。

(二)休闲农业游憩设施管理

休闲农业的配套游憩设施,应充分结合乡村的自然条件和环境资源,综合考虑游客的游览活动特点,然后进行合理的配置。一般而言,基本的配置内容包括:观景平台、凉亭、休憩桌椅、景观廊道、消遣性活动设备、露营区、烧烤设施等。

1. 休憩桌椅

休憩桌椅是满足休闲农业游客休息需要的最基本配置,也是休闲农业区的重要构成元素。为了能够给游客提供舒适干净、稳固美观的休憩环境,休憩桌椅在外观设计、位置设立、材质选择等方面都要综合考虑。

(1)休憩桌椅在外观上应符合人体的生理需求,从高度、宽度到靠背以及表面处理等方面都要有科学的设计,座椅表面与靠背要适合人体曲线,以为游客提供舒适的乘坐环境为基本原则。

(2)从座椅的配置而言,方位上应采用面对面或垂直排列,以增加交谈或互动的机会。在设立位置的选择上,可以在乡村旅游区的步行道、广场等适当位置安置座椅。在可能的情况下搭配树木或墙壁等元素能为游客营造较为安稳的氛围。另外,座椅最好能选择在树荫下设置,或配备独立的遮阳伞,以满足遮阳或避雨的需求。

(3)桌椅在材质选择上应尽量配合乡村旅游区内的自然环境特性,应采用天然材料,如木料、石料等,结构设计与周围环境相得益彰;体现美观与实用兼顾的原则。

2. 观景平台与凉亭

观景平台和凉亭的主要功能都是为游客在游览过程中提供短暂的

休憩，休憩的同时还能够观赏到特殊的景观。一般情况下，凉亭具有遮阳避雨的功能，也是风景中的一种点缀，因此，凉亭的建造要兼具实用性和观赏型。而观景平台适于选择在视野开阔、景色怡人的特殊地点，可让游人在游览过程中驻足于此，赏景小憩。

一般情况下，凉亭的造价相对较高，且对地形条件要求较高，而观景平台则相对简易，但需留意做好安全防护的设施和提醒。在休闲农业建设中，可综合考虑修建成本和游客休憩需求两方面，观景平台与凉亭相互结合使用。此外在外观设计与主材选择方面，可以木材、石材等天然材质为主，体现质朴、原始的乡土气息。

3.景观廊道

景观廊道在旅游景观中属于线状或带状的景观要素，廊道既能将不同的游览区域进行有机的连接，还能方便游客开展游览活动。廊道一般可以选址在两处景观的过渡地带，要兼顾赏景观景和游中休憩等功能，也要体现对现有景观的装饰或点缀，同时最好还能配备相应的遮阳顶棚和休息连椅等。

二、休闲农业设施的分期管理

园区的设施管理按时间序列分为前期管理、服务期管理和更新改造三个阶段。

(一)前期管理

园区设施的前期管理包括调查研究、项目规划、购买安装和调试三个部分。做好设施的前期管理工作，可以为今后设施、设备的运行、维护、维修、更新等管理工作奠定良好的基础。

(二)服务期管理

园区从开始接待游客起，其设施也就投入了服务，服务期的设施管理主要工作是日常维护、保养及修理。

服务期管理的基本要求：首先，合理安排设施的负荷率，如载客的游艇、缆车等，应严格按各种设施的技术性能和负荷限度来安排运营，超负荷运转不但会损坏设施，而且会留下安全隐患。其次，设施设备的操作，要配备专职的操作和管理人员。第三，建立健全使用、维护、保养规章制度。第四，为设施设备的运行提供良好的工作环境和条件，延长使用寿命。

（三）更新改造

随着科学技术的进步和旅游需求的不断变化，园区设施要不断进行更新改造。更新是指用经济效果好、技术先进、可靠的新设备替换原来经济效果差、技术落后的老设备。改造是指通过采用先进的技术对现有落后的设施设备进行改造，使其提高节能效果，改善安全和环保特性。

第五节　休闲农业安全管理

安全是旅游业发展的“生命线”，任何时候都不能忽视和松懈。休闲农业处在城郊结合部和农村的特殊地理位置，给安全管理工作带来了一定难度。做好休闲农业园区的安全管理工作，可保证休闲农业园区的安全性和舒适性，减少投诉和纠纷，并最终达到节约成本、提高效率的目的。

一、园区安全事故的表现形式

（一）园区设施事故

园区设施事故是指在园区的空中、地面、水面上的交通游览、服务设施引发的安全事故。最常见的发生在园区里的事故有：空中缆车索道事故，皮划艇、竹筏等漂流事故，围栏护栏失控事故以及其他事故。

（二）疾病与食物不适应

乡村的地理环境和自然条件容易使城市居民水土不服，引发疾病。暴食农家美食也容易引发疾病。

（三）意外伤害

发生在园区内由其他不可控制、不可预期的意外因素引起的旅游安全事故，如溺水、动物伤害及其他外伤。

（四）园区犯罪

犯罪使旅游者的旅游兴趣受到影响，对旅游者的伤害和打击特别大。在园区内，主要的犯罪形式有盗窃、抢劫和人身攻击。

（五）自然灾害

自然灾害在园区的旅游安全事故中是相当常见的。它破坏园区里的旅游设施，严重威胁游客的生命安全。自然灾害基本上是由气象灾害、地质地貌灾害和其他灾害三部分组成。

二、园区安全事故的预警方案

（一）园区旅游安全预警系统

园区旅游安全预警系统的主要任务是制定并发布本园区安全事故预防管理的规章、条例，培养本园区从业人员、旅游者、园区内居民的安全意识并增加他们的安全知识。提高旅游者的安全事故防范能力，具体工作有以下内容：

1.设置安全宣传栏，发放安全宣传手册

在事故频发的偏僻园区地段设置安全橱窗，在有危险的地段设置告示牌、警示牌，提醒旅游者在旅游过程中应该注意的事项和事故发生后应当采取的紧急措施。在导游图上，介绍园区的安全保障情况和游览注意事项。

2.对居民进行宣传教育

对园区内的居民进行普法教育、法治宣传教育，提高他们的法治观念和守法意识。特别是让他们了解园区旅游环境安全关乎他们的切身利益,使他们能自觉维护园区的安全环境。

3.控制游客数量,减轻安保压力

在园区旅游旺季到来之前,科学地进行针对性反营销宣传活动,降低园区旺季的高峰流量。在旺季时将游客数量控制在能承受的饱和范围之内,以减轻园区巨大的安全保障压力。

(二)园区安全控制系统

园区旅游安全控制系统是由安全管理队伍以及旅游安全防控管理的一系列工作组成,具体工作有以下内容:

1.设置专业保安,进行治安管理

园区内设置专业保安,定时进行巡逻。防止在园区内部出现盗窃、酗酒、闹事、聚众斗殴等违法事件,保证游客在园区内的人身及财产安全。

2.防控旅游活动,制定疏导方案

对本园区内的旅游活动应进行防控和管理,要制定旅游旺季疏导游客的具体方案。有防范有计划地组织游客在园区内安全地进行旅游活动。

3.园内基础设施,进行日常维护

对本园区内的旅游设施设备(如索道、缆车、竹筏、橡皮船等)进行日常安全预防检查和管理。同时,对本园区内的住宿安全、饮食安全进行防控、监督和管理。

(三)园区安全保障系统

园区旅游安全保障系统由本园区安全管理的规章制度、园区的安全救援机构、园区旅游安全资料、旅游安全保险四部分组成。

1.规章制度

园区应根据国家、本地方颁布的相关法规条例结合本地具体情况来制定各项制度和条例。同时应由园区安全管理机构统一和本园区内的文化、公安、环保、旅游、工商、交通、农业各相关部门相互协调，一并实施。

2. 安全救援

本园区安全救援由园区和当地的医院、消防、公安和当地政府职能部门共同负责承担，对火灾、交通等重大旅游安全事故进行快速有效救援。要设有专门的救援车、救援小组人员，要配备相关的救援设施和设备，要经常设计和演练各种救援方案，以提高安全救援的能力和效果。

3. 园区安全资料和档案

依靠园区安全资料和档案对园区进行防控与管理，对园区设施设备进行维护保养和检查记录，以保证设施安全运作。对园区的地貌、路线、水文、气象记录要进行跟踪，可以用作防控的依据和操作救援的参考。

4. 旅游安全保险

在本园区内，建立完善的旅游者人身保险和财产保险制度。加强旅游保险宣传，引导和提倡旅游者购买旅游意外保险，提高安全防范和自身旅游安全保险的意识。

三、园区安全管理措施

（一）村落治安

要加强社会治安管理，加大警力和巡查力度保证旅游者、经营者的人身、财产安全。加强对从业者的安全教育，强化安全意识，做好安全检查，狠抓各项旅游安全工作的落实，确保不出任何事故。成立“村落治安小组”或设置“治安员”，负责维持村落社会秩序以保障游客人身安全。

（二）餐饮安全

第一，采摘采收的水果、蔬菜、药材等要保证其安全性，不用或慎用农药，采用绿色无污染的生物杀虫剂或者运用天敌等动物杀虫方法。第二，养殖的农牧产品在其开始养殖便纳入安全管理。对饲料的安全性进行评估，杜绝饲料中掺杂激素等影响农产品质量的事故发生，并对养殖的圈舍进行定时清理消毒，通过对饲养过程的安全控制，科学地喂养以保证农牧产品的新鲜性、安全性、美观性。

（三）住宿安全

乡村住宿的客房安全包括防火、防电、防碰撞防滑等方面。

防火是指客房的装修材料、家具用品应有防火阻燃性，客房顶部应安装有烟火报警器、灭火装置及其他灭火器材，要求接待农户必须配备灭火器、消防水管等消防设施以备不时之需；防电是指客房中所有电器应有自动断电保护装置，防止客人触电，电器的安装使用应按国家有关标准执行并有必要的使用说明和安全标志；防碰撞是指门、通道各个地方的高度和宽度应适合人体工程学，使用时人和行李与室内设施不会发生碰撞而受伤毁坏；防滑主要是指地面使用的材料在客人走动时能防止滑倒。客房地面如果使用石材或地砖应有防滑性能，卫生间均应使用防滑地砖，浴缸底部也应有防滑功能。

（四）游览安全

要求旅游园区在游路岔口、危险地段设置游览指示牌和安全指示牌，同时，选派园区巡逻员，负责园区内路线指引以及游人安全救助等工作，为游客提供安全保障。

第六节　休闲农业用地管理

休闲农业项目兼具“农业”和“旅游”两大功能，分别涉及农用地和建设用地。虽然《关于积极开发农业多种功能大力促进休闲农业发展的通知》(农加发〔2015〕5 号)中，要求“对农民就业增收带动作用大、发展前景好的休闲农业项目用地，各地要将其列入土地利用总体规划和年度计划优先安排”，但在实际执行过程中，休闲农业项目往往存在建设用地指标缺乏、用地成本较高、配套用地政策落实难等问题。因此，休闲农业用地会出现一些“擦边球”现象，并产生不良影响。需要实施相应的措施加以应对，以促进休闲农业用地有效运转。

一、休闲农业用地的许可与限制

（一）休闲农业许可用地类型

1. 农民自有住宅、闲置宅基地

惯性思维：在休闲农业园区中常常存在一些村落，开发者的惯性思维常常是将这些破旧的房子拆掉重建，而不是根据现有的基础进行改造和装修。殊不知这不仅破坏了乡村田野的原始风味，而且也在无形中增加了开发者进行酒店住宿土地审批的难度和建设成本。

正确做法：农业部等部门《关于积极开发农业多种功能大力促进休闲农业发展的通知》中明确规定支持农民发展农家乐，闲置宅基地整理结余的建设用地可用于休闲农业，因此在进行休闲农业开发建设中要充分利用农民自有住宅、闲置宅基地。

2. 农村集体建设用地

是什么：指乡（镇）村建设用地，乡（镇）村建设用地是指乡（镇）村集体经济组织和农村个人投资或集资，进行各项非农业建设所使用的土地。

主要包括：乡（镇）村公益事业用地、公共设施用地、农村居民住宅用地。

3. 四荒地

主要包括：依法归我国农民集体使用的“四荒地”和农民集体经济组织所有的“四荒地”。具体指：荒山、荒沟、荒丘、荒滩等未利用的土地，属于现行经济环境中未得到充分、合理、有效利用的土地。

使用期限：“四荒”使用权承包、租赁或拍卖的期限最长不得超过50年。

国家政策：2016年中央一号文件以及《农业部等11部门关于积极开发农业多种功能大力促进休闲农业发展的通知》中鼓励利用“四荒地”

（荒山、荒沟、荒丘、荒滩）发展休闲农业，对中西部少数民族地区和集中连片特困地区利用“四荒地”发展休闲农业的情况，其建设用地指标给予倾斜。

4. 城乡建设用地增减挂钩

指什么：指休闲农业项目建设确有必要占用耕地时先行在异地垦地，数量和质量验收合格后，再用作建设用地。

转换方式：具体政策通过制定相应的法规来规范。如：数量上——异地垦地与当地占地面积之比，可根据不同情况，分别为3倍、4倍、5倍；质量上——保证新垦地总产量大于所占地原产量。异地可以是本乡镇、本区县，经国家相关主管部门批准也可跨省区实施。这是为了既保证18亿亩耕地只增不减，又保证必要的建设用地供应。当然还有许多具体政策要进一步研究，比如垦地与生态保护的问题、操作中的管理监督问题等。

5. 其他方式

《国务院办公厅关于推进农村一二三产业融合发展的指导意见》（国办发[2015]93号）提出，对社会资本投资建设连片面积达到一定规模的高标准农田、生态公益林等，允许在符合土地管理法律法规和土地利用总体规划、依法办理建设用地审批手续、坚持节约集约用地的前提下，利用一定比例的土地开展观光和休闲度假旅游、加工流通等经营活动。

（二）休闲农业的用地限制

1. 不得占用基本农田

基本农田俗称“吃饭田”、“保命田”，其重要程度不言而喻。对于基本农田有“五不准”：不准占用基本农田进行植树造林、发展林果业和搞林粮间作以及超标准建设农田林网；不准以农业结构调整为名，在基本农田内挖塘养鱼、建设用于畜禽养殖的建筑物等严重破坏耕作层的生产经营活动；不准违法占用基本农田进行绿色通道和城市绿化隔离带建设；不准以退耕还林为名违反土地利用总体规划，将基本农田纳入退耕范围；不准非农建设项目占用基本农田（法律规定的国家重点建设项目除外）。因此在进行休闲农业开发时必须弄清楚其是否占有基本农田。

2.不得超越土地利用规划

各地区国土资源部门都会制定土地利用总体规划，规划会规定土地用途，明确土地使用条件，土地所有者和使用者必须严格按照规划确定的用途和条件使用土地；此外还会制订土地利用年度计划，对年度内新增建设用地量，土地开发整理补充耕地量和耕地保有量等做出具体安排。

该怎么做：休闲农业开发必须要明确当地土地规划中园区所占土地的用途，符合规划使用条件的要积极争取土地建设使用指标，以满足休闲农业园区对建设用地的要求。

3.严禁随意扩大设施侵占农用地范围

以农业为依托的休闲观光等用地须按建设用地进行管理。以农业为依托的休闲观光度假场所、各类庄园、酒庄、农家乐，以及各类农业园区中涉及建设永久性餐饮、住宿、会议、大型停车场、工厂化农产品加工、展销等用地，必须依法依规按建设用地进行管理，而非按农用地管理。进行建设用地管理就必然涉及农用地转用审批手续，农业设施兴建之前为耕地的，非农建设单位还应依法履行耕地占补平衡义务。这在无形中既增加了休闲农业开发建设成本，而且也使得农业休闲开发变得更为复杂，甚至会使部分休闲农业夭折。

（三）休闲农业用地的其它方式

关闭矿区地面遗留的原有建设用地，可直接转为旅游设施建设用地；矿区已经占有的尾矿池、弃石堆场或其它弃用地可在恢复生态的同时，按一定比例（如10%～20%）转为旅游设施用地，其余为工矿遗址景观用地；生态涵养区村落搬迁出的宅基地、新农村建设农户遗留的宅基地，可因地制宜转为旅游设施建设用地。在大面积的森林（超过10公顷）绿地作为生态旅游资源时，允许有3%～5%用地转为旅游设施用地。其它荒地（非林地、非耕地、无其它生态价值的荒地），经相关部门确认，原则上允许作为旅游设施用地。

二、休闲农业用地面临的困境

（一）休闲农业建设用地指标较少

由于休闲农业用地按建设用地进行管理，所以只能按规定使用农民自有住宅和闲置宅基地、农村集体建设用地、“四荒地”（荒山、荒沟、荒丘、荒滩）、城乡建设用地增减挂钩及其他规模化经营时的按比例配套用地。由于地方对休闲农业发展所需的建设用地往往缺乏相应的规划和预留用地指标，同时，休闲功能用地按照建设用地进行管理必然涉及农用地转用审批手续，农业设施兴建之前为耕地的，非农建设单位还应依法履行耕地占补平衡义务，这进一步加大了相关项目获得建设用地指标的复杂性。很多休闲农业项目实际都没有建设用地指标，其配套的餐饮功能一般都采用临建简易房、大棚等方式实现。这不仅增加了休闲农业项目开发建设成本，也提高了休闲农业项目在土地使用及建设开发过程中的复杂性，配套的休闲功能往往局限在餐饮功能方面，制约了休闲农业发展。

（二）休闲农业建设用地成本较高

根据规定，在有建设用地指标的情况下，休闲农业项目若符合土地利用整体规划，可通过办理相关手续，将农用地转为建设用地，承担餐饮、住宿、娱乐、会议等休闲功能。但是，由于建设用地成本太高，往往会成倍增加休闲农业项目成本，提高项目经营难度和风险。据调查，很多地方农用地转建设用地都在一亩地一二十万元左右，在建设用地指标紧缺的城市价格更高，而一亩农用地的流转价格区间一般在一年几百到两千元，相对而言，农用地转建设用地的成本要高很多。如此高的成本差，加上一些低成本“踩红线”用地方式的存在，降低了休闲农业项目业主合法合规拿地的积极性，严重制约了休闲农业的可持续发展。

（三）配套用地政策的落实问题

《关于积极开发农业多种功能大力促进休闲农业发展的通知》（农加

发〔2015〕5 号)、《国务院办公厅关于推进农村一二三产业融合发展的指导意见》(国办发〔2015〕93 号)中提出了一些休闲农业用地的政策,比如“各地要将其列入土地利用总体规划和年度计划优先安排”、“允许利用一定比例的土地开展观光和休闲度假旅游、加工流通等经营活动”等。但在实际操作过程中还存在两方面问题。一方面,很多地方政府支持的休闲农业项目,在休闲功能建设开发过程中,相关的报建审批流程还不明确,报建审批过程还存在国土、规划、农业等相关部门职能不明确的问题,当然,这本质上也是土地用途不符合现行规定引起的。另一方面,休闲农业配套用地往往向大项目倾斜,但实际上,由于休闲农业用地规模大小不一,经营规模有大有小,大量小规模经营单位往往难以享受到政策优惠,由此导致大量休闲农业项目发展受到束缚,只能采用各种“踩红线”的方式。

三、休闲农业用地中的“擦边球”方式及其影响

休闲农业项目中存在的休闲功能所需的建设用地由于指标少、成本高、政策落实困难等原因,导致现有休闲农业项目存在大量的违法违规用地现象。相对而言,直接在农用地上建设永久住房、私人休闲农庄、会所等现象较少,但出现了越来越多创新的“擦边球”方式。根据相关研究、调研和总结发现,目前我国休闲农业用地中休闲功能用地的“擦边球”方式主要包括以下一些情况。

(一)利用可移动的独立木屋或者集装箱

放置多个可移动的小木屋或者集装箱承担餐饮、娱乐、住宿活动,每个小木屋或集装箱作为独立的客房或者包厢,查处时可以随时移走,不影响复垦。

(二)直接修建木屋或钢架房等

以木材或者钢结构建设简易住房承担休闲功能,查处时可以低成本拆除,不影响复垦。

（三）屋顶绿化

在违法违规建筑的屋顶种植花草、农作物等，避免国土管理部门的卫星和无人机航拍监控。

（四）建设大棚餐厅

在温室、绿植大棚、葡萄架或者鲜花架下布置桌椅从事餐饮活动，结合温室工程、园林景观设计、种植技术，打造生态餐厅。

（五）修建水泥柱，将建筑物腾空

比如建设空中木屋，以满足不破坏耕作层的要求。

四、休闲农业用地困境的应对建议

在乡村振兴战略背景下，休闲农业发展的政策机遇和市场潜力巨大，但休闲农业用地的困境，严重影响了休闲农业经营主体的积极性和主动性，制约了我国休闲农业发展。因此，亟待破解休闲农业用地困境，完善休闲农业发展的土地保障，提高土地利用效率，激发休闲农业发展活力，促进我国休闲农业健康、繁荣、可持续发展。

（一）在实行最严格的耕地保护制度的前提下，制定休闲用地标准

考虑休闲农业项目中按建设用地管理时，休闲用地指标少、相对成本高等特点，结合各地休闲农业项目用地现状，亟待明确“易复垦、限高度、限规模”的要求和标准。“易复垦”，即允许农用地上放置或者搭建容易移走或复垦的建筑物，比如采用移动小木屋、集装箱或者建设简易的易拆除的木结构或钢结构小型住房；“限高度”，即要限制农用地上建筑物的高度，比如可以限定为 4 米以下单层建筑；“限规模”，即结合休闲农业发展需求，明确休闲农业项目中农用地承担休闲功能的比例上限（比如 5%以内）和面积上限（比如不超过 5 亩）。在此之外，其他的休闲功能用地需求则按规定通过建设用地指标来解决。同时，参考设施农业用地管理规定，“尽量利用荒山荒坡、滩涂等未利用地和低效闲置的土地，不占或少占耕地”或者“确需占用耕地的，应尽量占用劣质耕地，避免滥占

优质耕地”。从各地休闲农业项目创新的“擦边球”方式来看，可移动的小木屋或集装箱、直接修建的木屋或钢架房、简易大棚餐厅、空中木屋等方式，均符合“易复垦、限高度、限规模”的特点；而屋顶绿化、以建设临时生产用房名义进行修建或者在设施农业用地上直接进行餐饮住宿休闲活动等模式，不符合政策规定，需要明确限制并加强监管力度。

（二）加强休闲农业用地规划保障

为休闲农业项目配套和落实一定比例的建设用地指标，是休闲农业长远发展的最根本出路。按照2018年中央一号文件《中共中央国务院关于实施乡村振兴战略的意见》的要求，可以“预留部分规划建设用地指标用于单独选址的农业设施和休闲旅游设施等建设”。各地区在进行城乡发展规划时，要给休闲农业发展预留足够的空间，在建设用地计划指标中配套一定比例的休闲农业用地指标，比如每年计划5%的建设用地指标支持休闲农业发展。放宽休闲农业项目享受政策的规模要求，对于各类规模的休闲农业项目，可以按比例配套一定的休闲用地指标。有的省份已经出台了相关的休闲农业配套用地政策，在实际执行过程中还有待加强部门间政策衔接和工作配合，为此，需要尽快完善休闲农业用地和项目开发建设管理程序，加强农业、国土、规划、住建等部门的合作，完善报建审批办事流程。

（三）推广完善“土地银行”模式

长期来看，发展休闲农业还需要建立稳定的土地租赁关系。为了提高休闲农业项目的可持续性、降低土地流转不稳定给经营者带来的不确定性，可以积极推广完善“土地银行”模式。建立土地银行，既可以减少土地撂荒现象、促进农村土地规模化经营，又有利于保障土地流转效率、减少土地流转不确定性。土地银行作为一种土地流转平台，旨在把农户分散的土地承包经营权集中起来，推动土地经营权向种养大户、龙头企业和合作组织有序流转。在土地确权的基础上，农户将各自闲置的零散土地存入土地银行，获取租金；土地银行将土地进行整合开发，交给休闲农业项目经营者进行经营，收取租金。土地银行作为一种土地流转的平台，可以降低农户与休闲农业经营者之间的交易成本，使流转土地的农民可以安心外出务工，不用担心土地租金，经营者可以放心经营，增加土地投入。当前土地银行运行过程中还存在一些问题，比如流转土地的定价问题、经营主体混乱问题以及经营主体的信用度等问题。随着农业规模化和产业化的推进，土地银行发展潜力和需求较大，未来在实践中还有待进一步探索完善和进行模式创新。

第七节　休闲农业投资管理

随着城乡居民可支配收入的不断提高和闲暇时间的增多，乡村旅游消费需求不断增长，出现了投资休闲农业的巨大商机，推动社会资本投资休闲农业，使各地涌现出不少大型休闲农业企业。但休闲农业的投资并不是一帆风顺的，也会面临一些风险。本节指出了休闲农业投资的影响因素，同时通过分析现有的休闲农业投资路径，提出一些新型投资路径。

一、休闲农业投资的影响因素

当前，在各项促进休闲农业发展的政策支持以及快速增长的休闲消费需求拉动下，休闲农业产业发展迅猛，成为乡村振兴战略中促进产业转型升级和农民增收致富的支柱产业。但是，在休闲农业的快速发展中，由于投资者对休闲农业产业发展规律认识不够、运营经验不足，加之受到用地、人才、资金、市场等多方面影响，相当一部分休闲园区经营状况并不理想。业界流传着“127 定律”，即休闲农业企业七成赔，两成平，一成赚。从事休闲农业必须注意以下几个问题，才能有效避免投资经营失误。

（一）规划问题

规划是投资休闲农业遇到的首要问题，规划不当是一些投资者失败的重要原因。有些投资者不重视园区规划设计，盲目自信，自以为有钱，有做其他产业的经验，认为做休闲农业很简单，费时费力费钱作规划没有必要。不去认真研究休闲农业产业发展的规律和趋势，仅凭着满腔热情和对农业的情怀，盲目轻率进入休闲农业产业，造成投资的盲目性和随意性。还有一些投资者对待规划表现得很任性、不理智。这类投资者往往聘请一些不专业的规划设计单位进行设计，或是对规划设计横加干涉，将自己主观意志强加到规划中，或者不愿意给规划团队充足的时间对资源、市场、产品进行认真详细的调查研究和梳理分析。更有甚者仅仅将规划当成套取政府政策资金支持的手段。

（二）规模问题

投资规模、用地规模、用人规模不当是很多休闲农业园区经营陷入困境的重要原因。这里所说的规模主要指园区占地规模。一部分投资者对园区的规模大小把握不好，总是认为越大越好，这是一个误区。殊不知，占地规模的适度对园区的发展至关重要。园区规模大小对投资额、雇工人数、产品配置等要求不一。超过一定规模，投入会成倍增加，经济性大打折扣。据一些研究机构测算，休闲农业园区不管占地多大，其核心经营区域最多也就300亩。倒在投资规模不当上的投资者不在少数，出现这一问题的原因是没有认识到不同规模的农业园区需要的投资有巨大差别。占地规模的大小，应与资金多少、市场大小等相适应。

（三）资金问题

现代农业是资本农业，休闲农业尤其如此。很多休闲农业投资者对园区建设运营资金的需求量没有充分估算，导致资金链出现问题。一般休闲农业的投资包括基础设施、雇工工资、水电费、肥料、机器设备、取暖费等，而基础设施和雇工工资所占比重较大。现实中，有近一半休闲农业投资者对资金需求量存在严重误判，这其中又有相当一部分投资者因资金短缺导致经营陷入困境或投资失败。投资休闲农业要注意面临的政策、气候、市场、管理等方面的风险。政策风险主要是国家在土地、环保政策调整时对投资者的影响，如很多休闲农业园区需要必要的住宿、餐饮、交易、停车、道路等基础设施，但严格的土地政策很难满足投资者需求。

即使提供一些建设用地指标用于休闲农业，也因为价格高使得园区投资者望而却步。为保护和改善环境，一些地区要求休闲农业的保暖采用燃气方式，改造和使用费用高，会造成生产成本大幅增加。

气候风险主要是自然灾害对园区造成的影响，如连续的降雨降雪、突发的病虫害、动物疫情等都会对大棚等设施造成损害，造成产品减产和质量下降。市场风险主要表现在，人们消费需求的变化，不同地区同类、同季产品的上市带来的竞争加剧导致产品收益大幅减少等。管理技术风险主要是指由于生产管理人员操作不当导致产品减收、绝收等风险。

（四）合作问题

产业成熟的标志是分工与合作，休闲农业产业亦然。一些投资者在投资时只考虑自己园区的建设经营，没有考虑到与周边园区、合作社和农民的合作，致使园区效益不理想。一些成功的休闲农业园区，在规划阶段就考虑到与周边资源的整合与优化，在生产经营中，充分利用比较优势理论与附近的合作社在产品布局、生产、加工、存储、运输、销售等环节进行充分合作，形成高效的产业链条，追求效益最大化。北京一个年运营收入达到几亿元的园区，除了与周边乡村和农民合作，还在内蒙古、河北等地建设生产基地，利用当地丰富的自然资源和人力资源优势生产园区所需的农副产品，以园区品牌进行销售，效益十分可观。休闲农业正在进入快速发展期，希望每一位休闲农业投资者，都能够在这一行业的建设经营过程中，深入研究分析休闲农业产业的发展规律，做好认真细致的资源、政策和市场调查研究，制定切实可行的发展规划，协调好与园区周边农村、农民的关系，充分挖掘利用好园区所在地丰富的文化、历史和资源，努力打造特色突出、品质优良、创意丰富的受消费者喜爱的休闲农业园区，为实现乡村振兴作出贡献。

二、休闲农业投资的现有路径分析

从当前工商资本投资休闲农业路径看，主要有“工商资本→土地经营权→休闲农业”路径、“工商资本→土地使用权→休闲农业”路径、“工商资本＋土地经营权→休闲农业”路径和“建设—运营—移交”（BOT）路径。下面是对这几种路径的详细介绍。

（一）“工商资本→土地经营权→休闲农业”路径

这种路径是指工商资本投资者通过买断或租赁农户土地经营权等土地流转方式取得土地，并在流转土地上建设休闲农业项目从事经营。此种方式，一方面工商资本能为休闲农业的发展提供合适的劳动力和创新要素，有利于极大地促进休闲农业发展进程；另一方面农户不仅可以从土地流转获得对价，而且其剩余劳动力还可应聘于休闲农业企业获得劳动工资收入，提高家庭整体收入水平。

（二）“工商资本→国有土地使用权→休闲农业”路径

这种路径是指地方政府先将农户土地征为国有，以旅游、娱乐等商业用地或农产品加工等工业用地名义通过招拍方式出让给工商资本投资者，由投资者在出让土地上建设休闲农业项目从事经营。这种路径有着跟“工商资本→土地经营权→休闲农业”路径一样的优点，但实质上是对农户土地的掠夺，随着农户的土地权利意识增强，征地拆迁难度越来越大，采用这种路径的并不多见。

（三）“工商资本＋土地经营权→休闲农业”路径

工商资本和农户土地经营权相结合，共同经营休闲农业。农户以土地权入股，成为休闲农业企业的股东，每年可从休闲农业企业分享红利，同时家庭成员还可参与企业经营，获取工资收入，不仅可以提高农户家庭收入水平，积累休闲农业经营的经验。另一方面，工商资本的投入为休闲农业的发展提供合适的劳动力和创新要素，对于休闲农业的发展不无裨益。然而由于投资渠道中工商资本投资者与农户权利的严重失衡，工商资本投资休闲农业过程中投资者极少选择该投资路径。

(四)“建设—运营—移交”(BOT)路径

由工商资本投资者与农业合作社签订合同，由工商资本投资者出资，在农业合作社土地上建设休闲农业项目，并从事运营，以回收投资，获取利润，投资回报期结束后，再移交农业合作社经营。这种路径，在工商资本投资者运营期间，农户家庭剩余劳动力可以应聘到休闲农业企业劳动，获取工资收入的同时，还能积累休闲农业生产技术和管理经验。一旦项目移交后，能成功接管并继续正常经营，真正成为休闲农业企业的主人。

上述工商资本投资休闲农业路径，有一个共同特点：即除了“工商资本＋土地经营权→休闲农业”路径外，均为工商资本投资者占主导地位的“土地流转”式传统投资路径，决定了在休闲农业经营实践中的产业化、规模化、集约化经营模式，代表了休闲农业的发展潮流和趋势，具有重要的实践意义。首先，有利于节约成本、提高资金使用效率；其次，有利于合理利用各种资源，优化资源配置，提高农业和旅游业资源要素的综合利用率；第三，有利于发挥外部效应，实现社会经济效益和生态环境效益双丰收；第四，有利于促进农业的工业化和农村的城镇化进程。

然而，休闲农业作为农业与旅游业、加工业相互融合的产业新形态，有着深刻的人文基础，消费者基于思想、观念、心理、文化等复合性因素的差异性需求，对休闲农业供给侧的影响不能小视，城镇居民观光的需求、渴望体验农耕生活、怀旧的心理、猎奇的欲求、教育学习的需求等共同成就了休闲农业的市场，休闲农业发展研究首先离不开对城镇居民消费者差异性需求的了解。而当前休闲农业经营实践中的产业化、规模化、集约化经营模式却无法满足城镇居民消费者的差异性需求，造成了现有休闲农业供给侧的短板。另外，由于工商资本投资者在投资渠道中的优势地位，将农户排斥在经营模式之外，难以提高农民的收入、生活水平和调动农民参与乡村振兴的积极性。

三、休闲农业投资的创新路径设计

（一）“公司——农户合组式”投资路径

这种模式借鉴了英美法等国家的合组公司形式，但与合组公司并不相同。这种投资路径具体操作为，工商资本投资者投资租地，设立休闲农业公司，公司重点开发产业化、规模化、集约化经营的娱乐业和文化、教育类休闲项目，同时发展少量的饮食、住宿、农作体验业务和农副产品展销业务，根据城市居民消费者的消费意愿将饮食、住宿、农作体验业务和农副产品购买分散到合组经营的农户完成。农户以自己的土地和房屋作为主要经营资本承担城市居民消费者的饮食、住宿、农作体验业务，并向他们提供农副产品销售服务。在这种投资路径中，公司和农户各自独立经营，盈亏自负，风险自担。农户根据自己提供业务的质量和特征自行定价，不受公司定价的约束，也不受公司经营制度的约束，保持各自经营业务的独特性。

这种投资路径的具体实施，公司的经营设施设备由公司投资建设，农户的经营设施设备由农户自行投资建设，但考虑到有些农户资金短缺，无法建设较好的饮食、住宿等生活和农作体验设施，可由公司出资为农户建设好后交农户经营，农户从经营收入中按年提取部分收入作为对公司投资的回报，回报期满后设施设备的全部权利归属农户。

（二）“公司——农户合股式”投资路径

农户以土地经营权和房屋作为出资，与工商资本投资者的货币资本结合共同组建实质意义上的休闲农业公司，每个农户的土地和房屋就是休闲农业公司的一个“车间”，承担城市居民消费者的饮食、住宿、农作体验业务，并向他们提供农副产品销售业务。在这种模式下，公司统一经营，完全按公司制运作，按年向公司和工商资本投资者分红，每个农户既是股东，其具备劳动能力并参与经营的家庭成员又是公司的员工，按照公司的劳动制度从公司领取劳动报酬，和工商资本投资者派驻职工一样享受同等的工资、劳保福利、社会保险待遇。

至于公司组织形式的选择，由于我国公司法要求有限责任公司股东人数在50人以下，而对股份有限公司的股东人数没有上限规定，因此可以根据投资项目的规模确定公司组织形式，对于农户和投资者总数在50人以下的中小规模投资项目，可设立有限责任公司；而对于大型投资项目，且农户和投资者总数在50人以上（不含50人）者，则应设立股份有限公司。公司制下，具体经营事务都由聘任的职业经理人执行，实现了经营权与所有权分离，有利于实现休闲农业业务经营效益最大化。另外，为降低代理成本，公司董事会和监事会的组成应尽可能吸纳农户代表参加，同时，这些农户代表在长期的公司经营管理和对公司经营业务监督过程中，有机会熟悉公司内部管理流程，成长为具有一定管理经验的企业管理人才。

"公司——农户合股式"投资路径在现有工商资本投资休闲农业渠道中，由于工商资本与生俱来的强烈控制欲，加之工商资本投资者和农户在投资渠道中严重失衡的权力，实践中极少采此种投资路径，然而，此种投资路径能极大地调动农户参与休闲农业经营的积极性和主观能动性，应通过创新经营模式加以推广。

（三）"公司——农户合约式"投资路径

这种模式实际上是一种松散的契约式投资路径，工商资本投资者投资租地，设立休闲农业公司从事经营，与周边农户形成一种业务上的合作关系，双方依照合同约定，依城市居民消费者的消费意愿将其自由选择的业务交由对方承担，并按照双方合同约定向对方支付相应的费用和报酬。农户和公司均为完全独立的经营主体，两者的关系主要在于将自己的部分经营业务通过合同形式委托对方承担，相互之间不存在任何隶属和连带关系，是典型的独立经营，盈亏自负，风险自担模式。作为在现有投资路径基础上创新的上述三种投资路径，并非意在取代现有的投资路径，只不过根据城市居民消费者的消费意愿所做出投资路径改良。这些创新路径不仅在于以“需求决定供给，供给决定投资路径，投资路径决定经营模式”的逻辑为依据，而且对工商资本投资休闲农业供给侧进行改革，兼顾了需求与供给的关联效应，使休闲农业经济的发展达到平衡，实现休闲农业经济的平稳、健康、良性发展，同时，具有不可低估的社会功能。

首先，根据需求创新工商资本投资路径以推动农业供给侧改革，使农业供给侧改革目标能真正得以实现，避免农业供给侧改革空转。其次，创新的工商资本投资休闲农业模式均以农户（农民）为平等经营主体，不仅大大地调动了农户（农民）的积极性，提高了休闲农业经营效益，同时兼顾了工商资本投资者投资休闲农业的积极性，有利于吸附工商资本真正落户农村，保障乡村振兴战略的实现。再次，创新的工商资本投资休闲农业模式可以避免农户（农民）土地过度流转，尤其是地方政府与工商资本投资者勾连的强制性土地流转，保障农户（农民）利益，维护农业产业安全。

四、休闲农业投资的创新模式实践

关于工商资本投资休闲农业经营模式，由于休闲农业具有农业和旅游业的双重属性，具有生产、观赏、娱乐、参与、文化和市场等 6 个特征，因而按照区位和功能可分别将休闲农业分为不同类型。工商资本投资休闲农业经营模式创新的主要宗旨在于让农户成为与工商资本投资者平等的经营主体，并与投资者共同参与休闲农业的经营，通过以自有房屋和土地为经营资本，承担为存在差异性消费需求的休闲农业消费者提供餐饮、住宿、农作体验、农业科普教育、养生、农产品销售服务等，弥补工商资本投资者投资休闲农业集约化、规模化带来的原生态缺乏的短板，在创新的“公司——农户合组式”和“公司——农户合约式”投资路径中，这种短板得到了克服，这两种投资路径决定了农户不仅能平等地参与休闲农业经营，而且极大地满足了游客的差异性消费需求。

但在现有传统的“土地流转”式的集约化、规模化休闲农业投资路径中，农户完全没有机会与工商资本投资者平等参与经营休闲农业，因而游客的差异性消费需求无法得到满足，即使在“公司——农户合股式”投资路径中，农户虽然作为休闲农业股东参与休闲农业的集约化、规模化经营，但由于农户并无机会以自己的土地和房屋作为资本，为游客提供个性化的家庭式服务，游客的差异性消费需求也无法得到满足，久而久之，集约化、规模化的休闲农业给游客带来越来越强烈的“消费疲劳”。

从休闲农业的功能和目的看，不外乎休闲娱乐、农作体验、观光旅游、农业科普教育、文化传承、医疗养生和农产品市场拓展等功能，因而，依据休闲农业的功能，可以创新工商资本投资休闲农业的经营模式，具体如下。

(一)“农家乐＋农户”经营模式

“农家乐＋农户”经营模式主要执行休闲娱乐功能，工商资本投资者通过与农户合股或土地流转取得土地经营权，并投资建设好基础设施和休闲娱乐设施如餐厅、住宿楼、歌舞厅、健身房、垂钓与野战设施等，满足游客食宿和休闲娱乐的需要，同时，居住在农家乐附近的农户用自己居住房屋为游客提供饮食和住宿服务，以满足那部分有“吃在农家、住在农家”消费意愿游客的需要，农户不仅通过以自己土地经营权为资本，与工商资本投资者合股经营分享利润，或通过土地流转获得土地对价，同时还可通过用自己居住房屋为游客提供饮食和住宿服务获得营业收入，不仅提高了农户的收入，同时解决了农户剩余劳动力就业问题。

(二)“科教农庄＋农户”经营模式

“科教农庄＋农户”经营模式主要执行农作体验、农业科普教育、文化传承、农产品市场拓展功能，工商资本投资者通过与农户合股或土地流转取得土地经营权，并投资建设好基础设施和配套设施如餐厅、住宿楼、农产品商店等，满足游客食宿和采购农产品的需要。将农地整理开发，并划分出农作体验区、农业科普教育区和农业文化传承区，农作体验区中一部分农耕地为游客提供临时或短期农作体验服务，另一部分承租给有需要的市民家庭耕种农作物或栽种树木、养殖家畜家禽用；农业科普教育区由农庄种植各种农作物、养殖各种家畜家禽，配备专职讲解员为接受农业科普教育的青少年讲解农业科普知识；农业文化传承区要配备各种农作物种子、家畜家禽养殖样本、各时代各种农耕和种养工具和设施，并配备专人进行示范农作，其功能类似于一个农业博物馆。

同时，居住在科教农庄附近农户用自己居住房屋为游客提供饮食、住宿和农产品销售服务，用自己的农地为游客提供农作体验、农业科普教育、文化传承服务，以满足那部分有“吃在农家、住在农家、劳动在农家、买正宗农产品”消费需求意愿游客的需要，由此农户不仅通过以自己土地经营权为资本，与工商资本投资者合股经营分享利润，或通过土地流转获得土地对价，同时还可通过为游客提供饮食、住宿、农作体验、农业科普教育、文化传承和农产品销售服务获得营业收入，既可提高农户的收入，同时也为农户剩余劳动力提供了择近就业的机会。

（三）“养生农园＋农户”经营模式

“养生农园＋农户”经营模式主要执行饮食养生、医疗养生、劳动养生和环境养生功能。这种模式下，工商资本投资者通过与农户合股或土地流转取得土地经营权，并投资建设好基础设施和配套设施如养生科普展览厅、餐厅、住宿楼和农产品商店等，满足游客食宿和采购农产品的需要。将获得经营权的农地整理开发，并划分出养生农产品种养区、中草药种植区和花木园林区。养生农产品种养区主要种养养生农副产品，如绿色农产品、有机农产品等。中草药种植区主要种植具有养生功能的中草药如金银花、车前草、夏枯草、淮山、茯苓等药材。养生农产品种养区和中草药种植区还提供农作劳动服务，让游客参与农业种养劳动，健康身心。花木园林区类似于一个小公园，主要种植各种园林景观树木和奇花异草，设置供游客露天坐躺卧的设施，游客置身其中，不仅可以呼吸新鲜空气，还能享受园林景观树木和奇花异草带来的美感，身心俱爽。

另外，居住在养生农园附近农户用自己居住房屋为游客提供养生饮食、住宿和农产品销售服务，用自己的农地为游客提供养生劳动服务，以满足那部分怀着“养生在农家”消费需求意愿游客的需要，由此农户不仅通过以自己土地经营权为资本，与工商资本投资者合股经营分享利润，或通过土地流转获得土地对价，同时还可通过为游客提供饮食、住宿、养生劳动和农产品销售服务获得营业收入，同时为农村剩余劳动力拓展了就业岗位。

（四）“民俗旅游村＋农户”经营模式

“民俗旅游村＋农户”经营模式适宜于具有丰富民俗旅游资源的乡村地区，主要执行休闲娱乐、观光旅游、文化传承的功能。同样由工商资本投资者通过与农户合股或土地流转取得土地经营权，并投资建设好基础设施和配套设施如餐厅、住宿楼、主题民俗文化景观、主题民俗表演设施、主题民俗文化展览场馆等，满足游客了解民俗文化历史，体验民俗文化现状如生活文化、婚俗文化、人生礼仪文化、口头传承文化、民俗节日文化和信仰文化等方面的需要。然而，由于消费需求的差异，有相当一部分游客有“吃住在民家、体验原生态民俗风情”的消费需要，可以居住在民俗旅游村内及附近的农户用自己居住房屋为游客提供饮食、住宿、民俗风情介绍和当地土特农副产品销售服务，以获得营业收入，提高农户生活水平。

上述模式最大的创新之处在于打破当前工商资本投资休闲农业的利益藩篱：由工商资本投资者一家独营、利益独享的经营模式，转变为工商资本投资者与关联农户共同经营、优势互补、利益共享的经营模式，不仅满足了消费者的消费意愿，同时，使农户有机会参与休闲农业经营，从单纯的打工者，转变为休闲农业经营主体，提高了农户的收入水平，调动了农户的积极性，有利于促进休闲农业的健康、良性发展。

第五章　转型升级提高休闲农业竞争力

休闲农业发展至今，已形成各类果蔬采摘园、农家乐民俗村、少数大型企业修建的综合式休闲农场等既定模式。随着人们生活水平的普遍提高，消费模式的改变，人们对精神生活需求也日趋多样化，目前的休闲农业发展模式不能满足消费者休闲游憩、回归自然、享受田园风景的需求。同时，休闲农业发展处于初级阶段，主要表现在缺乏科学合理规划，发展带有盲目性，导致项目雷同，已有经营模式与消费者需求错位，不能体现出休闲农业的多功能性。因此，休闲农业急需转型升级，在立足本地实际的基础上，借鉴成功经验，提高自身竞争力。

第一节　休闲农业转型升级的必要性

休闲农业在快速发展带动农民增收致富的同时，也面临诸如产品发展同质、产业结构单一、缺乏文化内涵、品牌建设不足等方面的困境，严重影响休闲农业经营者的经济效益。长此以往，将无法应对日渐激烈的市场竞争，面临倒闭的风险。本节将对休闲农业面临的发展困境做出详细分析，以突出休闲农业转型升级的必要性。

一、体验经济时代，游客需求变化

由于社会的发展、人民生活水平的提高，人们在消费过程中需要的不仅仅是一种物质上的享受，而是追求一种精神上的满足。体验经济是一种新的经济形态并已经成为发展趋势。休闲农业不同于其他的旅游方式，不是以景区观赏为主，而是以体验乡村生活为主，这种旅游体验的效果直接决定着游客整体旅游的质量。因此休闲农业开发必然要转向以体验为中心，带给游客感官和身心全方位的满足。

体验经济时代，游客更加注重参与性和趣味性，而非简单的观光游览、拍照打卡。因此，休闲农业经营应该将文化娱乐、手工艺品、食品加工等产业相结合，顺应体验经济时代的发展需求。只有适应市场变化，开发设计一定的体验活动，生产出具有娱乐性、教育性和感性化等特点的旅游产品或项目，让游客体会到参与感和乐趣，更好地满足旅游消费的需求，才能提高竞争力。

二、同质现象严重，缺乏自身特色

在休闲农业发展过程中，存在休闲农业产品、品牌定位同化的现象。开发者不根据现实状况和产业结构进行品牌定位，过多地复制他人的成功经验，使得品牌定位趋于同化，未能树立一个良好的形象，也与现实发展存在一定的差异性，消费者无法获得认知感、信任感。其原因如下：

（一）产业融合程度不深

休闲农业在发展过程中，多数休闲农业经营主体以餐饮、棋牌、垂钓为主，农业产值收入占比低，产业只是进行了浅层次的融合，没有进行有效的联动发展，主次产业各自为阵，导致产品开发同质性严重，产品结构单一，项目重复建设普遍存在，产业规模效益没有得到有效发挥，资源利用率普遍偏低，直接导致了经济效益提升缓慢。

（二）产业发展规划不足

在产业发展初期，政府这只看不见的手需要进行有效引导，统筹规划，让休闲农业产业朝差异化道路发展，有效提升生产要素利用效率。然而现实情况是，政府在产业发展初期没有进行有效的统筹规划，由于经营业主自身文化素养、经营管理水平有限，创新能力不足，只有通过模仿他人进行重复建设，提供同质化产品，由于差异化道路运营成本较高，最终导致市场劣币驱逐良币现象滋生，高端产品被无情淘汰出局，市场以中低端产品为主，导致整个休闲农业的低端化发展。

三、缺乏文化内涵，"农文"融合较浅

目前，我国大量休闲农业园区的主题和功能单一雷同，缺乏特色。这样的形式忽视了当地的民风民俗和传统文化，没有将民俗文化融入到园区中，也造成了文化的缺失，不利于文化的传承与发扬。由于对当地农耕文化以及农业用具等相关内容了解程度不高，农业文化内涵仅仅停留在表面，无法完全促进休闲农业和文化的融合。此外，在经济快速发展、城镇化加快推进和现代技术应用的过程中，由于缺乏系统有效的保护，一些重要农业文化遗产正面临着被破坏、被遗忘、被抛弃的危险。

（一）农村民俗文化资源的挖掘不够，利用率低

大量民俗文化资源利用率低，知名度小，甚至不为外人所知。一些表演艺术类遗产项目多以农民自娱自乐的形式分散于乡野村落间，既没有与休闲农业、乡村旅游产业相融合，也没有与新农村文化建设相结合，利用率较低。对民俗文化的挖掘利用不够，乡村旅游还停留在简单的食宿接待上，"民俗味"不浓。大多数民俗户还没有这样的意识，更谈不上行动。

（二）农村民俗文化资源的开发利用不够，部分项目失传

一些民俗文化虽然能反映当地的特色，甚至在当地有上百年、上千年的历史，但因当地青壮年外出打工，非遗传承后继无人，致使有些非遗项目处于濒危状态，许多传统的民俗文化活动离我们逐渐远去。

（三）农村民俗文化资源开发与休闲农业发展的结合不够，融合度低

在发展过程中，一些地方对当地的民俗文化资源重视不够，开发利用层次较浅，没有形成产业链，也没有提升民俗旅游的文化品位，从而导

致乡村旅游开发重点不突出、特色不鲜明等现象。户与户之间同质化严重，农家院落布局基本相同，住宿档次基本相同，饭菜品种基本相同，从而使游客对重游的兴趣不大，人均消费额也低。结果是，乡村旅游产业发展与民俗文化资源的开发利用出现“两张皮”的现象。

四、产业融合不足，产品发展受限

休闲农业产品是指在乡村地区，为满足乡村旅游者物质和精神消费需要而提供的有形产品和无形产品的总和。传统意义上“吃农家饭、住农家院、干农家活”的休闲农业产品已经不能满足市民对休闲农业品牌的多样性、内容的丰富性和体验的差异性的要求，在产业融合背景下，部分休闲农业未能做到一、二、三产业的融合发展，从而导致以下问题。

（一）初级观光产品比重大，季节性强

目前，大多数休闲农业产品仍以初级观光产品为主，高级休闲旅游产品所占比重较小，这在观光农业园和乡村景区两类产品中的表现最为明显。从观光农业园来看，数量众多的观光农业园大都侧重观光、采摘产品的开发，而对游客迫切需要的教育、休闲、体验等乡村旅游产品重视不够，也未深入挖掘该景区所属地区的地域特征与文化内涵，缺乏参与性、休闲性、体验性强的旅游产品或项目，导致旅游者逗留时间短，人均消费额低。

此外，休闲农业产品的季节性明显，淡旺季反差突出。因农业景观具有季节性特征，因此农业产品也具有季节性特征。由于产业链太短，缺乏一产和二产的融合，农业设施类、加工类、休闲体验类等产品没有形成规模；休闲农业产品与传统景区、景点的协同发展不够，产业集群开发处于初级阶段等。产品的季节性明显，导致每年有效出游时间短，农业资源利用率与旅游消费额低。

（二）产品文化内涵挖掘不够

文化是休闲农业产品的精髓。我国具有灿烂悠久的农耕文明，这一

切本应该成为休闲农业产品开发的基础。但目前的休闲农业与乡村旅游产品文化内涵不足，特色不明显，品位不高，缺乏个性，甚至出现了粗俗、不文明等现象。究其原因，主要有三个：一是在产品的设计阶段，缺乏对乡村特色与乡土文化的挖掘、整理、吸收，导致产品定位不准，开发思路不清。二是在产品的生产与建设阶段，大兴土木，建园造景，人工雕琢过多，而又不精益求精。有的项目打着“创意”的晃子进行随意开发，实为粗制滥造，导致项目建成后与建设初衷背道而驰。三是在产品的运营阶段，对乡土文化宣传不够，对产品文化特色解说不够，对游客体验农耕文明要求的关注不够，导致产品环境的文化氛围不浓，产品展示的文化特色不突出，产品销售中文化的贡献度不高。

五、营销方式落后，不利宣传推广

近年来，各省市创新休闲农业发展模式，强化推进措施，运用政府公关、社区营销的模式，针对市民策划并组织实施了丰富多彩的休闲农业营销活动，实现了快速发展的休闲农业市场需求和休闲农业产品有效供给之间的对接，取得了较好的社会和经济效益。但从总体上看，休闲农业的市场营销还不能满足产业快速发展的需要。目前，开展休闲农业的村镇，多数没有建立一套自己的旅游产品预定和销售系统，没有横向和纵向的网络体系，多数限于口碑传播，与各旅行社联系也不密切，没有形成整体营销，市场推广明显不足，造成一定的资源闲置；休闲农业经营者的自主营销意识和能力较弱，产品宣传推介方式单一或没有宣传，销售方式陈旧无新意，难以吸引旅游者的目光；随着手机互联网的迅猛发展，微博、微信等微媒体已成为市民特别是年轻人发布信息、沟通交流、对外联络的主要渠道之一，但休闲农业企业对此却不敏感，通过微博、微信营销的很少，开发乡村旅游APP应用的也不多；休闲农业从业者的综合素质普遍偏低，缺少市场营销的专业知识和技能，旅游服务意识较差，经营过程简单粗放，已经严重影响到乡村旅游健康快速发展。因此，休闲农业的营销升级势在必行。

六、品牌建设不足，难以巩固客源

在当今休闲农业项目开发经营活动中，主题趋同、质量标准趋同、服务规范趋同、促销手段趋同的现象越来越明显，在此发展趋势下，谁拥有休闲农业品牌，谁就能在激烈的市场竞争中获胜，取得良好的效益。当前，很多休闲农业产品常常作为休闲农业的一个附属品，没有被充分重视，缺少乡土文化特色。没有对具有浓郁乡土气息的传统饮食、服饰、手工艺品、音乐舞蹈、风俗习惯等乡土文化进行深入的挖掘，也没有形成休闲农业所应有的乡土氛围。没有自己的品牌，不够出新出彩，就难以持续地吸引消费者，难以在激烈的市场竞争中获胜。

七、人员能力不足，服务质量低下

休闲农业产业在转型过程中需要大量的人力物力，特别需要管理方面和经营方面的专业人才。参与到休闲农业产业发展中的农民群众大多都没有接受过正规的培训，其在专业知识和技能上存在很多问题，服务水平不高，服务技能淡薄，导致在服务过程中难以满足游客的服务要求，阻碍了休闲农业产品的销售，降低了休闲农业产业的整体综合能力，也不利于形成良好的产业品牌。并且由于休闲农业产业的企业管理者缺乏专业性的经营理念，管理模式混乱，缺乏品牌意识，销售手法上过于简单，使休闲农业产品缺乏市场竞争力。只停留在休闲性活动而缺少体验式分享活动，无法针对市场的淡、旺季做出合理规划，设计出取代方案。

因此，在休闲农业发展过程中应重视从业人员服务技能的培训，加强基层服务人员的服务水平和管理人员的管理水平。如果不能有效改善当前工作人员综合素质低下的现状，将会严重阻碍乡村旅游产业转型发展的脚步。

第二节 休闲农业转型升级路径

要在激烈的市场竞争中立于不败之地，就必须对现有的不适合休闲农业发展的地方进行改变，从而转型升级，适应市场发展变化，提高自身竞争力。本节针对第一节的七大困境，提出休闲农业转型的相应方法，给消费者以良好的旅游体验，提高品牌影响力。

一、注重体验活动，满足参与需求

（一）体验活动

由于社会的发展、人民生活水平的提高，人们在消费过程中需要的不仅仅是物质上的享受，更追求一种精神上的满足。在休闲农业中，游客也更加注重体验。产品是实体的，服务是无形的，体验是难忘的。休闲农业不是单纯提供产品与服务，而是为游客塑造难以忘怀的休闲旅游体验，这种体验的效果直接决定着游客整体旅游的质量。当前休闲农业经营的农家饭菜、乡村住宿、农产品等大多以物质消费为主，虽不乏精品，但消费者无法从中获得精神感受。而且这些产品即便离开了旅游目的地，消费者同样可以获得，大大降低了产品价值。因此，经营者要转变理念，营造出具有乡村特色、令人回味的旅游体验，在情感上与游客建立联系，以此作为核心产品吸引消费者。休闲农业转型必然要转向以体验为中心。

（二）体验类型

1. 观赏体验

观赏体验游客注重农业景观体验，将园区种养生产进行景观规划，提供给顾客以美的愉悦、享受与满足。农业景观包含但不限于稻田景观、瓜果景观和花海景观等。

大面积的稻田景观本身就是极好的风景，长期生活在城市中的人们，见到大片农田的机会并不多。利用稻草扎出创意十足的景观小品，可以吸引游客兴趣，加深游客印象。现实中可采用的景观小品形式非常丰富，有景墙、雕塑、园灯、置石、台阶、农具、亭、架等。例如，雕塑小品与周围环境可以共同塑造出一个完整的视觉形象，同时赋予景观空间以生气和主题。它通常以其小巧的格局、精美的造型来点缀空间，使空间诱人且富于意境，从而提高农业景观的艺术境界。

而花海景观常以规模取胜，通过大面积种植同类或多种的花卉，给游客带来视觉上的冲击。置身花海，游客不仅能获得愉快的情绪体验，更需要一些互动体验，在花海中留出相应的空间，供游客嬉戏、露营等，同时在花海中设置一些拍照地点，尤其是最佳拍照地点，增强游客的参与感和乐趣。同时，鲜花是爱情浪漫的象征，男生经常送花以向女朋友表达浪漫，以鲜花为背景拍摄写真或婚纱照也是很多新人的首选。因此，可以在花海中设计一些主体雕塑，营造浪漫氛围。

乡村景观的保护与提升，是乡村旅游可持续发展的命脉，也是提高乡村旅游特色产品吸引力的重要途径，对村落景观、田园景观、文化景观及乡村生态环境进行有效保护。

2.娱乐体验

设计娱乐活动时，要特别体现“乡土性”，与乡村文化相结合，体现与城市娱乐活动的不同点，突出乡村特色，这样才能吸引游客兴趣。以传统民俗活动举例，通过一些新奇、有趣的体验互动，既满足了游客的好奇心，又能够让他们了解、认知这些传统民俗文化，这对于普及和传承传统民俗文化，有着非常重要的意义。民俗活动包括：舞龙舞狮、变脸表演、皮影戏表演、传统艺术作品展览、石磨体验、茶艺、插花、做花灯等。

民俗活动体验同样要注重参与性，要根据不同年龄段游客的心理特点设计活动。同时，也可以让村民和游客结成对子，让村民带领游客体验并为其讲解部分民俗活动、农耕活动等，对游客进行适当的指导。

3. 科普实践

在休闲农业中开展科普实践活动，主要是利用农业生产、生态环境、动物植物、农耕文化以及农村生活场景等资源来设计实践活动，主要面向儿童、青少年学生，以及对农业知识、科学自然知识感兴趣的游客。科普实践，尤其是农耕实践活动的设计应该具备知识性、趣味性、科学性、互动性、参与性，通过寓教于乐的方式，让参与者学到更多的科学知识。

在进行科普实践时，要有专业的实践老师全程引导，讲解专业知识的同时，也能保证操作安全。要运用多样化的展示方式，文字、图片、器具展示和解说相结合，让游客在参与中获取更多知识。

乡村博物馆、农业展示馆、农耕活动、收割体验、采摘体验、酿酒、应急自救课堂等，静态展示和动态体验相结合，让游客更为深刻地了解乡村，感受乡土文化，习得一些农业知识。

4. 文化体验

文化体验就是要多讲故事，多用文化制造溢价。当下休闲农业园区农产品销售的关键，是要会讲打动人心的好故事。体验消费形式能够带给消费者丰富、深刻而又震撼性的情感体验，大大增强消费者的感受性，激发其对文化产品和服务的消费意愿。体验消费通过与新技术、新媒体的融合，可使传统的文化消费形式，诸如文化活动、演艺、教育、旅游、休闲娱乐等实现转型创新，创造新的消费价值。例如，3D、4D 技术、数字技术与体验形式的应用，大大强化了传统的电影、电视节目的丰富性和体验性，从而使其审美价值、情感体验价值得到大幅提升，像 3D 版《泰坦尼克号》虽然内容与原版相同，但票房收入却超过了原版，表明新技术带来的新奇性和情感体验的丰富性能够激发消费者更多的消费意愿。

农耕文明、乡土文化是有别于城市文明的。如果休闲农业经营者能充分认识乡土文化的价值，将文化体验寓于旅游活动中，则能迎合都市居民的消费需求，取得良好的经营业绩。

(三)体验活动的注意事项

设计体验活动时,要注重游客的参与性、独特性、持续性和主观性,注重顾客的参与和互动,重视顾客的体验与感受。为此,在设计体验活动时,就要考虑顾客之间不同的个性,才能满足不同消费者的需求。消费者通过积极主动参与获得一种体验感知,这种体验感知并不会因一次体验的完成而马上消失,而是具有一定的延续性,会带动他们对产品的重复购买。因此,要为顾客提供机会,使其参与产品或服务的设计,让顾客亲自体验产品或服务的生产和消费过程,并形成对产品的长期忠诚和依赖。

休闲农业的基础是农业,目的是休闲,本质是体验。用体验来创新休闲农业,设计和开发适当的体验项目,更能体现休闲农业的本质特点,更好地满足消费者的休闲消费需求。基于这些特点,休闲农业园区在设计运用中就要把“体验”方面充分考虑进去。

二、发展创意农业,追求出新出彩

(一)创意农业景观概念

创意农业是指借用创意产业的理念和思维,以农业资源为基础、以科学技术为支撑、以景观营造为手段、以市场开发为导向,对农业生产经营的过程进行创意整合,构建农村创意的生产、生活方式,实现农业增产、农民增收及农村繁荣的新型农业业态。通过挖据创意农业的自然人文要素、历史文化要素、产业资源要素和区域环境要素,运用创新创意、科学技术等手段配合景观设计手法所构成的审美综合体,即为创意农业景观。

(二)创意农业景观类型

创意农业景观主要有四种:生产创意景观、产品创意景观、园林创意景观以及文化创意景观。不同类型的创意农业景观其表达方式也不尽相同。

1. 生产创意景观：主要在生产过程以及种植方式上进行创意表达

(1)生产过程创意。“田”是农业的景观符号，利用田地的外在表现形式进行创意可以构造农业旅游新景观，如中国宋代时期开创的皇家八卦田，平面形状为正八边形。其上种植不同颜色的农作物勾勒出道家中的阴阳鱼图案；在英美等国家的农场里，农场主请艺术家在麦田里设计一些规则的连环集合图案，被称之为“麦田怪圈”；一些地区将农作物种植成“迷宫”的形式，在不影响生产的前提下，产生和潜的美感，增加景观的趣味性。

(2)种植方式创意。利用光、声、温、水等资源整合科技，改变传统种植方式。打造神奇的作物景观。如利用“声波助长仪”激发农产品的潜在价值，使番茄、草莓等产量大幅度增加；空中结红馨的“树式栽培技术”，让种植景观立体化；“无土雾化技术”栽培的蔬菜根悬在空中，令农业生产景观神秘化；利用生物技术改变农作物的性状、周期，培养出嫁接植物的奇特景观。

2. 产品创意景观：主要在产品的物理特性及功能作用上进行创意表达

(1)物理特性创意。产品的视觉形象是塑造景观的前提，色彩则是最为直观的感受。通过对产品的色彩进行创意，打破常规，以满足人们的视觉要求和猎奇心理。如培育种植彩色玉米，不仅颜色上赏心悦目，同时令游人好奇竞相购买；“缤纷年华”小南瓜、茄子和西葫芦以其色彩斑斓而深受消费者喜爱，有效地提升了产品价值。利用现代工艺及技术手段对传统农产品的形态进行创意，为其赋予更为新奇的景观感知力。如新技术培育下的迷你黄瓜、迷你番茄或巨型南瓜、方形西瓜等，成为消费热点的同时形成农业奇观。

(2)功能作用创意。通过创意的概念增加产品的文化含量、科技含量，保证创意农业市场充分开发。如刻字瓜果，利用物理手段刻上字画，产品成熟后成为一体；在情人节、母亲节这种特殊的节日里，开发的情人草莓、亲子西瓜等产品，使其意义和价值倍增。应用全新的想路和途径，延长产品附加值链条，带来农产品用途的革新。最常见的方法就是将农产品变成工艺品。如通常用来食用的豆类，更新升级用来制作成小饰品——手链、项链、门帘等。

3. 园林创意景观：主要分为硬质景观创意和软质景观创意两种方式

(1)硬质景观创意。包括地形设计、建筑设计、小品设计、园路设计。

地形设计：尽管农业区域内具有原始的自然地形地貌，然而通过分析研究地域的景观美学特征并将其加以艺术化处理，可以创造出奇特的地形景观。地形景观可以分割空间、控制视线，其自身又具有美学功能，所以可以在园区内巧妙地利用微地形创造起伏，打造曲径通幽的空间，也可以利用方格网构图控制游人视线。

建筑设计：温室是农业园区特殊的建筑，它不仅用于农产品的四季供应，也是一件反映钢结构的艺术品。打造建筑景观，既对其外形以及内部空间进行创意设计。

小品设计：园林小品这种点状景观，会随着观景的多次出现逐渐强化园区，使景观具有“可识别性”。通过景观的层层加载，还原本土的文化气质并加深园区的主题形象。如模拟固有的植物、动物形象打造园林小品——树桩座椅、蘑菇状的休息亭、动物雕塑等。

园路设计：我国古代建园就很注重铺地，将其组合成各种吉祥的图案赋予寓意。同样，农业园区的铺地应尽量打造个性又不失本真的风格，需在材料的色彩、肌理上进行梳理，如经过概括、提炼将景观抽象成为造型语言。

(2)软质景观创意。包括植物和水体景观。

园区内多层次的植物体系可以构造丰富的园林景观，而植物本身也是一件可塑的园林艺术品，如可将耐修剪的植物品种塑造成趣味雕塑等。农田水利是农业水景的独特景观，因此可融合农田水利功能对景观进行创意，形成取水枢纽景观、灌溉景观、雨水集蓄景观、井灌井排景观、田间排水景观、排水沟道景观、水工建筑景观等。

4.文化创意景观：主要从历史景观创意、民俗景观创意以及主题景观创意三个方面进行创意表达

(1)历史景观创意。景观设计强调场所精神，结合地域挖掘历史，合理地进行景观创意可以承继历史。如华西村塑造一系列景观展示其古老的农业历史文化安迁，通过一个个历史序列将景观串联，达到历史回顾的目的。同样，以历史故事原型进行景观创意可以吸引特定的市场游体，早在北大荒农业科技园区的概念规划设计中，利用北大荒的垦荒历史唤起知青的回忆，修复和再现当时的景观，让知青缅怀过去、展望明天，激励人们继承发扬优秀文化，将旅游意义全面升华。

(2)民俗景观创意。将地方民俗移植到现代景观中，可摆脱城市杂乱的文化景观，给人以超越物质的精神感受。如开展民族体育、举办民族婚礼、跳民族舞、参与民族节庆、普及民间艺术等，使游客体验民俗景观的同时产生保护农业文化景观的意识。

(3)主题景观创意。崇尚个性化、多样化的旅游日益成为旅游市场的走向，这就要求每个农业园区根据调查，确定市场定位，在景观营造上采取差异化战略。树立主题景观形象，以延长农业的生命周期。如“紫岸香堤艺术庄园”运用地理纬度同根原理，打造“长城脚下的普罗旺斯”，大面积种植薰衣草，创造出极具异国风情的创意农业。

三、提升文化内涵，科技推动发展

文化内涵不足是休闲农业的主要瓶颈之一。解决这个问题，不是一朝一夕就能实现的，但也不能无所作为。实现休闲农业的文化升级，需要多管齐下，其中发掘、保护、传承、利用农业文化遗产，发展创意农业，开发利用民俗文化资源，就是现实的出路。我国悠久灿烂的农耕文化历史，加上不同地区自然与人文的巨大差异，创造了种类繁多、特色明显、经济与生态价值高度统一的重要农业文化遗产。要结合本地实际情况，突出地域特色，对民间文化予以重视、保护和传承。在休闲农业中，产品

和活动都可以作为文化传承的载体，通过一定的设计和包装，让本地产品如特色农产品和旅游纪念品等都打上本地文化的烙印。通过文化主题营销，策划举办具有鲜明地域特色的系列文化主题活动。

（一）加强农业与文化的耦合，拓展休闲农业经营形式

无论何时，在发展休闲农业的过程中，所有的重心都应该围绕“农业”二字展开。乡土文化在休闲农业的发展中也只有与农业紧密结合才有在乡村嵌入的价值。乡村在这个过程中可以利用诸如种植当地特色传统农作物、在特定观光区采用本地古法种植、加工农作物等形式，鼓励消费者积极参与到整个过程中，促进游客对于乡村文化的体验、了解与认同，使乡土文化贯穿于休闲农业发展的方方面面。另外，也不能将文化嵌入只局限于农产品的种植阶段，可以同样在后期的加工、宣传与销售等阶段中利用前一阶段休闲农业的发展成果，打破传统的“种植特色农作物——销售”的一般模式，加强对于休闲农业产品后期的处理与宣传，更重要的是在宣传的内容上体现当地特色。

第一，推动旅游与中华传统文化结合。挖掘历史文化、传统文化、民族文化，与当下时尚潮流结合，在发展文化和旅游产业的同时，顺应文化复兴和文化自信建设，发挥文化赋能作用。第二，推动文化与旅游产业的横向、纵向以及侧向融合。如将文化融入乡村旅游、城市旅游以及工业旅游、农业旅游等不同领域；将文化和旅游活动融入体验主导模式、创意主导模式等不同情境之中；突出游客的深度参与，做到旅游主体、旅游客体和旅游环境协调共生，构建文化和旅游全面深度融合发展的模式。

（二）促进文化标识化、品牌化

对于休闲农业的发展，在相同的模式下要想独具特色，融合本地文化的品牌效应是不可或缺的，让人眼前一亮的品牌才最有利于吸引消费者。品牌效应要求农村拥有拿得出手的特色品牌，而这里所说的“特色”，对于农村，最直接、发展起来最快捷的就是当地的特色文化了。不同地区的特色文化，都是在自然条件背景下，经过当地居民上千年的辛

勤劳作而产生的文化积淀。对于地方来说，这种文化正好完美适应了休闲农业发展中所要求的，有文化特色，有历史积淀的状态，更能帮助村民为休闲农业打造独一无二的品牌；对于经营这样休闲农业的农民来说，文化的背景有利于他们认清未来的发展方向，以村民熟悉并较少排斥的方式激发他们发展休闲农业的积极性与创造性。如何对内在的文化进行挖掘，让游客能切身体验、享受到乡村旅游文化，是打造休闲农业文化标识化的首要关键。例如，枫香坡侗族风情寨深度挖掘侗族文化，改造侗族民居、休憩风雨桥、传承侗族民歌舞蹈，在寨门前跳侗族舞，邀请游客喝拦门酒，让游客进入寨子的第一眼就充满了浓浓的异乡风情。

（三）发展体验性文化消费

1. 手工艺制作体验消费（DIY）

消费者通过亲身参与和体验文化艺术及手工艺品等的设计、制作并购买自己制作的产品进行消费。在这里，消费者既是产品的生产者又是消费者，DIY 的价值是以消费者为主体创造的。消费者通过 DIY 不仅能够学习和体验像陶瓷、书画、饰品等文化艺术品、装饰品的设计制作，还能够学习和体验一些非物质文化遗产手工艺品的制作技艺、设计构思，领悟其文化内涵和审美意识，自由发挥和表现自己的创造潜能，在某种程度上是一种文化传承、自我发现、自我发展和自我实现的形式。

2. 文化活动体验消费

在传统的节事活动文化消费模式中，创意地引入互动体验参与形式，如狂欢节、泼水节中的表演者与观众互动参与的形式，还有国外一些城市的“设计节”以及文化节庆活动中常见的让消费者参与各种文化生活用品、手工艺品、食品等的设计制作体验形式，可以使节事活动增强消费者的参与感，从而更富有趣味性、娱乐性和吸引力，成为以消费者的体验感受为中心的参与式活动。

3. 注重科技创新

科技对于发展文化体验旅游的重要性体现在以下几个方面：

(1)科技创新为文化体验游提供动力与源泉。在景区限量、预约、错峰等常态化背景下,加强关键技术应用,发展智慧文旅是行业未来走向。如浙江、江苏等地,云演艺、云娱乐、云展览、云直播等多种创新形式在假日旅游中唱主角,让人感受浓浓年味,这些举措对于疫情防控新态势下的消费拉动作用明显。一方面可以产生沉浸式文化和旅游消费新体验,另一方面可以发挥科技对于供给侧变革巨大影响。

(2)科技突破文化和旅游在时空上限制。如线上非遗民俗展示,将非遗代表性资源与旅游元素跨界融合,在推动非遗传播进程同时,使其转变为文化和旅游消费体验。运用 AR、VR 技术将文化遗产、古迹进行全方位展示,让人们足不出户便可以享受视觉盛宴。

(3)科技元素运用推动产品革新。如江苏周庄古镇借助 VR 光影科技打造升级版的夜周庄,福建运用在线逛展、数字文博等助推假日时尚消费。这些举措往往能够提升文化和旅游产品技术与文化含量,产生文化和旅游消费新热点。

4.强调文化和旅游市场精准细分

(1)市场拓展。市场拓展的重点是挖掘与文化体验相关的产品与项目,如保护与开发历史文化名镇(村)、民族传统村寨村落、农业文化遗产;发展红色旅游、节庆旅游、遗产旅游、民俗风情旅游;推广景区与剧场、演艺等结合的景区娱乐项目;举办具有鲜明区域、民族特色的品牌节庆活动等。

(2)产品概念拓展。如通过“微游”活动,将当地传统文化融入旅游线路;提炼有吸引力的主题,进行创意市场定位;帮助游客深入了解当地文化,注重文化附加值提高等。

(3)品牌效应显现。品牌在体验旅游中有相当大的附加值。旅游企业通过与游客分享、互动,打造品牌独特的记忆点,形成品牌识别力与影响力,可以培养铁杆粉丝,形成粉丝经济。

四、产业融合发展，提升经济效益

休闲农业发展也要走产业化的道路。通过机制创新，把休闲农业与农产品加工、农村服务业等第三产业，甚至与乡村景区、景点、民俗旅游村、农业观光园等有机衔接起来，形成利益共同体，延长产业链，进而实现规模效益。以消费市场为导向，以资源开发为手段，以经济效益为中心，以休闲旅游为主题，以休闲农业与乡村旅游企业为龙头，通过利益机制，把休闲农业与乡村旅游有关业态紧密联接起来，实现区域化布局、一体化经营、社会化服务，形成“一条龙”的经营体制。

（一）重视对产业融合发展，进行科学合理的资源规划

在休闲农业产业转型的过程中应该加强科学规划，在把握市场动向的基础上，对乡村旅游产业和农业等产业的融合进行合理定位，明确休闲农业产业在转型后的发展方向。并对休闲农业产业进行分区建设，加强休闲农业产业整体的布局管理，完善休闲农业的功能分区，注重休闲农业景区的基础设施建设，为游客提供更好的休闲旅游服务。要以农业为基础产业，通过创意开发，向第二、第三产业延伸，促进农村一、二、三产业的融合，从而提高农业的加工附加值、服务附加值和文化附加值。

着力打造农文旅一体化的产业体系，加大对乡村产业的融合发展，要根据不同区域的区位条件、资源禀赋和市场需求，相应地调整农业结构，适当延伸农业产业链，积极拓展农业功能，使农村产业由第一产业向第二、三产业拓展，建设集特色产业、田园观光、休闲渔业、农家美食、娱乐文化、康体养生等多功能交织的中国最美休闲乡村、全国农业旅游示范点等。

休闲农业经营者要充分运用“生态＋”、“文化＋”、“时尚＋”等形式，培育多种休闲农业新业态，比如开办果园教育基地、康疗养生基地、特色乡村民宿、亲自体验中心、“吴文化”再现馆等，为休闲农业发展注入新活力。

(二)延伸农业产业链,提升产品附加值

完整的农业产业链涉及到农业生产、加工、物流、出售等多个环节,但是当前部分乡村存在产业链条不够完整或者不够完善的问题,造成产业发展运营的阻碍甚至中断,最普遍的现象就是有货无市、有货难销。因此,延伸农业产业链,打造一体化的农业产业环,不仅可以提升农业附加值,也是传统农业向现代农业发展的必然选择。延伸农业产业链,重点是加大对休闲旅游型乡村的生产链、加工链、物流链、文旅链等方面的延伸。

休闲农业产品包括特色农产品和旅游纪念品等,质量是休闲农业产品的基础,发挥乡土气息,做到绿色和健康,是休闲农业产品转型升级的前提条件。应加大投入和扶持力度,通过建立完善的生产、加工、消费、监管标准体系,对企业形象、产品质量高标准要求,打造一批高质量产品。旅游产品品质是旅游品牌的最终保障。休闲农业经营主体应加大力度投入农产品加工,依托自身农业特色,多维度研发休闲农产品,满足游客对个性化、多样化、景观化休闲产品的需求;还可以研发农产品加工体验式消费项目,方便游客自己动手,用体验提高项目的吸引力,实现农产品的溢价销售。并且,在整合当前休闲农业产品的基础上,应该采取多种产品组合的方式满足游客的需求,不断开拓休闲农业产品市场。

(三)进行产品营销,打造特色和文化

为促进休闲农业特色产品的落地,应系统开展休闲农业地区规划和民俗旅游村"一村一品"创意策划。今后要继续坚持"一区(县)一色"、"一沟(村)一品"的特色发展道路,创造条件,将这些规划、创意方案落实到位,促进休闲农业的特色化发展,避免同质化。通过包装创意、栽培创意、用途创意、亲情创意等手段,充分利用农业副产品,改变农产品传统的食用功能和传统用途,使得普通农产品变成商品、纪念品,甚至成为艺术品,提高附加值。

同时,为了取得更好的市场营销效果,未来休闲农业产品必须在打造品牌的基础上，突出体验性。具体来说，体现在四个方面：一是主题化。体验营销的实施需要围绕一个明确的主题，主题的确立要遵循“因地制宜”和“创意独特”两个原则。二是情感化。休闲农业在营销的过程中，要站在游客的立场上考虑问题，提供真正使游客满意的产品和服务。三是规范化。这就要求行业主管部门要加强体验营销的引导，制定规范化的标准及科学的模式，确保乡村旅游体验营销的实施效果。四是精品化。休闲农业产品在打造过程中要突出品质，提升品位。

五、转变营销方式，巩固扩大客源

休闲农业的发展离不开市场营销。市场营销是连接休闲农业供给与需求的桥梁，是促进休闲农业市场化的重要一环。但是，由于休闲农业的营销理念不新、营销手段不多、营销机制不活、营销主体较少、营销经费不足、营销的针对性不强等原因，导致休闲农业的营销效果与预期还有差距，亟须升级。

在互联网时代，网络营销吸引来的客源已占休闲农业客源市场的“半壁江山”，这个比例还有扩大的趋势，将来甚至有可能取代传统营销方式。因此，休闲农业企业应重视和利用好网络等新兴媒介。要利用微信、微博、抖音、快手等社交平台，通过优质的文案、图片和短视频等，来吸引游客，积累粉丝人气。鼓励游客在社交平台上发帖、晒照片，分享自己的旅游感受，与自己的粉丝互动，这无形中就为休闲农业企业完成了一次很好的口碑宣传。同时，也可以邀请新浪旅游、搜狐旅游、驴妈妈等影响力较强的第三方旅游资讯网站免费体验产品，从而获得发表宣传“软文”的机会。通过休闲农业主题网站和多媒体平台进行全方位、多特色的宣传推广，把个性化、特色化的休闲农业产品和服务传递给消费者。

（一）如何做出有吸引力的文案和视频

写好有吸引力的文案，首先要培养自身的“洞察力”，所谓“洞察”就是当设计营销4P（产品、渠道、价格、广告）的时候，我们必须站在所面向的消费者群体的角度去思考问题：他们是什么样的人？他们是什么样的性格？他们喜欢什么？他们厌恶什么？他们的行为和他们的真实意图是什么？他们的行为习惯是什么？他们的社会阶层和财富地位是什么？他们喜欢什么样的产品？他们接受讯息的方式是什么？他们的购物习惯是什么？他们愿意接受的价格是什么？他们喜欢的广告和创意是什么？他们的文化认知是什么？他们有什么理由要购买我们的产品？

假设自己是休闲农业消费者，想象自己会被什么吸引，会在意什么：环境好不好？交通怎么样？东西好不好吃？等等。下面以微信公众号为例。

随着微信朋友圈信息的暴增乃至泛滥，休闲农业经营者如何吸引潜在消费者眼球，并促成参与、转发、分享、关注、收藏等行为，已变得越来越困难。休闲农业微信营销文案作为商家重要信息及意志呈现的载体，从消费者角度研究其感知情况及文案对消费者行为意向的影响，有利于为休闲农业微信营销文案设计、内容精选、活动促销、信任构建等提供参考建议。

1.侧重灵活多样的旅游微信营销文案设计风格

除较为常见的营销文案外，可丰富旅游营销文案内容的呈现形式，如易企秀提供的图文解决方案。这些文案大多设计非常精美，并配有大量风景、人文类美图，且文案打开的方式也各有特色，有上滑、下滑及自动播放等，加上背景音乐，能够给消费者带来非常不错的视听体验。符合“游客十分喜爱图片、动画和视频等多样化的信息表现形式”的结论。因此，休闲农业经营者在微信上发布营销活动信息时，不应拘泥于普通的图文消息，应尝试探索丰富的表现形式，从而将活动精华恰到好处的表现。此外，就普通的图文消息而言，精美的设计或有创意的引导（如故事引导、漫画引导等）亦可将休闲农业微信营销文案的价值发挥到最大。除了文案内容本身的有用性，消费者浏览文案过程时的愉悦性、体验倾向及消遣性也是潜在的消费动机。因此，应重视文案的排版与设计，最大化增加阅读的愉悦性。

2.建立与消费者之间的信任是营销的第一要务

微信提供认证服务功能，为获得消费者的基本信任，休闲农业公众平台应申请认证服务(微信官方认证标志)。消费者对文案产生兴趣后，往往会参看官方公众号，甚至阅读“历史消息”，因此，认证标志是获得消费者认可的基础要件。此外，旅游微信营销文案作为消费者重点阅读的信息，如何获得消费者的认可及信任，也是休闲农业经营者在营销文案内容编辑时应该慎重思考的。园区介绍、活动说明等应本着实事求是的精神，夸大、脱离实际的表述反而会产生不好的影响。

3.话题参与互动是吸引消费者的重要法宝

没有新意，只有简单铺陈直述的文案无法激起消费者的购买欲望，因此休闲农业在文案活动的策划时，应注重创新性。而话题制造是非常有效的营销手段，它能够促使消费者参与、互动。文案在策划时，应注重话题制造，给消费者带来谈资或价值，才会有转发和分享行为；而参与互动一般还需要商家提供更进一步的服务，如文案中或结尾处将消费者引导至互动频道，让消费者有表达想法的机会，也有参考他人意见的渠道。同时，应积极与消费者互动，从而及时获得反馈；也应注重“旅游意见领袖”的培养，“旅游意见领袖”是微信上旅游营销文案获得大量转发和分享的重要主力军。

(二)互联网对休闲农业营销方向的影响

1.改善了传统的农业营销模式，增加客源渠道

传统的农业旅游产品趋于小众化，旅游市场容量较小，传统的营销推广方式存在单一、成本高、知名度低等情况，在市场上竞争力度较小。“互联网＋休闲农业旅游”的跨界融合，为游客与管理者之间搭建起更有效的平台，对于游客来说，通过互联网了解到最新的相关信息，在安排游览项目的时候通过互联网获得最便捷的信息，增加了旅游体验度；对于旅游目的地经营者来说，通过互联网能够更及时、全面地发表最新旅游

产品，通过网络预约预定、商家位置定位导航等出行指导信息，加大了目标群体的宣传，降低了成本。消费者只要通过互联网精准定位，便可通过网络方便快捷地找到相关位置信息；预约预定可以增加出游的品质；旅游互联网平台窗口设置消费者体验评价，让未来的消费者了解到产品信息，进行评估甄别产品，做出决策。如同程旅游、百度、美团等 App 上可以查到很多游玩体验评价，收集消费者对产品的评价信息，提升了产品的透明度。

2.提高营销效率，增加农业附加值

通过互联网思维模式，游客与休闲农业旅游经营者之间有了高效的沟通桥梁，游客通过微信、抖音、小红书、快手等网络平台及时了解相关信息，并向经营者提出个性化需求；同时经营者也可以根据游客的精准要求，对自身经营做出相应的改变。如根据消费者大众化的偏好、个性特征、消费人群的年龄，开发出相应的合适的旅游产品，同时针对性地开展营销活动，提供实时动态分享，线上线下有效结合，获得持久竞争力。“互联网＋休闲旅游”将一、三产业联动，将互联网、民风民俗、乡土文化、旅游有机结合起来，可有效提高消费者的聚集量，增强农业附加值。

总之，面对瞬息多变的市场，各省市应不断创新休闲农业与乡村旅游营销方式，大力实施主题营销、品牌营销、整合营销等战略，围绕休闲农业产品，打造设计营销活动，并实现营销理念、营销手段和营销主体的升级。其中，营销理念升级要求休闲农业营销以“绿色”为核心，运用绿色营销手段，传播绿色理念，树立休闲农业的绿色形象；营销手段升级表现为整合多种营销手段，打造全方位营销网络，通过口碑营销、网络营销、事件营销、关系营销、媒体宣传等各种营销方式让游客了解乡村旅游项目，并运用广泛营销和重点营销相结合的方式强化营销效果；营销主体升级表现为乡村旅游的营销要实现行政主管部门、行业协会组织、乡村旅游企业、乡村旅游个体经营者等多主体的合作。

六、注重品牌建设，打造高端品牌

在当今休闲农业项目开发经营活动中，主题趋同、质量标准趋同、服务规范趋同、促销手段趋同的现象越来越明显，在此发展趋势下，谁拥有休闲农业品牌，谁就能在激烈的市场竞争中获胜，取得良好的效益。

品牌是消费者对产品整体认知的总和。一般认为，品牌可分为两个层面：一是品牌的实体层面，如质量、功能、价格与外观等；二是品牌的精神层面，包含价值、个性、信誉、形象与时尚等。品牌营销就是各营销主体通过一系列的营销活动，将品牌的实体层面与精神层面联系起来，培养品牌差异，建立品牌个性，并获得消费者认知、青睐，最终提高品牌的知名度与美誉度的营销方式。

品牌营销是营销的高级形态。其基本理念是，营销不是建立庞大的营销网络，而是利用品牌符号，把无形的营销传递到社会公众心里，把产品输送到消费者心里，使消费者选择休闲农业消费时，认这个休闲农业目的地或产品，投资商选择合作伙伴时认这个企业。通过品牌营销，有助于实现如下目标：1. 吸引消费者。出于对旅游高水平身心享受的追求和对旅游产品增值消费的期望，消费者对休闲农业品牌要求和呼声越来越高。2. 增强竞争力。休闲农业品牌营销可以提高知名度和美誉度，增加客源和经营收入，从而增强竞争力。3. 挖掘持续发展的潜力。休闲农业品牌营销可以提高旅游者的忠诚度，言传身教强于广告功效，进而吸引潜在的客源，吸引回头客。

在休闲农业消费日益个性化、理性化、享乐化、生态化、体验化的今天，休闲农业品牌化趋势日益明显，旅游市场竞争逐渐白热化，粗放的旅游开发、低水平的旅游管理和滞后的旅游营销理念难以满足市民不断增长的旅游消费需求，无法让旅游者获得他们所期望的陶冶情操、愉悦身心等核心价值，也无法解决乡村旅游业发展过程中存在的深层次矛盾。这就迫切要求各级管理部门和乡村旅游经营者从目前片面强调开发速度和开发数量向品牌塑造和品牌营销转变。

七、加强人才培训，深化管理服务

发展休闲农业除了需要经营规划类人才，还需要农业、建筑、艺术、手工、民俗等各个行业的当地传承人与创新者。打造休闲农业人才队伍，要形成特色化人才使用与培育路径，既要培育本土人才，又要引进外地人才。在培育本土人才方面，要从文化和旅游专业性角度，普及文化和旅游产业知识，加强对乡村文化和旅游从业者服务意识、服务能力的培养，提高村民的综合从业素质；鼓励村民各施所能参与到乡村文化和旅游发展中来，形成在乡村内部人才带头发展文化和旅游产业的“头雁效应”。在引进外地人才方面，乡村可利用区位、环境优势，与旅游企业、旅游院校和机构合作，引进专家规划、开发旅游项目，为乡村旅游发展出谋划策。

（一）人才培育方式

传统的培育方式主要包括家传式、学徒式两种，以农村内部自我培养、师傅“传帮带”的形式为主。培育乡村振兴急需的新时期乡村工匠，需要政府、职业院校、行业协会等社会各方力量协同解决，还需职业院校、培训机构等推进乡村工匠的学历教育、非学历教育或职业技能培训。

职业院校可与乡镇政府合作，在当地开设乡村匠师培训班，推出素养提升类课程，培养一批德技兼修的匠师；开办乡村工匠技能升级班，以乡土化教学内容提升乡村工匠职业综合技能。依托相关行业协会，职业院校整合技艺技能培训资源，开发培训资源包，开展在线教学与指导，提升乡村工匠的信息化素养。教育主管部门力推的1＋X职业技能证书试点，即是培训乡村工匠的创新方式之一。

在乡镇开设“乡村工匠创业讲堂”，加强传统手工艺、非遗项目等创新创业政策的宣传与培训；开展公益性创业讲座培训，实施“一对一”项目指导，增强乡村工匠手工艺创新、创业增收的信心。加强电子商务、乡村旅游、信息技术等课程培训，丰富思想道德修养、工匠精神等方面的教学内容，提高乡村工匠的从业综合素养。大力支持科研单位、职业院校、行业协会、企事业单位等建设乡镇“双创”孵化基地，开展创业项目帮扶与孵化。努力实现创业帮扶与技能培训的协同呼应，引导“技能升级类”“产业融合类”与“返乡创业类”乡村工匠协作配合，共同开发传统手工艺项目、技能扶贫项目等。

如以振兴传统手工艺、精准扶贫为目标，在县市区甚至乡镇探索成立乡村工匠学校，开设专题进修班、技艺提升班、创新创业班等特色班，吸引、汇集优秀的乡村工匠师傅及高潜质的学徒学生，为地方乡镇培育乡土特色人才。鼓励乡村工匠参加创新创业创意赛事，切磋交流传统手工艺创新、技艺创收等，支持其参与或牵头手工艺类创业项目，带领周边农民增收致富。

（二）乡村女性力量

城镇化背景下，大量青壮年男性外出务工，女性则留在家里照顾老人和小孩。传统的务农收益甚微，难以维持家庭开支，因此，加强对农村妇女的休闲农业服务技能培训，既能补充服务人才，又能促进其家庭增收，推动乡村振兴。

第三节　休闲农业发展经验借鉴

西方各国及中国台湾有着悠久的休闲农业发展历史，也有着丰富的休闲农业发展经验。面对休闲农业经营中出现的问题，各服务主体也要积极学习他们的成功经验，在结合本地实际的基础上，实现休闲农业的转型升级。

一、休闲农业发展的国外经验

(一)政府高度重视,加强政策支持与资金扶持

1. 政策支持

国外休闲农业发展过程中都十分重视发挥政府的组织和管理职能,为了促进休闲农业规范发展、避免对生态环境过度开发,国外休闲农业发达国家会建立健全休闲农业经营、安全、建筑、环保等相关法律、法规和政策,如德国的《市民农园法》、意大利的《税务立法》、法国的《增值税减免法》、日本的《新都市计划法》《生产绿地法》《市民农园整备促进法》、美国的《农业住宿法案》等。

我国目前在休闲农业方面的法律体系和政策措施亟待完善。因此,为了推动我国休闲农业的健康持续发展,需要在立足我国国情的基础上,学习国外先进立法经验,建立健全有关休闲农业法律制度,出台一系列相关法律法规和政策措施,保障农民的收入、游客的合法权益和农业的稳定发展。从休闲农业产品开发到市场销售,从休闲农业用地保障到生态环境保护,从品牌打造到安全保障等各个方面,都要有配套的法律法规和政策措施。在制定相关法律法规和政策措施之后,还要根据不断变化的实际情况,及时进行更新、修订。更为重要的是,需要高度重视法律法规政策强而有效的贯彻落实。可以制定配套的法律法规或成立相关政府监督实施机构,最大限度地保证法律法规和政策措施的实施,保障休闲农业的健康发展和稳步推进。

2. 资金扶持

国外发达地区休闲农业的快速发展,主要得益于政府的资金扶持。例如,韩国农业观光旅游区所有的基础设施均由政府出资建设,同时银行为休闲农业项目建设提供低息贷款和宽松的还贷环境;匈牙利利用设立的农业旅游业专项基金对经营农业旅游住宿的农户给予房屋修缮和扩建补贴;日本政府在硬件配套设施方面给予农业旅游发展许多优惠政

策;美国政府成立了“农村旅游发展基金”和“旅游政策会议”,确保国家的重大决策能够充分考虑休闲农业发展资金支持;法国政府通过设立专项经费、公共资金补贴、放松银行贷款等多种手段,提供乡村建筑整修翻新补贴和促销经费等,扶持休闲农业发展。英国在《共同农业政策》中允诺划拨专项促销经费和农村基础设施改善经费,拨付巨额款项支持农村发展计划。意大利对于休闲农业经营单位,给予低息优惠信贷和税收减免等方面的政策扶持。

休闲农业的发展是振兴农村经济、解决农民就业、提高农民收入、优化农村环境和缩小城乡差距的重要举措,我国各级政府应提供大量的财政支持,促进休闲农业区的公共基础设施建设和农业旅游区域开发,同时通过财政转移支付优先和重点支持偏远地区休闲农业的发展。

(二)协会积极指导,加强行业自律和规范管理

休闲农业发展存在明显的地域性和季节性,因此需要实施产业化、规模化发展。休闲农业行业协会作为连接农户与市场的组织,对于休闲农业产业化发展和产业竞争力提高起着至关重要的作用。国外休闲农业的发展除了政府的政策扶持和监督管理以外,主要通过发挥行业协会的作用,提高行业协会订立的行业标准来提高农业旅游产品质量,规范休闲农业的发展。除此之外,拉美国家休闲农业的发展,还得益于一些民间农业发展组织在信息技术推广和项目支持等方面的努力。这些非政府组织在休闲农业发展中发挥着重要的作用。

休闲农业协会作为连接政府与农户的组织,发挥休闲农业主管部门与经营者之间的桥梁和纽带的重要作用,为休闲农业发展提供信息交流、技术推广与项目交流等服务支撑。发挥行业协会调动相关企业的积极性,带动企业进行休闲农业旅游开发,进行市场调研,开展服务营销和品牌打造,旅游产品组合开发,引导农民调整生产经营结构,发展休闲农业电子商务,创新休闲农业网络营销模式,开展经验交流和成果转化,提高休闲农业旅游服务标准化水平,加强从业人员教育培训体系建设等方面的重要作用。

（三）企业积极主导，推进产品开发与整合营销

国外农业旅游企业注重调动上下游企业的主动性，农业旅游景点企业、旅行社、酒店、农业旅游科研单位等相关单位结成战略联盟，互利合作，积极开发旅游产品组合，同时综合运用广告、公关推销等传播工具，借助电视、电台、报纸、杂志、互联网和博览会等传播媒体，开展农业旅游的整合营销传播。

目前我国休闲农业项目普遍存在主题单一、形式雷同、盲目扩张、缺乏个性等问题，休闲农业项目地域文化特色不鲜明，文化内涵贫乏，营销方式较为单一，宣传促销力度不够，品牌的知名度和美誉度也不高，知名休闲农业品牌十分缺乏，设施闲置和环境破坏等问题严重。因此，应加强休闲农业地方特色和营销主题培育，开发类型多样、层次丰富、特色鲜明、优势明显的休闲农业旅游特色产品组合，举办各类农业旅游节庆活动，突出农村生活风貌和景观环境，丰富乡土文化内涵和民俗风情，综合运用广告、公关、促销、人员推销等多种营销工具，借助大众传播媒体和现代信息技术，开展休闲农业整合营销，提高农业旅游产品的整体吸引力和市场竞争力。

（四）居民积极参与，营造休闲农业和谐社区环境

国外休闲农业鼓励农民积极参与，引导农业旅游作为副业形态经营，积极支持农民组建旅游合作社，促进农村社区居民与外地游客的沟通交流。休闲农业的发展需要具备农村地方氛围和社区居民共同意识。农村居民对于休闲农业发展的广泛认同和积极支持，对于促进城乡交流、减少相互之间的摩擦和冲突，提高游客满意度和忠诚度，营造良好的乡村旅游发展的社会环境具有重要的意义。

因此，我国各级政府应该鼓励农民积极参与和支持休闲农业的发展，鼓励发展以副业形态经营的休闲农业，积极支持农民组建乡村旅游合作社和联合会，形成有利于融合当地各种特色和优势资源，有利于城乡文化交流，具有浓郁地方氛围的休闲农业发展环境。同时，兼顾农村

社会福利增加、农村基础设施改善和农民素质提高，充分调动休闲农业相关主体的积极性、主动性和创造性。

（五）产业协同发展，实现休闲农业整体效益提高

国外农业旅游发展在注重经济效益的同时，还要重视监控农业旅游活动对当地资源环境造成的影响，注重发挥农业旅游对于当地经济社会发展的正面影响，强调农业旅游在提高农民收入、解决农民就业、提高农民素质、优化农村环境和促进城乡文化交流等方面的社会效益和生态效益。农业旅游既不是单纯的农业开发，也不是传统的旅游开发，必须兼顾农业和旅游业的发展规律，实现两者的协同发展。

我国作为传统农业大国，休闲农业发展必须注重农业旅游资源和环境的保护，正确认识和处理农业旅游资源开发与生态环境保护的关系，做到“以农为本，以旅促农”，转变传统农业生产格局，改变传统农业生产方式，满足城市居民旅游观光休闲度假的需要，从而提高现代农业的市场竞争力，注重农业和旅游业发展的双重效益和可持续发展。

二、休闲农业发展的台湾经验

台湾作为我国发展休闲农业最早的地区，取得了许多成功的经验：

（一）政府出台相关扶持政策促进休闲农业发展

台湾农政当局非常重视休闲农业的发展，专门设立了休闲农业管理辅导处和推广科，各县、市也设立了相应机构。1989 年 4 月，台湾农委会举办了第一次“发展休闲农业研讨会”，确定了休闲农业的名称并进行了概念界定；1990 年，台湾公布修正的“农业发展条例”，重新对休闲农业进行了概念界定，明确了休闲农业的内涵和外延。

（二）科学规划保证休闲农业有序发展

台湾当局非常重视休闲农业的规划设计，从休闲农业的发展规划和休闲农业的建设规划两个角度实行休闲农业的科学规划。台湾农政部门制订了“发展休闲农业示范计划”和“发展休闲农业计划”，强调休闲农

业的农业本位，防止休闲农业偏离农业本质而趋向纯粹娱乐，形成合理的区域布局，并将计划列入全面的综合规划之中。目前，台湾从省级到市、县、区、乡镇乃至到每一个从事休闲农业经营的农场或农户，大部分都有一个近、中、长期的发展规划，其内容包括指导思想、市场定位、开发原则、项目设置、经费预算等，避免了发展的盲目性。

（三）健全法规制度保障休闲农业健康发展

台湾休闲农业法律法规的制定保障了休闲农业健康发展，台湾当局制定的“休闲农业辅导管理办法”、“休闲农业经营计划审查作业要点”、“休闲农业专案辅导实施作业规定”、“非都市土地申请休闲作业设施所需用场变更编写审查作业要点”等法律法规和相关政策，明确了审批程序和审核标准，同时也有效限制了部分借办休闲农业之名实施圈地或其他违法违规活动的行为。各类休闲农业经营实体依法从事生产经营活动，避免了盲目的无序发展，较好地保护了消费者权益，提高了休闲农业行业的社会信誉度，消费能力有所增强，市场拓展卓有成效。

（四）创新经营管理促进休闲农业可持续发展

一是建立相关网站或信息服务平台，让乡村旅游消费者“足不出户”就能全面了解休闲农业与乡村旅游的相关信息。台湾休闲农业网站一般主要介绍：相关新闻、游区地图、餐饮住宿、旅游景点、推荐线路、网上留言以及网上定房、定票服务等内容，让消费者对休闲农业经营实体有一个较全面的了解并提供互动联络机制。

二是根据分工合作，强调同一地区联合或产业联盟，提高管理效率。台湾地区的休闲农业多数实现企业化管理，同一地区的休闲农业经营者在观光、住宿、餐饮、娱乐等方面实行横向联盟和相互调剂，与小而全的单干独斗式的休闲农业企业比较，大大提高了管理效率和服务质量，增强了区域休闲农业的接待能力，整体提升了服务质量和服务水平，提高了企业的经济效益和社会效益。

三是重视有形产品与无形产品相结合。台湾休闲农业除了提供实物形态的产品展示和农业生产过程体验赏析以外，还提供具有文化内涵的精神消费或无形产品，丰富了休闲农业的内涵。

三、中国台湾休闲农业成功经验对大陆的启示

中国大陆的休闲农业起步较晚，自实行双休日制度以后，休闲农业才开始步入快速发展阶段。目前，大陆休闲农业发展还存在诸多问题，发展规划滞后、产业规模小、配套基础设施不齐、经营模式雷同、投入不足、管理体制不健全、缺乏科学规划和相关技术标准等，甚至存在借用休闲农业之名实行圈地进行房地产开发的个案。借鉴台湾休闲农业的发展经验，对大陆的休闲农业发展具有重要意义。

政府应当科学规划、大力扶持、加强两岸在休闲农业领域的合作和交流。发展休闲农业，既要考虑休闲农业经营者的利益、顺应乡村旅游消费者的消费需求，又要符合国家土地政策、基本农田保护制度和农村产业结构调整的相关要求及政策导向。为此，政府应积极引导、科学规划、统筹管理，着眼于农业的转型升级和农业结构调整，切实做好发展休闲农业这篇文章。目前看来，全国休闲农业发展很不平衡，地方政府对休闲农业发展规划重视不够、政策扶持不到位、规范管理滞后于产业发展。在发展休闲农业的过程中，地方政府应以美丽乡村建设为契机，实行城乡统筹发展，加大对休闲农业的资金投入，积极改善基础设施，改善农村生态环境，为休闲农业发展创造良好的条件。更重要的是，必须加快休闲农业法律法规建设，加强行业标准和技术规程建设，健全法制、依法管理，保障休闲农业健康、有序发展。

在发展休闲农业的过程中，大陆各省市区都应加强与台湾的合作和交流，吸取台湾发展休闲农业的经验，吸引台资投资休闲农业或乡村旅游，全面、快速发展休闲农业。经营者应当突出个性，全面提高服务质量和服务水平，注重休闲农业经营实体之间的横向联合和产业联盟，提升自身的核心竞争力，避免“单干独斗”，自愿组成经营同盟或是互补合作，

发挥各自优势，实现规模效益递增。经营者应根据当地资源特点，结合市场需求，为游客提供集观光、休闲、度假、住宿为一体的综合性休闲场所和服务。建立信息网络平台，方便游客及时了解休闲旅游路线、场所设施；提高服务人员文化修养，改善服务质量，从而整体提高休闲园区经营管理和服务水平，这些都是休闲农业发展取得成功的关键因素。

第六章　休闲农业发展案例

发展休闲农业，必须深入贯彻党中央和国务院的有关部署和要求，紧紧围绕促进农民就业增收，满足居民休闲消费需求的目标任务，以农耕文化为魂，以美丽田园为韵，以生态农业为基，以创新创造为径，以古朴村落为形，将休闲农业发展与现代农业、美丽乡村、生态文明、文化创意产业建设融为一体，注重规范管理、内涵提升、公共服务、文化发掘和氛围营造，推动形成政府依法监管、经营主体守法经营、城乡居民文明休闲的发展格局。休闲农业的发展有自身的科学规律，策划开发必须经过科学分析和调查，并需要广泛征求意见，拿出有价值的行动方案，才能确保资源利用效率最大化。本章汇总了休闲农业发展的几大经典模式，以总结休闲农业的发展规律。

第一节　都市休闲农业:北京市蟹岛绿色生态度假村

都市休闲农业是都市社会经济水平发展到较高阶段的产物，其不仅有明显的经济效益，还有可观的社会、生态、文化效益。大城市周边的郊区农村，可以凭借独特的区位优势将其功能定位为都市农业。由于都市农业不仅要为都市提供优质农产品、增加农民收入、富裕农村，而且要为市民提供旅游、观光享受。因此，都市农业必须具有良好的生态环境基础，才能提高经济效益，实现其功能。所以，发展都市循环农业是实现都市农业功能的必然选择。北京蟹岛以循环经济为理念,依托高科技、无污染的有机农业,营造了田园风光式的绿色生态环境。

一、基本概况

北京蟹岛绿色生态农庄有限公司(以下简称“蟹岛”)位于北京市朝阳区金盏乡境内,紧邻首都机场高速路,区位优势明显,交通十分便利。作为北京近郊的老牌度假村,蟹岛正如其名,稻田里养殖了大量螃蟹。蟹岛采用经典的“前店后园”经营模式,以农为本、以村为特色,以环保、绿色、有机、健康为产业定位,以有机食品产、供、销一体化经营为依托,以餐饮、娱乐、健身为载体,建立起集种植、养殖、加工、旅游、休闲度假、农业观光等多种功能于一体的农业生态园区。自1998年成立至今,始终坚持以生态农业为依托,坚持走优质、高效、可持续发展之路,建立了水资源循环系统和种养加工、沼气相结合的立体农业模式,形成了封闭的农业产业化链条,它走出了一条发展循环经济的新路子,实现了生态保护和经济发展的双赢。目前,蟹岛度假村是北京农业产业的后备基地和农业经济的先锋模范地区,具有优越的地理位置和巨大的发展潜力。

二、资源分析

(一)区位资源

蟹岛坚持以区位为基础,以游客需求为导向,采取多元化、差别化旅游开发模式,深度挖掘乡村旅游的内生动力,开发乡村特色旅游项目,从而避免产品雷同、产业模式同质化、乡村旅游千篇一律等现象,因此满足区位市场的需求,形成蟹岛地区旅游模式发展的增长新极点,对于蟹岛乡村产业以及市场需求发挥极大效应。由于蟹岛靠近北京市人口密集区,经济水平发达,人均收入高,生活节奏快,全国的优质资源高度聚集,市场资源优势良好,因此游客消费需求量大。随着城市逐步发展,乡村特色产业以及旅游产地逐渐消逝,人们愈加向往乡村旅游带来的“慢生活”，京津冀游客的多元需求促进了蟹岛乡村的建设与发展。

（二）产业资源

旅游、农业、观光以及环境的融合，无疑满足了城市游客做一回农民，自己干一次农活的意愿与追求。蟹岛乡村旅游产品开发将当前农民生活拆分为部分场景，例如种植果树、种菜、喂养牲畜等，基于此，蟹岛将不同农活的各个环节设计成旅游产品体验的各个环节，让游客自由选择体验活动。蟹岛乡村旅游项目正是旅游与农业的融合产品，不仅可以带给游客愉悦的心情，还可以给游客带来果品、蔬菜等成果享受，如果将体验取消而直接给游客提供农产品，这会给游客一种直接推销产品的不良感受，不利于建立游客对乡村旅游产品的忠诚度与美誉度。相对于城市生活，蟹岛凭借产业优势吸引城市游客，农村生活更加自然、更加淳朴，农业生产也更契合现代人追求的“天人合一”养生理念，这为游客追求有机、生态等农产品提供了机会。

（三）文化资源

文化是旅游产业的灵魂所在，蟹岛乡村文化内涵底蕴深厚，将文化赋予在旅游产品中，实现旅游与文化的深度融合，旅游产品作为游客了解当地文化的载体，当游客体验乡村旅游产品时，就能够深刻地体验到当地农村不同于城市的特有文化符号与底蕴。乡村旅游产品开发中的文化融合，可以依托当地的历史文化或民俗文化，也可源于山地或平原、水田或旱地的农耕文化。蟹岛乡村旅游在其产品开发设计中，将当地农民的腊肉制作、腊鱼制作、水酒酿造等传统农活作为一项体验产品，让游客自己动手制作腊肉、酿造水酒，既满足了游客的好奇心，也提升了游客旅游的回头率，对于大多数游客而言，他们需要也愿意多次前往旅游地，以便完整地收获动手制作的各种农产品。同时，农村的赶集、庙会、赏月等传统习俗，也可以成为乡村旅游产品的内容，因此区别于城市文明，有地域特色的传统文化都是旅游产品开发的基础，在充分挖掘后，实现旅游与文化的融合。

三、总体定位

（一）主打绿色生态农业

蟹岛度假村始终奉行绿色生态理念，在乡村旅游最初发展阶段，以科技与环境双推进为原则，紧密联系各大高校，并加强合作共赢机制，大力引进前沿、尖端的科技设备，在高科技设施的基础上，坚持环保原则，种植大规模的绿色有机农作物、发展有机畜牧业以及有机湿地水产业基地，使北京蟹岛度假村的有机农产品成为一项远近闻名的特色产业链条，这促使北京蟹岛旅游度假村在旅游行业中稳步前进。

（二）定位环城市休闲乡村旅游

蟹岛度假村的定位是环城市休闲乡村旅游，由于城市人口密集，空气质量较差，生活节奏快，城市一族生活压力大，这掀起了乡村旅游发展的大浪潮。蟹岛乡村旅游度假村位于北京外围，距离京津冀较近，城市人群在周末可以实现短途旅游，暂时逃离城市压力，回归自然，拥抱乡村景观。同时，环城市乡村旅游依托农村打造观光农业、有机农业等产品，挖掘“吃农家菜”、“住农家宾馆”、“买农副产品”等链条式旅游产品，这有助于乡村振兴和美丽乡村建设。

（三）采取综合发展模式

蟹岛度假村是一个综合发展生态区域，其根据时节特点种植不同的蔬菜，有机农业是吸引游客们平日前来游玩的特色项目；暑期的蟹岛开启游乐园，成为学生的天堂；九月的蟹岛通过螃蟹节来宣传乡村旅游特色；冬季时，蟹岛注重依托节日招揽游客，该生态旅游区依靠季节变换核心项目，采取综合发展模式。同时，蟹岛压缩旅游度假村的生产成本，集思广益，在总结自身实践经验基础上，结合其他地域乡村旅游的经验，在农业生产、旅游与环境保护三者之间找到平衡点，总结出一条可持续发展的绿色道路，这是中国乡村企业拉动社会经济发展的典型示范。

四、空间布局

(一)前店:旅游度假店,利润中心

1.住宿区

标准间、商务套间、农家小院和“仿古”农庄。建筑风格保留了农村的“村容村貌”,装饰布局突出了京郊独有的风土人情,展现出了老北京住宅那独有的民俗文化,为游客提供农村、农民生活体验。

2.娱乐区

康体宫、蟹宫、宠物乐园、特种桥、城市海景水上乐园、水上人家等,使消费者享受到更全面、更现代化的娱乐活动。垂钓、民俗表演、宠物表演、斗鸡、斗羊、骆驼骑乘、羊拉车、猪拉车、狗拉车等,实现城市型休闲与乡村性娱乐相结合。

3.餐饮区

开饭楼、田禾源、蒙古宫等。开饭楼的有机食品原汁、原味,突出一个“鲜”字,所有食品是绝对的无污染、纯天然,突出一个“绿”字。田禾源集中国御、彷、字、汇四方菜品风味之精华,以老北京风味为特点加之有机食品为菜基,发展了独树一帜的老北京风味菜肴。蒙古宫的饮食、器具、装修、服务等,无一不体现出浓郁的蒙古族特色。

4.购物区

农副食品专卖店、加工食品专卖店。有机食品粮、油、豆、林、果、菜、花等,猪牛羊、马驴骡、鸡鸭鹅等十余种家畜家禽及鱼蟹等多种水产品,在保证饭店所需的肉、禽、蛋、奶供给的同时,进行规模化加工生产,已成功树立蟹岛有机食品品牌。

(二)后园:生态农业园,成本中心

1.种植区

种类齐全的北方农作物、高科技温室大棚。农机站、农业场院、明渠、水车等观光项目。走进自然、接触有机农业、认识有机农业、享用有机食品，还能够在这儿亲身体验农民的生活乐趣。

2. 养殖区

各种家畜家禽、生产、加工、销售“一条龙”；吃猪肉、见猪跑、体验乡村养殖、农产品加工等。

3. 再生能源区

地热水系统、水循环系统、污水处理厂、沼气池构成园区生态链的心脏与血管；体验循环经济。

五、实施后评价

由于蟹岛将农业和旅游业相结合，采取了以园养店、以店促园、农游结合的“前店后园”模式，以污水处理为核心的水资源循环利用模式，以沼气为纽带的资源多级利用模式，种、养、农产品加工相结合的增值模式以及以湖塘水源热泵为核心的供热制冷模式等一系列生态模式，因而取得了良好的经济效益、生态效益和社会效益，实现了经济、生态和社会的协调发展。

(一) 经济效益

实施都市循环农业模式后，蟹岛的年产值和利润都有大幅度增长，是朝阳区的纳税大户之一。

(二) 生态效益

1. 资源利用率显著提高

蟹岛种植业全部使用有机肥，实现了氮、磷、钾等物质再循环利用，有效地改良了种植业土壤的理化性状，增加了土壤有机质含量；与全国一般水平相比，蟹岛种植业基本属于高产水平；水资源利用率高。

2. 节能降耗成果显著

一方面，蟹岛充分利用沼气、太阳能、地热、浅层地能等可再生能源；另一方面，利用错峰电价低廉的特点，湖塘水源热泵与蓄水储能水窖联合运行实现了节能、减排和降低成本。

(三)社会效益

1.都市循环农业示范作用

蟹岛被中国环境科学学会授予“北京市绿色生态园”,被北京市和朝阳区授予“现代农业示范园区”等称号。在国际上,日本有机农业协会、德国有机食品基地、澳大利亚“绿色环球21”组织、中国香港学联等机构分别来蟹岛参观考察,对蟹岛的发展模式给予了高度评价,并愿意与蟹岛合作,共同促进中国都市农业循环经济的发展。

2.科普教育、环境保护、可持续发展教育基地

中国国家环境保护总局、中国环境科学学会、国家科技部及北京市有关部门在蟹岛建立了“环境保护科技教育基地”、“青少年科普教育基地”、“可持续发展教育基地”。蟹岛被列为朝阳区青少年校外教育基地,加强了对市民尤其对孩子的农业科普知识教育。城乡互动、支持农业,增加了农业技术传播的途径。

3.都市市民休闲观光场所

随着收入的增加、生活节奏的加快以及竞争的日益激烈,都市市民渴望享受田园生活的乐趣。蟹岛凭借其得天独厚的地理位置、优美的生态环境、丰富的娱乐品种、古朴的农作方式以及优质的有机产品,为生活在城市中缺乏与自然接触的市民提供了良好的休闲娱乐场所,满足了市民对回归自然的渴求与向往,吸引了大量游客前来旅游、观光和度假。

4.科技示范、典型带动功能

蟹岛为中国农业和农村发展进行了积极的探索,其发展模式为其他地区农业和农村发展提供了宝贵的经验,具有科技示范、典型带动功能。蟹岛的规模相当于一个村或一个镇,蟹岛以园区内的养殖业粪污、餐厨垃圾和周边人的粪污为原料的沼气工程和从源头分选垃圾的清洁工程为社会主义新农村建设提供了现成的样板,农业部乡村清洁工程在某些方面就借鉴了蟹岛的模式。蟹岛坚持发展有机农业,是都市郊区发展有机农业的典范。

5. 农村剩余劳动力的就业场所

作为劳动密集型产业，蟹岛都市循环农业的发展为农村剩余劳动力提供了更多的就业机会，形成了较强的对农村剩余劳动力的吸纳能力，增加了一部分农民的经济收入。

第二节　农业主题庄园：山西保德康熙枣园

农业主题庄园是中国现代庄园经济的一种新形式，指以农业资源为依托、以乡村民俗文化为灵魂、围绕某个特定主题而开发的一种休闲农业旅游形式。农业主题庄园既是传统庄园的转型，又可以看作是主题农家乐的升级。园区内通常有大面积的农业种植，或花卉、或植物、或农作物，将旅游度假完美融合于有机农业和田圃种植中，突出地域文化特色，构建主题景观，以吸引城市旅游者为目标，打造都市的后花园。

本节主要以山西保德康熙枣园为例。

一、基本情况

康熙枣园位于距保德县三十五公里处的冯家川乡冯家村南的黄河岸边，是晋陕黄河大峡谷中的子景点，是山西沿黄公路旅游路线的重要组成部分，在走西口古渡口遗址的基础上，它以黄河、枣林为载体，围绕景区的自然景观，深入挖掘历史文化，打造具有生态亲和力的自然景观，最终将这里建设成晋陕蒙三角带，市民周末郊游和休闲娱乐的皇家后花园，以此带动该乡红枣产业大发展，延伸产业链条，增加农民收入，带动周边旅游业的快速发展。

二、资源分析

（一）区位资源

位于晋陕黄河大峡谷中的一个节点，处在沿黄河旅游带上，具有一定的旅游区位优势。其次，保德水陆交通发达，神朔铁路、神宝县二级公路、沿黄干线公路、忻保高速穿境而过，交通优势明显。

（二）油枣特色显著

康熙枣园的油枣具有三大特色：枣林规模大、枣树古老、皇家文化浓。园区内枣林总面积约 54.16 公顷，为千亩枣园，与东侧山地枣林连起来构成冯家川万亩枣园。不少枣树树龄达千年，胸径达 60 厘米以上的老枣树随处可见。油枣为康熙皇帝御封，因康熙第三次亲征葛尔丹路过保德，在枣园的碾盘品枣并留言“一穷二白的保德州，唯有鲤鱼大油枣”，保德油枣便成了贡品。保德油枣显著的特色对于园区旅游开发中的枣景观观赏、枣园采摘和枣酒产业发展都具有很大的优势。

（三）人文资源

皇家文化、枣文化、黄河文化、窑洞、民俗文化是康熙枣园主要的人文资源。它们都具有一定知名度，且独特性强，可以作为景区重点开发的资源。皇家文化、枣文化和黄河文化是景区的三大文化，皇家文化和枣文化是一体的，是康熙枣园的特色所在，而黄河文化是康熙枣园实现点线面的结合、融入到沿黄河旅游带的关联性文化。虽然园区内部具有旅游开发价值的显性民俗文化资源不多，但其所在的冯家川乡乃至保德县的文化旅游资源非常丰富，可以在园区合理开发利用，与三大文化整合，成为园区的重要旅游吸引物。

（四）企业具有自身资源

山西省天生红酒业有限公司致力于发展枣酒产业，前期已经研制出独特的枣酒，包括用红枣酿造的白酒和红酒，口感独特，市场销量可观。企业具有国际眼光、现代企业管理技术、成熟的农业产业链和良好的市场声誉将为康熙枣园的旅游开发提供强大的支撑。

三、总体定位

(一)开发定位

以生态枣林、黄河峡谷、黄土高原为环境背景,以枣文化为主题,以皇家文化为特色,融入当地黄河文化和民俗文化等,打造集农业生产、生态观光、养生度假、康体运动、文化体验和枣树种植、红枣加工、红枣商贸等于一体的枣文化体验区。

体验内容有:第一,赏枣。赏黄河峡谷千亩枣林、千年枣树;赏全国各种优质名枣;赏丰富多彩的枣文化艺术。第二,读枣。走读枣生态、枣科普、枣文化、枣艺术、枣养生。第三,拜枣。拜枣神(枣神雕像)为红枣增收,为生命增寿,为夫妻添子,为人类添福。第四,品枣。品美味红枣、品养生枣酒、品红枣糕点、品红枣膳食等,从而品味健康人生。第五,乐枣、枣家乐、枣林乐以及枣文化摄影、写生、创作、表演等。

(二)目标定位——“三大基地、一个示范”

1. 三大基地

(1)养生度假基地:挖掘红枣防癌、长寿等养生价值,发展养生度假之旅。

(2)婚庆旅游基地:挖掘红枣喜庆、早生贵子等文化特色,以枣为媒,打造婚纱摄影基地和婚庆基地。

(3)老年做寿基地:发挥红枣长寿价值,以红枣为吉祥物,以尊老爱老为目的,设定标准仪式,打造全国独一无二的野外做寿基地。

2. 一个示范

全国休闲农业与乡村旅游示范点。

(三)形象定位——“康熙枣乐谷养生大庄园”

这里是康熙曾经“找乐”的地方(“枣乐”谐音“找乐”);这里是人与自然和谐共生的乐土(人与枣林、人与黄河、人与黄土高原);这里是人们追求健康长寿的梦幻庄园(生态养生、红枣养生、枣酒养生)。

(四)产品定位

以枣生态文化旅游为主线,构建四季适游、老少皆宜的全产业链、全年龄段人群的旅游产品体系,满足个性化旅游需求。

(五)目标愿景——"打造5个枣园"

1.生态枣园

生态是旅游开发的基石,康熙枣园的红枣是否真正生态,直接影响到整个景区的开发前景。因此,开发企业要把生态放在第一位,把康熙枣园打造成为绿色枣园、有机枣园、循环枣园,建设生态文明的现代休闲枣园。

2.科技枣园

康熙枣园旅游要成功开发,离不开强大的农业科技支撑,因此康熙枣园应积极与农业部下属科研机构、中国农业科学院、山西农业科学院、枣酒研究机构等单位合作,建立红枣科技示范基地,发展温室红枣、太空红枣等先进技术,促进红枣种植、枣酒生产技术提升,同时增强枣产业的旅游吸引力。

3.文化枣园

"让绿色灵动起来",这就需要枣园与文化的有机结合。皇家文化、黄河农耕文明、地方民俗文化,通过文化创意,使康熙枣园成为集枣养生、枣摄影枣写生、枣表演、枣创作等于一体的枣文化主题体验区。

4.休闲枣园

枣产业与休闲旅游产业紧密结合,积极发展红枣观光采摘、枣林休闲游乐、枣文化体验以及休闲垂钓、养生度假、婚恋旅游、购物旅游、节庆会议等多样化旅游产品,打造晋西北知名的农业休闲基地。

5.和谐枣园

和谐枣园首先是人与自然的和谐、开发与保护的和谐,其次是开发企业以"政府+公司+农户"或"公司+农业合作社"等模式,使农民、集体、政府、企业和消费者形成一个利益共同体，以此来打造和谐农业，发展和谐旅游。

四、空间布局

结合黄河、河滩地、黄土高原的地貌特征，充分关联红枣生态产业，把康熙枣园的旅游空间布局划定为“一带五区”。

（一）沿黄游憩带

1. 红枣石

在康熙枣园北入口沿黄东路靠山一侧立一座红枣形状的巨石，配以枣树绿叶和基座，其中巨石涂上枣红色颜料，石头上面刻康熙枣园四个大字，基座则写上景区简介。整体上，红枣石作为景区标志，会给游人留下良好的第一印象。

2. 黄河垂钓基地

选址黄河水流比较平缓的河段，通过人工适当改造，以黄河鲤鱼为卖点，发展休闲垂钓活动，丰富康熙枣园旅游体验。

3. 黄河码头

在南大门附近，建设一个生态环保的旅游码头，配备摆渡船和黄河游船承担交通和游乐两大功能，发展黄河亲水旅游。

4. 黄河枣乐图

请画家画一幅描写山西枣农种枣、收枣、晒枣、吃枣、卖枣等原生态生产、生活方式的大型画卷，并刻在南大门前面的崖壁上，打造现代版的清明上河图。

（二）旅游综合服务区

1. 景区大门

以两颗仿生枣树为大门基本框架，在枣树树枝做的门顶上写上“康熙枣园”四个大字，并写上一幅反映枣文化的对联，从整体上给人以生态、环保、简约而不简单的感觉，也给人以枣文化特色鲜明的形象。

2. 枣文化园

保留红枣展厅建筑，在发展理念上升级为枣文化园，内设红枣展厅（展示各种名优红枣）、枣文化展厅（展示枣的历史文化、养生文化、摄影、名画、盆景等）、枣产业研究中心。

3. 枣文化街

在康熙枣园皇家建筑风格的大门两侧建设枣文化街，含餐饮购物、休闲娱乐等功能，满足大众游客餐饮、购物、文化体验的需求。

4. 文化广场

原策划的棋盘广场可以建设，但由于棋盘广场提法与景区主题有较大偏差，因此，不应刻意强调棋盘广场概念，应改叫为文化广场。

（三）红枣工业旅游区

1. 天生红酒庄

天生红酒庄在建筑外形设计上，应吸纳窑洞民居文化元素；在环境营造上，要形成红枣酒文化氛围；在导示系统设计上要与旅游标识系统相协调。整体上应按照酒文化旅游景区的理念建设生产型红枣酒庄。

2. 人造瀑布

为了美化红枣工业旅游区和旅游综合服务区的环境，增强景区吸引力，策划在这两个功能区连接处的山上，引黄河之水，造一个人工爆布。

（四）枣园养生度假区

1. 休闲公园

把已经建好部分的游乐园改做休闲公园、植物景观采用枣树，打造一个小型的皇家园林。在园林靠近黄河一侧修建一座河神庙。

2. 红枣酒庄园

休闲型葡萄酒庄园风靡世界，康熙枣园完全可以借鉴其成功经验，在围起来的河滩地，即大部分未动工的游乐园（要求填土增高），建设休闲养生型红枣酒庄园，推出继葡萄酒庄园的第二种休闲型酒类庄园。红枣酒庄园在建筑风格上要结合窑洞建筑元素，打造中国特色的休闲酒庄，最终形成建设标准，在国内外推广。

3. 碾盘御枣园

碾盘御枣园是本景区最有文化内涵的地方，除了设立康熙钦赐御枣园雕塑外，还应在御枣园入口边上建碾盘御枣画卷墙（介绍其历史文化和养生文化，以及科普知识等）。园内还可设品枣屋（木结构、茅草顶）、求寿台（向天再借五百年）。

4. 温室枣博园

在碾盘南侧枣林处，建一个温室枣博园，汇聚山西、北京、山东、河南、河北等地名枣，重点培育外形独特的磨盘枣、葫芦枣、茶壶枣、辣椒枣、胎里红、龙爪枣等多种观赏价值高的枣品，发展观光游、科普游。在营造美丽的温室枣园环境同时，增加会议、餐饮、休闲、运动等功能，使温室枣博园既是个名枣博览园，又是一个多功能休闲度假基地。

（五）枣林休闲娱乐区

1. 休闲枣屋

在枣林靠山一侧建设一些富有创意的红枣形状屋子，营造枣文化氛围。游客可以在此休憩、品枣喝茶、娱乐、住宿等。

2. 姻缘树

在枣林外侧人工造一个万年古枣树（代表爱你一万年），树干部分雕上月老（作为媒人），以供婚纱摄影、婚庆活动之用。姻缘树将作为婚恋基地标志景观。

3. 枣文化景观雕塑

在枣林里面放置一些枣文化景观雕塑，如囫囵吞枣、推梨让枣、“枣”生贵子等故事的情景雕塑。还可通过雕塑活灵活现展示古人种枣、采枣、晒枣、卖枣等原生态的生活方式。

4. 枣林表演基地

一台好的节目对于吸引游客，留住游客具有重要作用。策划在枣林休闲游乐区建表演基地。白天可小规模表演保德民俗文化、枣文化艺术等；夜间可结合声光电技术，更大场面表演黄河文化、枣文化（黄河颂、黄河枣韵）。

5. 空中栈道

在康熙枣园南部的枣林，建设一条长 600 米，宽 2 米的空中栈道通向南大门，让游客有树梢上行走的感觉，从而增强枣林游乐功能。

（六）山居生活体验区

1. 窑居人家

为了弘扬山西民居文化，满足景区餐饮、住宿接待等要求，在荒废的窑洞基础上，建设窑洞式餐饮、住宿、娱乐接待设施，打造窑洞式山居生活体验基地。

2. 窑洞酒吧

为了让景区的夜生活变得更加丰富多彩，在山上开发一条窑洞式酒吧街，游人可以在此尽情地品尝美味健康的红枣酒。

3. 山地运动基地

山地康体运动是山居生活的重要组成部分，应积极开发攀岩、高空拓展、穿网、攀网等精彩刺激的康体运动项目。

4. 观景休闲台

在山顶修建一座富有创意的木结构观景休闲台，既可作为观赏千亩枣林、黄河峡谷、黄河日出日落美景的平台，又可作为短暂的休闲场所。

5. “飞黄腾达”索道

远期可以考虑修建跨越黄河的缆车索道和溜索索道，赋予黄河文化内涵，不仅可以提高景区吸引力，还可大大拓展景区的发展空间，使黄河两岸互动起来。

五、实施后评价

规划完成后，项目地紧紧围绕“小枣园做成大文章”这一主题，以万亩红枣、千亩千年天然枣园为依托，以黄河文化、红枣文化、民俗文化为基础，将整个园区细分成八个功能小区，即门户服务区、红枣大观园、红枣加工区、御园养生区、民俗商贸区、沿河休闲区、林间活动区和生态采摘区。当地政府及社会力量对康熙枣园未来的发展充满信心,希望日后康熙枣园名气的提升可以带动枣产品的展示和沿黄七县市大型枣市场的形成,促进红枣产业的升级、发展、壮大,增加农民收入。

第三节　休闲农场:台湾香格里拉休闲农场

休闲农场是台湾休闲农业中一种重要的类型,是融合了农业、工业、服务业等相关的产业特征,并导入多元文化的休闲场地。休闲农场的设置是传统农业结构的转型,成功推动了台湾休闲农业的发展。

本节主要以台湾香格里拉休闲农场为例。

一、基本概况

香格里拉农场位于宜兰县冬山乡大进村大进路梅花湖邻近的山丘上。梅花湖是一个天然湖泊,因为湖面呈五片花瓣的形状而得名。湖畔广植梅花、杜鹃、柳杉等,景致相当优美。香格里拉休闲农场以此为邻,占地55公顷。海拔250公尺,四面环山,景致十分清丽。农场原来只栽种果树,后来逐步增设农产品展售区、餐饮区、品茗区、住宿度假区、农业体验区及森林游乐区等,进而成为一个兼具采果、休闲、度假生态等多功能的旅游地。香格里拉休闲农场也是一间最丰富的自然教室,里头的生物种类包罗万象,有猕猴、树蛙、萤火虫、蝴蝶(凤蝶)和各式植物,无论什么年龄,都能在这里学到大自然的珍贵知识。走进农场,沿步行道前行,可抵达一片浓荫的相思林,林间秋千、吊床、凉亭散布,是享受森林浴、烤肉、打盹的最佳天地。果树区栽种芭乐、柚子、金枣、柳丁等多类果树,一年四季轮流开放采果。农场设有欧式森林小屋,周围遍植山花,夜宿于此,宛如置身香格里拉仙境。香格里拉休闲农场是“农业+旅游”的经典案例,吸引了国内外的游客、考察团等前来参观学习、旅游度假。

二、资源分析

(一)自然资源

有大量涌泉及伏流,如小埤湖、丸山等,属于典型的农场景致。

(二)农产品资源

有冬山素馨茶、文旦柚、山水梨等,农场栽种大百香果、桑葚、芭乐、柚子、柳橙、莲雾等十多种水果,按种类分区种植。森林游乐区配合地势及原有林木。

(三)生态资源

农场里的生物资源包罗万象,有猕猴、树蛙、萤火虫、蝴蝶(凤蝶)和各式植物,农场内还有洗盆、石磨、竹匾等农具,充分展现了自然和乡土气息。

三、总体定位

(一)稻草文化

农场充分利用稻草开发出了众多令人惊叹的工艺作品,如彩绘草埒、稻草面具、稻草画、稻草纪念物、稻草娃娃、稻草编织等等,使得农场的稻草艺术闻名全国。农场内有大草埒,并由设计师绘上两位王公脸谱,面向圣福庙开漳圣王,面向进兴宫古公三王,为当地的特色地标。

稻草艺术节:每年夏季农场会举办一年一度的稻草艺术节,吸引了不少慕名而来的外地游客。各小区推出许多有趣的文艺表演,如朝阳小区的竹炮施放、白米小区的木屐舞、玉田小区的弄狮表演和珍珠小区的稻草面具舞及珍珠之歌,皆让游客在旅游中徜徉文艺风情。

稻草艺术节主办单位除安排音乐、舞蹈、歌唱、歌仔戏、原住民歌舞等活动外，在静态展览部分，有全县目前从事小区总体营造的小区成果展，另有迭草垺、搓草绳、稻田拔河、幼儿推稻草球、稻草人装饰灯等农村趣味竞技活动，使稻草、风筝等文化产业创意充分发挥，为农村带来丰沛的生命力。

（二）风筝文化

冬山风筝节：农历九月，台湾吹起著名的九降风（无雨的北风），秋收冬藏的农闲时节，人们以放风筝为娱乐，漫天飞舞的大小风筝，构成一幅美丽的田园景致，体现了农村生活的闲情逸致。

风筝博物馆：早期的农村生活，风筝是一项农闲时的民俗娱乐，每当秋高气爽时节，各式争奇斗艳的风筝满天飞舞。目前馆内收藏一千多件风筝作品。二十年来，冬山国小校园内的冬山风筝馆，提倡风筝民俗活动与美术教学成果展示，经过冬山乡镇特色活动冬山风筝节后，风筝已成为冬山乡知名活动，在冬山乡公所规划及冬山国小师生的协助下，将小小的风筝陈列室，转成乡镇主题展示馆，将校园艺术文化带入小区内传承并推广。

（三）木屐文化

休闲农场所在的中山休闲农业区内，有一个白米小区，小区特别与学校合作，由小区中对木屐文化相当熟悉的居民到国小担任木屐老师，除了教导学生了解木屐制造过程外，也特别在学校成立了木屐舞。学校学生组成了木屐舞队，每周固定在学校学习木屐舞，而这些学生不但不定时参加表演，回到小区也与小区的妈妈们组成的响屐舞队相结合，让学生了解木屐不仅仅是一种产品，更具备了优美的文化意义，并且通过木屐舞的表演让参观的民众体验木屐多元的文化特色。

（四）特色活动

1. 大自然彩绘 T 恤

利用大自然中各种叶子不同纹路的叶脉，再搭配特殊的染料，制作出一件独一无二的 T 恤。每个人都可以参与体验，具有绝对的个人风格。

2. 木烙

原色木板经过细细打磨后，呈现出一种柔美的质感，可以烙上一些可爱的图案，经过烙印后的木板，再编结上古式的麻绳，就成为一件专属壁饰。

3. 叶膜书签

在一张普通的书签上面黏附上美丽的叶膜和树叶，就可以制作成为一张有个性的书签。

4. 彩绘陀螺

陀螺是古时候宫里女眷闲时斗酒消遣的游戏，又名“千千”，彩绘陀螺将陀螺文化赋予艺术趣味，其本身就是一件美丽的艺术品。每天晚上八点会有打陀螺比赛，现场还会有人员指导教学。

5. 搓汤圆

农场每天晚上八点还有搓汤圆活动，吸引众多游客参与，汤圆制作完成后，会交由饭店厨师烹煮成暖乎乎的汤圆，同时也提供宵夜，还可以吃到宜兰地道美食米粉羹、葱油饼。

6. 露营

农场提供露营位。也可以配备食材，按人头收费。

香格里拉休闲农场被称为宜兰最佳景观露营场地，四季有不同体验：春赏樱花、夏观流萤、秋享蜜柚、冬围营火。

四、空间布局

农场规模庞大，功能非常齐全，按规划可分为四季观光果园区、住宿区、农村体验区、庙口文化区、乌心石树林自然生态区、乡土餐饮区、森林游乐区等。

（一）住宿区

住宿区内设有清新雅致的住宿设施，共 106 间不同档次的乡野套房，在房间内可以一览农场美景。在这里住宿的旅客可获赠果园观光门票，并可免费参加民俗活动。

（二）农村体验区

农村体验区里种植各式果树，依季节性采果，因没有喷洒农药，所以累累的果实虽然其貌不扬，但却是最天然、有机的，入园后水果现摘现吃，任游客吃到饱。体验区也提供解说服务，让都市人了解农场园区内生态以及植物品种。体验区内还有以废枕木、旧建材再利用搭建而成的原野体能场，让游客舒展筋骨、运动强身。步道旁的茅草凉亭是由农场主人亲手搭建，并且数十年来亲自维修的，以农场起家的农场主人，即使不需要下田耕作，仍不忘劳动的乐趣，依然保持这项技艺，更借此向游客传递其经营的用心。

（三）庙口文化区

农场最具特色的是庙口文化区，每晚有打陀螺、布袋戏、吊瓶子、放天灯及搓汤圆等体验活动，重现台湾早期农村生活的娱乐项目。游客除了可以了解各式童玩外，还可以配合 DIY 活动，自己亲手制作，满足每个人潜在的赤子之心。农场设有专门的体验 DIY 活动，如有专门的老师指导制作天灯、木烙（在一块原色木板烙上各式图案）、利用各种叶子不同的纹路叶脉，搭配特殊的染料制作独一无二的 T 恤等等。

（四）乌心石树林自然生态区

乌心石树林自然生态区位于农场周边，内有徒步小径，走一圈大约需要 15 分钟，适合清晨或午后漫步。乌心石是台湾原生的优良树种，几百年来，台湾人民将这份上天赐予的礼物化为日常中所需的各式用品；解决了先民的生活问题，更累积了一份对乌心石浓郁难散的依赖感。几百年过去了，乌心石却日益减少，因此罗东林管处与香格里拉休闲农场，自民国六十九年十月开始种植乌心树苗，七万株等待新生的树苗，正为现在的台湾人滋养一股朴实精神。几个春秋过去，七万株树苗终于拔高成林，重现了早期遍布台湾山林的原始风貌，现已成为有名的乌心石采摘园。

五、实施后评价

台湾香格里拉休闲农场被誉为台湾休闲农业的鼻祖，他们首先做到了对这块地的保护和守护，农场创始人认为："农地不是地，是风景、是文化，农业不应该仅仅是农业，它还是文化业、教育业、环保业、旅游业。"台湾香格里拉休闲农场给我们留下了宝贵的发展经验，主要如下：

（一）项目活动丰富，注重参与体验

依托农村的生活方式和娱乐，设置专门的体验 DIY 活动。丰富的活动大大提升了农场产品的参与性。尤其是在当前体验经济形态下，这种参与体验显得尤为重要。而且这种参与体验实际上为产品销售提供了一个新的形式，这种形式更容易被游客所接受，更能激发其购买欲望。

（二）打造多种文化，提升农场内涵

项目依托当地的特色，逐渐打造出了自己独特的文化，这本身就是一种强大的吸引力，如香格里拉休闲农场的稻草文化，在其重点打造下，已经使其稻草艺术闻名全国。依附这些文化所打造的各种特色产品、开展的各种节庆活动，大大提升和丰富了农场的内涵。

（三）多种服务功能，丰富产品类型

香格里拉休闲农场包含了丰富的旅游业态，涵盖了旅游服务的整个流程，满足了不同层次的旅游需求。有完善的接待设施、多样的餐饮美食，服务于商务人士的大型会议室，满足休闲娱乐的观光果园、生态美景，极具参与性的体验活动及各种特色的节庆活动等等，丰富了农场的产品类型，拓展了市场需求。

第四节　科普示范园:北大荒旱作农业科技园

休闲农业科普旅游是当今国内、国际旅游的亮点,农业生态科技旅游是生态旅游的重要形式,现代农业反映的基本特征,是科学教育的重要组成部分。北大荒旱作农业科技园充分发挥现代化农场大农业技术优势,以北大荒历史为依托,以园内特色文化及活动为线索,加大传统农村文化科普和现代技术融入的现代农村文化科普,向大众展示、复兴传统农业生产方式,同时用科普的形式介绍前沿科技在现代农业的应用场景、打造透明地域品牌,实现经济效益与生态维护、文化延续的多元发展目标。

本节主要以北大荒旱作农业科技园为例。

一、基本概况

北大荒旱作农业科技园区是在原有八二五农场农业科研站基础上规划的,设计灵感源于北大荒"垦田——种田——富田"的历史过程,将北大荒艰苦奋斗的自强精神、深邃丰富的历史渊源以及日新月异的现代科技相结合作为设计理念。

通过全方位开发建设,在充分发挥现代化农场大农业技术优势的前提下,以国家、省、市大专院校和科研单位为科技依托,省、市有关部门在政策上给予支持,把园区建设成旱作农业科研成果示范、科普教育培训、休闲观光和生产、加工及销售为一体的,设施配套、环境优美、机制灵活、管理先进、效益显著的综合性新型现代化高科技旱作农业园区。这样一个现代化农业园区对该地区及周边地域乃至国内同类型园区具有示范、辐射和引导作用。

二、资源分析

1. 自然概况

八五二农场位于黑龙江省东部，地处完达山麓、挠力河中游、三江平原上的宝清县以东地区。农场属温带半湿润大陆性季风气候，四季分明，气候宜人。野生动植物资源较为丰富。

2. 社会经济概况

农场场部设在南横林子镇，辖 7 个农业分场，1 个农业开发区和多个工业单位以及驻场机构。农场以农业为主，主要栽种作物为大豆、小麦、玉米等品种。公路、铁路均可达农场，交通便利。

三、总体定位

树立“科学技术是第一生产力”、“科技兴农”的战略思想，充分利用当地大农业的资源潜力和景观优势，以市场需求为导向，以高新技术和先进适用技术为支柱，以资源永续利用和生态环境保护为前提，增加旱作农业科技含量和示范推广作用，促进农业产业化持续稳定地发展。通过项目的开发，把园区建设成具备多功能并有良好综合效益的现代旱作农业新型园区。

本规划布局立足于八五二农场旱作农业生产特点，结合精准农业技术、创意农业景观以及北大荒企业文化，突出展示旱作科技园区的高科技与大农业景观特色。将园区打造成国内领先、黑龙江省独具特色的，集科研、试验、高科技展示、示范、培训、科普教育及旅游观光于一体的现代化大农业旱作科技园区。

四、空间布局

根据规划原则，在规划思想的指导下总体空间布局可以概括为“一带三区”。“一带”即科技示范观光带，以园区主路和游步路为环线，穿过三个示范区连接园内主要景观节点。在旱作科技园内布置这一个狭长的空间，启承开合，委婉流动。“三区”即旱作农业科技示范区、棚室科技示范与采摘区、创意农业示范园区。以上布局由一条科技示范观光路串联，形成多个景观节点(景区景点)。

(一)科技示范观光带(旅游线路)

1.位置范围

此带是连接园区内旱作农业科技示范区、棚室科技示范与采摘区、创意农业示范园区的纽带。主要利用园区主环路和游步路来形成。

2.主要功能

旱作农业科技展示、大田风光观赏、棚室及各地名特优果、菜品种及种植技术示范、创意农业景点游览等。

3.规划构想

旱作农业科技园区主要展现科技农业、创意农业、精准农业，而观光线的设计正是用到科技中“波”的形式，通过波峰波谷的曲折变化，搭配景点的形形色色，给人耳目一新的感觉。总体的规划以拓展传统天人合一理念，让自然做功，挖掘地方特色，展现“生态、科技、农业”的主题，以自然景色为主调，充分利用先进的科技手段，打造新时代下的创意农业园区。

4.规划内容

科技示范观光带由园区主环路和游憩步道组成。对主路进行重点绿化，绿化材料采用观赏的蔬菜及观赏果树；对主路材质应用进行重点考虑，材料采用透水性能较好的透水砖、当地废弃砖料制成的铺地材料及生态嵌草砖；对创意农业示范园区内重要节点进行景观设计和改造，形成流金岁月、玉米长廊、青匆岁月、五谷丰登、文化林等一系列景点，同时连接信息操控楼(控制中心)、智能化温室及观光塔(具有收发信息、眺望、防火、展示等多种功能)，创造园区特有的自然景观和人文风貌，把园区主环路打造成贯穿全园的景观廊道。

（二）旱作农业科技示范区

1. 位置范围

分布于园区的东部和南部。这样设计的目的主要是根据现状出发，同时考虑特色广阔的大田风光。

2. 主要功能

旱作农业生产的高科技展示、示范、观光、科研、大专院校学生的生产实习等。

3. 规划内容

全面展示八五二农场旱作的粮食作物、经济作物和饲料作物，并以玉米、大豆马铃薯、冬小麦等为主，进行新品种展示、筛选、示范及栽培技术、轮作技术、灌溉技术的示范。

此区靠近创意园区，采用先进的绿色灌溉系统及雨水回收系统，通过荧光灯泡、LED灯管及高压蒸汽灯的使用，可有效节约能源并确保视觉的舒适度。

4. 主要设置参观项目或景点

（1）杂草园（大田中的主要杂草展示与识别）。

（2）芳香园（以薰衣草等植物为主）。

（3）作物新品种展示园。

（4）向日葵园。

（5）环保乐园：将此区中的作物废弃物如玉米秆、向日葵秆放置其中，将其组合成谷堆，儿童可以在其上进行迷宫、攀爬等游戏，并增强其环保意识，有一定的环境保护教育意义。

（6）农事DIY：在田里设简易炉灶，游人可以体会自己烤玉米、煮毛豆的乐趣。

（7）作物乐园：每年选择不同品种的作物进行种植，形成不同图案的迷宫形式。

(三)棚室科技示范与采摘区

1. 位置范围

在规划用地的东北部、创意示范园区的东侧形成此区，因科研站的办公楼位于此区，方便管理。

2. 主要功能

温室、大棚的瓜、菜生产与采摘；寒地特色果树的品种展示、加工、观光、采摘、示范、大专院校学生的学习、生产等。

3. 规划内容

此区原有10栋葡萄大棚和露地果树。规划新建棚室区，更新果树品种，同时建设园林景观。

新建棚室区包括温室9栋、塑料大棚12栋。温室采用新型节能日光温室，建设9栋。大棚为无立柱钢骨架塑料大棚，建设12栋，其走向根据地块进行设置，其余为道路等。

其中西瓜、甜瓜(如礼品西瓜、薄皮甜瓜、厚皮甜瓜)种植温室2栋，大棚2栋；绿色蔬菜(如茄果类中的大果型番茄、樱桃番茄、彩椒、彩茄等；瓜类中的水果黄瓜、苦瓜、丝瓜、蛇瓜等；豆类中的油豆角、荷兰豆、豇豆角等；叶菜类中的空心菜、木耳菜、紫背天葵、苦苣、紫裙生菜、养心菜等)种植温室5栋，大棚6栋；特色果品(如葡萄、大樱桃)种植温室2栋，大棚4栋。利用日光节能温室可以做到蔬菜的周年生产，利用塑料大棚可以使作物提前生产或延后生产。此区可进行西甜瓜采摘、绿色蔬菜采摘、特色果品采摘活动。

4. 主要设置参观项目或景点

(1)温室、大棚的瓜、菜品种、技术示范与采摘。

(2)露地特色瓜菜的品种示范与采摘以上两个项目，形成瓜菜认知园。

(3)温室、大棚建造新技术的展示。如太阳能、风能的利用，新型保温材料的展示等。

(4)露地果树品种的展示与采摘。建设浆果品种展示基地和浆果产品经销基地。丰富原采摘园的种类:主要种植树莓、黑加仑、蓝靛果、蓝莓、梨、杏、樱桃、李子、苹果、草莓等,春观花、夏秋摘果。同时建设相应的休息设施,在两个连续观光大型展示型瓜廊之间,设计下沉的条形植物种植池,将作物示范概念化。将现有的科研站办公楼改造为果品加工厂,生产特色的浆果果汁、果酒、果酱等。其内有由浆果酿制的果酒车间,以及酒吧,还有其他辅助餐饮,供游客品食。游客可用采摘的浆果酿果酒、做果汁、果酱,体会 DIY 的乐趣。此区绿化大量种植既可观赏、又可食用的植物如石刁柏、黄秋葵等。

(四)创意农业示范园区

1. 位置范围

此区位于整个园区的西南部。是创意农业科技化的主要示范区。其周边为旱作农业示范园和棚室科技示范与采摘区,处于地势较低且平缓的地带。

2. 主要功能

作为旱作农业科技的展示、创意农业的观光、新技术应用的主要示范区,创意农业示范园区设有 5 个景区,18 个景点及若干的创意小品设施。

3. 规划构想

此次旱作农业科技示范园区采用了多种手段来实现低碳环保。利用风力发电、秸秆发电、太阳能发电等来节省能源的消耗,使园区内电力的自给自足。将秸秆气化、利用沼气、废弃物做试材净化生活、生产垃圾,减少废弃物对环境的污染;利用透水砖、储水罐、生态草沟、雨水花园等收集雨水并汇聚到生态湿地里进行净化利用。

结合北大荒精神及创意农业的设计特色,同时为展示旱作科技自动化的时代进程,规划在此建设信息楼、智能化温室、自动化控制室、大田眺望塔等主体建筑。既满足园内功能性观赏又具有大田操控的示范效应;同时园区设知青忆林、流金岁月等景点深化了北大荒农民的精神及知青、军垦文化。园内各个景点以低碳环保，特色创意，农事体验及科技创新为主，展示北方独有的大农业景观。

4.规划内容

包括主入口景区、自动化示范景区、特色水池观光景区、科学技术展示景区和信息文化展示景区等五个景区。

主入口景区设有北大荒入口标识广场、流金岁月等景点；智能化温泉区设有玉米长廊、智能化温室等景点；特色水池观光展区设有八五二创意水池等景点；科学技术景区设有信息操控楼、北大荒标识雕塑等景点；信息文化展示景区设有五谷丰登、作物种子展示墙、观光塔、科技走廊、青葱岁月、太阳能光电林、玉米凉亭、文化林、北大荒历史景墙等景点。

五、实施后评价

北大荒旱作农业科技园自建立以来，在带动农村增收致富的同时，也宣扬了北大荒的历史精神，起到了示范作用，取得了良好的经济、生态和社会效益。尤其是以创意农业为特色，注重消费者的体验，吸引了很多游客。

第五节　亲子娱乐类：北京市房山区长阳亲子休闲农业园

近年来，我国旅游市场发展迅速，随着大众旅游休闲时代的到来、“二胎”政策的全面开放、80 后 90 后父母对家庭教育的重视，加之一些亲子户外真人秀节目的热播，亲子旅游市场迎来了爆发式增长，亲子旅游市场产品需求旺盛。亲子旅游是伴随旅游市场的细分、完善出现的，是指由父母和未成年子女共同参与，集认知、教育、体验、亲情、休闲等于一体的旅游方式。其充分考虑到了未成年子女的旅游需求，目的在于增进亲子感情、增进家庭关系。本节主要介绍以亲子娱乐为主题的休闲农业园。

一、基本概况

房山区地处暖温带半湿润季风大陆性气候区，四季特征鲜明，春季干旱多风沙，气温回升快；夏季炎热多雨，雨量集中；秋季冷暖适宜，光照充足，但降温快，时有初霜过早来临；冬季寒冷、干燥。

北京市房山区既属于京津冀协同发展中“一核”、“双城”的重要节点，更是“三轴”、“四区”中京保石发展轴和中部核心功能区、西北部生态涵养区的重要组成部分，特别是作为京保石发展轴的战略起点，房山是连接京津冀的重要枢纽。在新一轮发展中，房山区完全可以通过深化区域合作机制，积极与保定、涿州、高碑店、石家庄等地进行战略合作，共建京保石发展轴，以科技创新成果转化平台为引领，打造跨区域全产业链。

二、资源分析

(一)区位优势

长阳农场南北两个农场有完整成熟的奶牛养殖产业，独具特色，未来可进一步朝着观光，科普等第二三产业延伸。长阳农场水系条件较好，西侧有自然水体小清河，以及 4 条人工水渠，为园区水系规划设计提供有利条件，而且交通便利，邻近良乡组团城区和地铁轨道交通站点。

(二)政策优势

“加快生态文明体制改革，建设美丽中国”在十九大报告中被提出，习近平强调，生态文明建设功在当代、利在千秋。2018 年中央一号文件《中共中央、国务院关于实施乡村振兴战略的意见》给田园综合体、休闲农庄、特色小镇等休闲农业和乡村旅游带来了前所未有的发展良机，也为长阳亲子休闲农业的开发提供了政策支持。

（三）交通便利

作为北京西南门户，房山区处于京保石发展轴桥头堡，扼守北京平原西部，是中心城区疏解非首都功能、产业向南部转移的重要通道。区府所在地良乡距北京市区仅20公里。房山区有多条铁路线以及高速公路穿境而过，轨道交通房山线20分钟直达市中心。乡镇公路水四路东西向横贯场地，场地正中南北向有一条园区内部道路，最南端接黄良路，西侧沿小清河为滨水道，其余在园地与耕地中的道路主要为乡间土路。

三、总体定位

结合场地资源和区域产业布局现状，将北京市房山区长阳农场定位为以亲子群体为核心，以乳牛观光产业为基础，集观光游览、互动参与、科普宣教、康复疗养、娱乐休闲、生产销售六大功能为一体的深度体验式现代都市休闲农业园。

（一）观光游览的农业景观

观光游览方面以乳牛养殖产业为基础，打造独具特色的核心品牌，结合园区现有水渠和西侧小清河，以及各类型林地、耕地、基本农田中的经济作物进行规划设计。打造以步行、观光缆车、游船、马车等观光形式，包含果树森林、花田草地、田园菜地、湖泊溪流、牧场鱼塘、室内盆栽的综合农业景观。

（二）亲子互动游乐园

互动参与方面以农业项目为核心主题，包含培养类、收获类、娱乐类三大项目类型，内容包括动物喂养、畜牧类挤奶放牧、家禽类捡蛋，照顾幼崽、播种收割、施肥浇水、除草修剪、果蔬采摘、垂钓捕鱼、滑草、放风筝、植物迷宫、DIY制作以及乡村主题的游乐设施等。

娱乐休闲方面主要包含饮食类、住宿类、野营度假类、节事活动类，自然生态朴素的室内外就餐环境，以及当地的特色食材、独特的加工方式和口味能带给人们印象深刻的体验；各种风格、档次的民宿能满足各类人群的需求，野营、烧烤、探险、音乐节等能够为农业园带来更多活力和激情，也能够迅速聚集人气，提高影响力。长阳亲子休闲农业园致力于打造一个优质亲子互动的体验园，充分发挥科普、休闲、娱乐的多重功能。

四、空间布局

全区以“一带一网，四域八区”为结构布局。

“一带”是指自然式水系景观带，“一网”是指规则式水渠农业网，二者构成了园区的基本骨架，作为游览的引线，串联起了各个功能区和景观节点，同时水体本身也是重要的景观组成部分。

“四域”是指以景观要素风貌划分的区域，分别为山水段、草花段、林园段、农业段。景观要素分布上，结合地形，水体的布局以及植物种植上营造出空间层次和景观效果截然不同的四段区域，山水段以地形结合水体，辅以多层次的乔灌草营造相对幽静，变化的空间；草花段，以大草坪、大面积花田、花带为主营造开敞、动态的空间；林园段以茂密的森林，小溪等环境要素以及各类休闲度假场地为主；农业段以果林、五谷田、菜地和草药园结合密布的水渠营造生产性景观风貌。

“八区”是指农业游赏区、中心景观区、持有型物业区(生产、服务、科普)、健身运动区、主题游戏区、休闲度假区、自然山水区、野趣生态区。

(一)园区入口

园区采用开放式入口，外围连接乡镇道路，游客与周围居民可自由出入园区。主入口广场位于东西横轴上，分别为月牙状的月影广场和椭圆状的逐日广场，设有不同花瓣形状的张拉膜结构的大门，在一天内随着光线的变化，雕塑般的膜结构通过光与影而呈现出不同的形态。经过人工设计的灯光也使得膜结构大门成为了光的雕塑，如同园区四季变化的花海，光彩夺目，结合环绕的水池与喷泉，令初入园区的游客印象深刻。

(二)分区规划

1.中心景观区

中心景观区位于园区中心,中间横轴以北。主要由入口广场、中心草坪、湿地花海、彩色花带、迷宫花田以及起伏的小片林地组成。湿地花海和花带拥有园区数量最多、面积最大、种类最多的花卉种类,蜿蜒的栈道在湿地与花海中交错。起伏的大草坪满足人们各种户外互动的需求,同时也作为商演、音乐节、主题展会的活动空间。

2.农业游赏区

农业游赏区位于园区西侧,由"一网三区"的布局结构和两大主题内容组成。"一网"穿插于农业游赏园区里兼具灌溉和游戏的水渠网络,"三区"是指瓜果采摘区、五谷游赏区、野菜草药区。瓜果采摘区以园区原有经济作物以及当地特色品种为主,如苹果、梨、桃子、樱桃、葡萄等,同时配有生产服务建筑,温室大棚。五谷游赏区主要以观赏水稻、麦子和大豆为主,两部分区域的道路为观光小车和田间耕作小路,并设有架空木平台和栈道,供游客观赏,采摘。野菜草药区属于基本农田区域,仅设有供基本通行的耕作小道,游客可以在此体验农事器械的使用以及蔬菜、草药的播种、耕作、收获。两大主题内容是指的租赁农园模式和散步区域中的主题园。租赁农园模式是指游客可通过以个人、集体、家庭的名义承租不同大小的果园或是五谷区,在专业人士的指导下自主管理菜园和果园,进行选种、播种、耕种、收获等,或是由园区人员代为管理,定期配送新鲜的蔬菜瓜果。农园游赏区由数个形式不一,内容不同的主题园构成,散布在农园游赏区并掩藏在小片树林中,作为在农业区游赏的休息站,同时也让人们在游赏中不断获得惊喜感,极大提升游赏感受,同时弥补大区域农业游赏可能造成的景观单一感受。

3.自然山水区

自然山水区位于园区北部,大水面和主山为中心,以主山一草坪一水体一广场构成核心中轴。主山体最高处约 18 米,有蜿蜒的小道通向主山的眺望台，眺望台高 12 米共 4 层，可俯瞰全园景色。水面周围设有木制栈道和观景平台，周围种植水杉、池杉、垂柳，以及各种类型、层次的灌木和地被，水中有数个生态小岛。主干道两侧有结合微地形营造的数个小型空间。

4. 野趣生态区

野趣生态区位于园区西北角，是一个山水相融，水网交织的幽静区域，蜿蜒的道路结合变化的植物空间，营造出步移景异，曲径通幽的空间和氛围。有多种类型的水生植物，为野生动物提供了良好的栖息环境，道路多为木质栈道和自然碎石路，以及小型木质平台，设有数个观鸟站，垂钓区。

5. 主题游戏区

主题游戏区位于园区南侧靠右的狭长带状区域，掩藏在茂密的林下花海中。主要有森林树屋群，林下花海，小溪拾趣以及儿童游戏区，探险乐园等，蜿蜒的小溪串起了区域中的各个空间节点，每个节点各具特色又相互联系。

6. 休闲度假区

休闲度假区位于园区南侧靠左，以大片林地为基底的休闲放松区域，下部有环形水池和小型休闲广场，区域的主要节点为房车营地，露营野餐地，烧烤区。

7. 健身运动区

健身运动区位于园区东南角，主要节点有各种球类运动场、极限运动场、小型田径场、溜冰场以及持有型物业（娱乐）区的赛马场等。

8. 持有型物业区

持有型物业区主要是由生产、服务、科普三个核心功能板块的建筑群组成，每个区域设有一个大型停车场，同时也作为整个园区观光缆车，游览马车的站点。生产板块位于园区北部，是第三牛场的改建提升，是主要的奶牛养殖区域和相关产品的生产区，兼有观光游览功能；科普板块位于园区南部，由第四牛场与其东侧附加地块组成，设有奶牛喂养、挤奶、放牧的互动体验区，科普展览馆，观影室等，东侧区域是其他畜牧类如马、羊等，各类型家禽以及小型渔业的喂养、展示和互动区，是人们与小动物亲密接触的最佳区域。园区东部的服务板块主要是以餐饮、住宿、购物为核心功能的区域，提供各档次的民宿服务，当地特色餐饮以及园区特色奶制品和新鲜的瓜果蔬菜，设有游客服务中心、园区史料展示馆以及一个大型室内微缩农业园，提供餐饮、休憩和娱乐活动，种植有非当地气候条件的经济作物和花卉，同时也作为冬季园区的重要活动和观赏空间。

（三）各区的亲子体验功能

各个功能区中的项目内容、环境要素以及园区的交通游览方式构建起全面、系统的农业园亲子体验体系。

1. 中心景观区以各类大面积花海花带、疏林、草地、水体为核心，以景观游赏，自由活动为主要内容，感官体验上以视觉和嗅觉为主，主要打造景观要素体验及部分互动参与体验。

2. 农业游赏区以果园区、五谷区、菜地草药区以及多类型小游园为核心，以农事体验活动、果蔬品尝、科普认知、游园活动为主要内容，感官上以视觉、触觉、味觉为主，主要打造互动参与体验、文化教育体验和景观要素体验。

3. 自然山水区以变化的地形结合丰富的水系为核心，以景观游赏、山林探险为主要内容，感官体验上以视觉和听觉为主，主要打造观赏游览、康复运动体验。

4. 野趣生态区以水网交织的湿地地区为主，蜿蜒的小路结合变化的植物空间，以景观游赏、休闲放松、垂钓娱乐、湿地科普为主，感官体验上以视觉、听觉、触觉为主，主要打造观赏游览、互动参与、文化教育以及景观要素体验。

5. 主题游戏区在茂密的林下花海中，蜿蜒的小溪串起各个节点。主要以森林树屋群，林下花海，小溪拾趣以及儿童游戏区，探险乐园。感官体验上以视觉、听觉、触觉为主，主要打造互动参与体验。

6.休闲度假区是以大片林地为基底的休闲放松区域，主要作为露营和烧烤地，感官上以触觉和味觉为主，主要打造互动参与体验和消费服务体验。

7.运动健身区以各类型球类运动场为主，感官上以视觉和触觉为主，主要打造互动参与体验和康养运动体验。

8.持有型物业主要分为生产、服务、科普三个核心功能板块。生产区以生产养殖和科普参观为主，感官体验以视觉和听觉为主，主要打造景观要素观赏体验和文化教育体验；科普区以参观、互动、观影、认知为主要内容，感官体验以视觉、听觉、触觉为主，主要打造互动参与体验和文化教育体验；服务区以餐饮、住宿、购物、娱乐为主要内容、感官体验以视觉、嗅觉、味觉为主，主要打造互动参与和消费服务体验。

五、实施后评价

园区规划后的提升效益主要分为生态效益、社会效益、文化效益和经济效益。

(一)生态效益方面

提升了区域自然环境，支撑房山区生态安全格局建设；改善了周边环境小气候，为动植物提供了良好的栖息环境。

(二)社会效益方面

增加了多个本地的就业岗位，缓解了当地部分就业压力，同时一定程度带动了周边产业发展，为实现乡村复兴添砖加瓦。

(三)文化效益方面

通过传统农业与现代农园的紧密结合，推动了城市与乡村的融合发展和居民交流；将乡村风貌，农耕文化、养殖文化普及，营造浓厚的文化氛围，坚定文化自信，传承和弘扬优秀传统文化。

(四)经济效益方面

通过园区产业转型,构建一二三产业融合发展的结构布局,在农业生产、农业旅游、农产加工三大环节提升收益,同时随着品牌影响力和产品质量的不断提升,相关投资、产业不断引进,使园区进一步得到发展。

第六节　民族文化类:海南槟榔谷黎苗文化旅游区

民族文化类休闲农业具有文化的原生性、参与性、质朴性及浓郁的民俗风情的特点,独具一格的民族民俗、建筑风格、饮食习惯、服饰特色、农业景观和农事活动等,都为休闲农业提供了很大的发展空间。我国民族文化开发资源基础丰富,特点鲜明,区域性和民族个性较强,发展优势明显,逐渐成为少数民族聚集区经济发展中新的增长点和旅游亮点,得到当地政府的大力支持,也受到国内外旅游者的推崇。

一、基本概况

海南槟榔谷黎苗文化旅游景区创建于1998年,地处北纬18°,占地面积509亩,地处海南省保亭县与三亚市接壤的甘什岭自然保护区,距离三亚市仅28公里。景区有得天独厚的自然环境,古木参天、景致秀丽的热带雨林,周围环境优美,是山清水秀、空气清新的天然氧吧。由于中间有一条数公里长的槟榔谷地而命名为槟榔谷。其槟榔园面积在中国最大,是全国槟榔树之母。槟榔谷黎苗文化旅游区在甘什上村和甘什下村两个原住民黎村的基础上发展壮大起来,营业面积约为一千五百亩。景区遵循民族保护和发展宗旨,一直不断挖掘、保护和弘扬海南黎苗传统文化,珍藏海南黎苗生活习俗、技艺歌舞、传统建筑、绣面纹身、黎锦服饰等经久不衰的传统民族文化。目前景区风景秀丽，有深厚的民族文化、良好的基础设施、优质的服务水平，使五湖四海的游客纷至沓来。

二、资源分析

（一）民族文化资源丰富

海南具有丰富的民俗资源，黎族和苗族是人口最多的少数民族，全省有保亭、白沙、昌江、乐东、陵水、琼中共 6 个黎族苗族自治县。海南具有得天独厚的旅游资源，其中自然旅游资源有热带海岸线、山峰和原始雨林、河流、溶洞、瀑布等。景区以甘什岭自然保护区为平台，以黎苗文化为景，利用原生态的资源，在保护的前提下对黎苗文化进行开发利用，建成集游览观光、休闲度假、文化展、科普教育、民俗体验、户外拓展、大型演艺为一体的黎苗文化主题园区。槟榔黎苗文化景区由非遗村、甘什黎村、谷银苗家、田野黎家、《槟榔·古韵》大型实景演出、兰花小木屋、黎苗风味美食街七大文化体验区构成。景区内还展示了十项国家级非物质文化遗产，其中“黎族传统纺染织绣技艺”被联合国教科文组织列入非物质文化遗产急需保护名录。槟榔谷还是海南黎、苗族传统“三月三”及“七夕嬉水节”的主要活动举办地之一，文化魅力十足，是海南民族文化的“活化石”。丰富的民族文化资源为该地旅游业的发展提供了坚实的基础。

（二）经济环境优势

海南建设国际旅游岛和自贸区自贸港，旅游业属于优先发展行业，中央政府和海南省政府对旅游的扶持力度越来越大。这得益于海南独特的气候优势，大量国内外企业将年会展会放在海南举办，让海南会展旅游的收入逐年稳步提高。槟榔谷距离三亚最大的会展酒店三亚湾红树林度假中心仅 30 公里，该酒店每年承办数百场会展活动，吸引全球多个国家数十万人前来参展参观。展会进行之余，众多展商和观众会选择在三亚及周边地区游览观光，海南作为黎苗民俗氛围浓厚的省份，槟榔谷正是众多展商和观众体验海南民族风情的最佳选择。

（三）社会环境优势

海南社会治安良好，犯罪率常年处于全国较低水平，恶性案件发生率低，同时地理上与祖国内地分隔，仅能通过空港和海港出入，进出均需查验二代身份证，对遏制其他地区的流窜性犯罪有天然优势。海南人民天性淳朴，追求小富即安的生活，没有太多欲望，故生活压力较小。海南女性普遍性格温婉贤惠，对旅游业服务业而言是优势，同时她们大多满足于现状不图改变，社会结构相对稳定，离职率较低，故槟榔谷常年保持相对稳定的员工队伍。2018 年，国家文化部和国家旅游局合并为文化和旅游部。在文旅融合时代背景下，具有少数民族文化特色的民俗旅游项目会得到更多支持。

三、总体定位

（一）体验民俗文化

海南槟榔谷黎苗文化旅游区通过二十余年的艰苦创业，不仅发展成为我国首家民族文化 5A 级旅游景区，还是“全国民族团结进步模范集体”和“国家级非物质文化遗产生产性保护基地”，黎苗族文化节日“三月三”、“七夕嬉水节”的主要举办地之一，以“挖掘、保护、传承、弘扬海南黎苗文化，使其生生不息”为使命，向世界展示海南古老的文明，是海南黎苗族原住民文化的传承地和创新实践地，景区内通过非遗村文化体验区、百年古黎村文化体验区、雨林苗寨文化体验区三个体验区，展示了黎苗族文化的独特魅力。

（二）助力脱贫攻坚

槟榔谷景区自成立以来，一直支持扶贫政策，加强甘什上下村基础设施的建设，为村民提供就业机会，也在生活中给予村民人文关怀。槟榔谷也走出了独特的扶贫创新之路，在景区内打造“惠农街”，让村民做生意，创收益。针对村民家里有田地需要务农的情况，实施“半天务农，半天上班”的弹性工作模式，实现景区与农业、农民、农村的互惠互利。据报道，在2019年4月召开的海南省新闻发布会中，宣布保亭县退出贫困县序列。这一成果与槟榔谷景区十几年来的不懈努力息息相关。

四、空间布局

槟榔谷以其“一台、二族、三区、四宝、五项、九馆、十绝”享誉旅游圈，也是海南黎苗文化的精华所在，景区通过三个体验区将它们有机整合，让游客流连忘返。一台即大型原生态黎苗文化实景演出《槟榔·古韵》；二族即黎族和海南苗族；三区即甘什黎村，雨林苗寨和非遗村(非物质文化遗产保护村)；四宝即镇园四宝，分别为龙被、树皮布，绣面文身和鼻箫；五项即竹竿舞、拉乌龟、高空滑索、攀藤摘花、牛拉木轮车；九馆即纹身馆，黎族民俗馆，陶艺馆，图腾艺术馆，无纺馆，麻纺馆，棉纺馆、黎锦龙被馆，牛文化馆；十绝即海南十项国家级非物质文化遗产项目，包括黎族纺染织绣技艺，龙被制作技艺，黎族竹木器乐，三月三节，黎族打柴舞，黎族制陶技艺，钻木取火，船型屋营造技艺，黎族八音器乐。这里介绍其部分旅游景点。

(一)非遗村文化体验区

非遗村文化体验区通过无纺馆、麻纺馆、棉纺馆、龙被馆来集中展示树皮衣、麻衣、黎锦、龙被等卓绝的非物质文化遗产保护项目。

1. 龙被馆

龙被是黎族织锦中的一种，是黎族在纺、织、染、绣四大技艺中文化品位最高、技艺难度最大的织锦工艺美术品，是历代海南行政区进贡朝廷的贡品之一。龙被按单幅、双联幅、三联幅、四联幅、五联幅分类。其中，三联幅较为常见，五联幅和单幅最少。三联幅由三幅彩锦组合而成，一般长2至3米，最长可达3.8米，宽1.1至1.4米，以龙、凤、麒麟、鱼为主体纹样，花卉为辅助纹样。五幅联由五幅彩锦组合而成，长2至3米，宽1.1至1.5米，以白色、黑色和咖啡色或棕色的人纹、蟒蛇纹为主体纹样，也称为“鬼纹”。龙被的花纹图案色彩，颜色不同用途不同，红色多用于红事，黑色多用于白事。龙被的织制设备主要有两种：踞腰织机和脚踏织机。踞腰织机因结构简单，所织纹样图案较传统，色彩单一且数量少。脚踏织机所织龙被，质地厚、质量好，流行较广。它的工艺特点是先织制好布料，然后在布料上刺绣花纹图案。龙被织造难度最大即刺绣花纹图案，因其图案变化多样，色彩丰富，表现力较强。龙被纹样中的图案大致有动物、植物、自然元素、生产工具和文字等。一幅龙被是色彩和图案的有机组合，属于完整的民族工艺美术作品，体现了浓郁的民族特色。龙被的织造也较为复杂，从摘棉、脱棉籽、纺纱、染纱到织绣出龙被，完整制作一件龙被需要三至五年。黎家姑娘从十岁左右开始学习纺织技艺，一生中不断学习更新，她们织绣出的龙被，构图严谨、色彩丰富、形象生动，反映出黎族人民顽强奋斗的民族性格，也象征着中华民族不可估量的创造力。

2.无纺馆

树皮布又称纳布、楮皮布、谷皮布。古代人民麻和木棉纺织普及之前，曾有一段长时期的“无纺织”年代。后来黎族人民发现，楮树树皮制成的粗纤维树皮布可用于衣物制造，随后用树皮布制作出衣物、被单、腰带等。宋代《太平寰宇记》、元代《文献通考》和清代《黎歧纪闻》中均有海南黎族树皮布的记载。据清代琼州定安县知县张庆长（1752—1755在任）《黎岐纪闻》记载“生黎隆冬时取树皮捶软，用以蔽体，夜间即以代被。其树名加布皮，黎产也”。海南岛的黎族先民掌握棉纺织技术后，树皮布技术也未完全消失。因其材料丰富易于获得，工艺成熟且成品耐用等特点，依然有人用楮树皮制作垫单、衣服等生活用品。树皮衣的制作较为繁复，主要分为树皮原料获取、原料加工、半成品加工等环节。首先完整剥下整块树皮，初步修整后将树皮在泉水中浸泡脱胶、漂洗、晒干，随后用工具拍打成片状并缝制整块树皮布，然后利用加工好的树皮布剪裁缝制帽子、枕头、被子、上衣、裙子、兜卵布、口袋等生活用品。尽管这一技艺分为若干工序，但所用工具并不多，其中以锤打工具最为重要。石拍是制作树皮布的器具之一，也是树皮布文化的标志。2005 年，槟榔谷的“黎族树皮布制作技艺”位列海南省政府公布的第一批国家非物质文化遗产保护对象。

3. 棉纺馆

黎族传统纺染织绣技艺历史悠久。春秋战国时期，黎族就用木棉纤维纺织衣服，至今已有 3000 年左右的历史。秦汉时期已有精美的“广幅布”被征为岁贡珍品。宋代黎族纺织已有很高的水平，织巾上出细字、花卉，做工精巧。元代人黄道婆流落崖州，向黎族妇女学习纺织技艺，之后加以改进，成为我国著名纺织家。黎族纺织工艺也因此传播全国。明代黎族与汉族的纺织技术互相融合，织成的纺织物异常精美，明末诗人黄宗炎曾作诗赞颂：“不养蚕桑不种棉，织来吉贝锦文连。共传黎妇今多巧，远过珠崖入汉年。”清代黎锦“机杼精工，百卉千华”是国内外贸易的珍品。2006 年，黎族传统纺染织绣技艺经国务院批准列入第一批国家级非物质文化遗产名录。2009 年，被联合国教科文组织列入首批“急需保护的非物质文化遗产名录”。黎锦技艺这项古老文化遗产渐渐为世人所熟知，成为国际国内代表黎族的重要文化元素之一。

4. 三月三节系列活动

农历三月初三是海南黎苗同胞最盛大的民间传统节日，也是黎苗青年的美好日子，又称爱情节、谈爱日，是海南黎苗同胞悼念勤劳勇敢的祖先、预祝山栏稻和打猎丰收、表达对爱情幸福向往之情的传统节日。当天，槟榔谷会在谷内的“三月三”广场举行隆重的钻木取火仪式，一束来自远古神秘部落的火种在黎民的手中搓燃。“钻木取火”是最古老的造火方式之一，黎族至今仍掌握着这一原始技艺，不少人家更是有着敬火、恋火、崇拜火的古老习俗。取火仪式留下来的火种随后分给各家各户，寓意生活红红火火、代代相传、生生不息。

(二)百年古黎村文化体验区

百年古黎村文化体验区里集中展示了黎族竹木器乐、黎族原始制陶技艺、黎族船形屋营造技艺。

1.黎族竹木器乐区

传统黎族竹木器乐主要有独木鼓、叮咚、口弓、咧咧、哔哒、口拜、鼻箫、灼吧八大件,最早的历史记载可追溯到宋初《太平寰宇记》:"琼州聚合推鼓歌乐。"它们独具民族特色,不但在国内堪称一绝,在国际上都是罕见的。竹木器乐音乐色彩独具一格,鼻箫、口弓、咧咧、口拜、灼吧、哔哒融合无间,或轻柔委婉,或悠远缠绵,或音清高亢,或悠扬嘹亮,或沉稳宽厚,或清脆致远,配合清亮的琴弦和厚重的独木鼓、铿锵的叮咚,融合成一首首美轮美奂的乐曲。竹木器乐曲中蕴含着原生态的音乐特征,曲体结构灵活自由,旋律顺畅,音调古朴清纯。它融汇了黎族的传统文化、审美意识、民俗风情等诸多元素,为黎族人民喜闻乐见。2008 年黎族竹木器乐经国务院批准列入第二批国家级非物质文化遗产名录。

2.黎族原始制陶技艺区

黎族原始制陶技艺是传承于我国新石器时期的制陶技艺,通过目前考古发掘证实,海南黎族陶器的烧制历史至少有五六千年,它由黎族人民代代相传,沿袭至今。几千年来,海南制陶技艺的形成和发展不断地受到大陆先进文化的影响,同时依靠着海南独特的地理环境融合黎族人民自身的民族特点,海南黎族制陶技艺的形成体现出本民族文化的独特风格。黎族原始制陶技艺不使用任何机械,纯手工制作陶胚,不设封闭式窑,陶器泥胚制作好后置于野外木柴搭建的架子上,底下填充以柴火,露天烧制而成。其工具包括木杵、木臼、木拍、木刮、竹刀、蚌壳、钻孔竹棍、竹垫等。整个制陶流程包括挖陶土、晒陶土、粉碎陶土、筛陶土、和泥、制坯底、搓泥条(或擀泥片),盘筑(或贴筑)、修刮、干燥、架设烧陶柴架、烧陶、加固等 12 道以上的工序。槟榔谷的陶艺馆内保存的陶制成品主要有釜、甑、瓮、碗、罐、蒸酒器、蒸饭器等器型,按黎族生活流程分类放置。黎族原始制陶技艺制作的陶器器形比例匀称，结构细密严实，器面光滑，有红、黑、灰、褐、紫等颜色，胎质坚固，厚薄适宜。黎族原始制陶流传至今，是由于海南独特的孤岛型地理环境限制了当地人与外界的文化交流。在陶器的制作工艺上，当中原地区已经使用轮制方法制坯时，海南还保持着原始的手工制坯方式；当中原地区已全面使用窑烧方法烧制陶器时，海南仍然使用露天堆烧的方法。海南岛地貌又是以山地和丘陵为主，丰富的自然资源有利于黎族人民实行刀耕火种的原始经济生活和保持传统文化形态，到上世纪九十年代末，陶器还是黎族人民的基本生活用具，这使我们得以在现实中看到原始制陶工艺的"活化石"。2006 年黎族原始制陶技艺被列入第一批国家级非物质文化遗产名录。

3. 黎族船形屋营造技艺区

黎族船形屋因形状似倒扣的木船而得名，传说是黎族先民坐船初到海南，为表达世代定居于此的决心，将渡海所用木船搬运上岸，倒扣于平地上，在船头船身船尾辅以支柱稳定船身，再在船身外糊上泥巴以遮蔽风雨，即成临时房屋。后人为了纪念英勇无畏的祖先，建房也以船为形，世代沿袭。黎族传统的船形屋为茅草屋，以竹条或树枝为墙架，外面糊以泥土，屋顶上铺以茅草或蒲葵叶。外形似船，内部间隔像船舱。屋顶和檐墙合而为一，是船形屋结构上最大的特色。海南雨水较多，把居屋建造成倒扣的船的形状，屋顶的圆拱造型有利于抵抗台风的侵袭，遮日挡雨的屋顶最基础的组成部分是茅草，便于就地取材建造，因此船形屋得以世代流传下来。船形屋从备料到房屋建成，至少需要两年。其中备料时间较长，村民们要先到山上砍伐物色各种建房用料，拉回村中。为了让木材长久耐用，防虫蛀，必须将木材在泥水中浸泡或埋藏一年以上。在此期间还需要准备建房所用的各种小木条、竹子、藤条、麻树皮等。黎族人盖新房的传统是举全村之力，拟盖新房的村民会错开新房建造时间，某一时段内仅有一两户盖房。这一两户房屋建造过程中，全村男女老少都会加入，做力所能及的贡献，房屋落成后户主在家中设宴款待出工出力的村民们，未来其它村民盖新房时也积极参与，形成互帮互助的循环。因此每一座船形屋都是黎族同胞团结互助的见证，也凝结了当时黎族手工艺者最精湛的房屋建造技艺。2008年“船形屋的建造技艺”被列为中国第二批国家非物质文化遗产保护名录。

4.《槟榔·古韵》实景演出体验区

大型原生态黎苗文化实景演出《槟榔·古韵》，由《钻木取火》、《织黎锦》、《打柴舞》《捏》《夜探隆闺》《黎族传统服饰秀》《丰收乐》《叩拜帕曼情歌对唱》8个场景组成，整场演出的音乐是从海南众多方言区优秀的原生态音乐当中筛选出来的，结合黎苗文化特色进行加工。将黎族、苗族文化的传说故事、日常服饰、生产工艺、日常起居、特色饮食、休闲歌舞等融为一体。这是一场自然风光和人文演出融合无间的舞台表演，每天在景区内上演4场。演出由钻木取火、鼓舞、山栏稻、打柴舞等主要部分构成，呈现出一幅黎族先民开垦、播种、耕耘、丰收的场景，将古朴和美丽的原生态画卷用现代歌舞的方式展现在游客面前。舞台上不仅有黎苗族演员质朴的歌舞表演，还别出心裁地将耕牛、山羊、鸭子、白鹅、白鸽等家禽家畜穿插其中，高度真实地还原了黎族先民的日常生活。《槟榔·古韵》在游客的众口相传中，开始走出国门，成为展示海南文化的一张名片。作为中宣部、商务部、财政部、文化部、广电总局、新闻出版总署共同认定并公布的国家文化出口重点项目。先后随着省市旅游推介、文化交流等活动，走访10个国家。在“走出去”的同时，韩国YTN、澳大利亚《大洋日报》、美国《拉斯维加斯新闻报》、央视、石家庄电视台等中外媒体也纷纷主动牵手槟榔谷，拍摄报道原生态的海南之美。

（三）雨林苗寨文化体验区

1.苗族传统银饰制作技艺区

谷银是槟榔谷依托苗族传统银饰制作技艺创立的银饰品牌，位于雨林苗寨文化体验区内。苗族佩戴银饰的历史源远流长，因祖先相信银饰具有辟邪去病等作用。古代苗族部落或家族在迁徙过程中，随身佩戴的银饰或银碗被用于鉴定和清洁沿途饮用水源。因银浸泡入水后会形成带正电荷的银离子，银离子会被水中的细菌和微生物吸附，使其失去代谢能力而死亡，形成事实上的杀菌消毒作用。而苗族银饰大多会配有响铃，行走中铃声此起彼伏，用于识别队伍状态，在穿越一座座大山的迁移中，人们携手走过了一道道山水，前呼后应，永不失散。苗族银饰以大为美、以重为美、以多为美。苗族的银装，不仅头饰品种极为丰富，各种身体佩饰亦十分突出，如银项饰、银胸饰、银锁、银背饰、银手镯等等。每种银饰的样式繁多、工艺精致。槟榔谷银饰的加工，全在雨林苗寨文化体验区作坊手工操作完成。银匠先把熔炼过的白银制成薄片、银条或银丝，利用压、錾、刻、搂等工艺，制出精美纹样，然后再焊接或编织成型。一件银饰要经过铸炼、捶打、拉丝、搓丝、掐丝、镶嵌加固、洗涤等30多道工序，复杂而精细。2006年，苗族银饰锻制技艺经国务院批准列入第一批国家级非物质文化遗产名录。

2. 兰花小木屋民宿体验区

兰花小木屋民宿体验区以“浪漫雨林兰花，养生田野黎家”为主题，将热带雨林养生客房与黎苗族民俗文化元素结合，依山势建造15栋苗族吊脚阁楼。阁楼平台由十余根直径30厘米左右的圆木撑起悬空，阻隔来自地面的潮气，也可避免下雨时的室内积水。平台之上边缘一圈围栏，围栏之内留一圈活动区域，形成微型的前庭后院，中间才是居住的房屋。房屋墙面以竹木装饰，野趣盎然，顶部斜尖顶和两侧的雨檐向两侧展开，整个平台均在遮蔽范围之内，无论烈日或微雨，均可以在微型庭院内欣赏山景。15栋阁楼内有各类客房23间，面积在80至110平米不等。客房内部装修精美，拱形房顶、木质吊扇、镂空竹质灯具、工字型床头柜都呈现鲜明的热带民族特色，踏入其中仿佛身临黎家民居。客房窗外即是郁郁葱葱的热带雨林，前后庭院均种植各式各样的兰花，雅致芳香的兰花包裹着独栋式木屋别墅建筑，使雨林景观与田园风光融为一体。伴随着偶尔出没的松鼠等野生动物，整体格局氛围既有雨林的野趣，又不失现代客栈的舒适。联排式客栈置于田园之间，雨林景观与田园风光一览无遗，尽显热带雨林养生文化与非凡的民俗文化品味。

五、实施后评价

（一）社会效益

槟榔谷历时23年，通过挖掘、抢救、保护，尽全力将海南非物质文化遗产推向全国乃至全世界，在原生态的秀色美景中，为世人打开了一个非物质文化遗产的大舞台，不但得到了中外游客的喜爱，也获得了专家学者的一致好评。景区自创建以来喜获众多荣誉："全国游客满意、优质服务示范景区""中国最佳历史文化旅游品牌景区""全国休闲农业与乡村旅游示范点""国家文化出口重点项目""2013全国十佳休闲农庄""全国民族团结进步模范集体""国家级非质文化遗产生产性保护示范基地""省级诚信示范企业""全国五一劳动奖""全国民族团结进步创建活动示范企业""全国景区带村旅游扶贫示范项目"。

（二）经济效益

"独特的黎苗文化＋旅游开发"，是海南省保亭黎族苗族自治县实现脱贫的一大亮点。2013年—2016年，保亭槟榔谷景区累计投入600多万元打造了一条有130个摊位的"惠农街"，无偿提供给村民自主经营农副产品和特色文创产品。由于特色十足，吸引了大量游客在此消费，这条街也由此得名"致富街"。槟榔谷景区为了突出民族文化特色，除了打造"惠农街"之外，还为有一技之长的村民提供就业岗位，如展示黎锦织造技艺等，让村民"就业不离家、失地不失业、收入有保障"。据介绍，如今，在景区内及周边吃上"文旅饭"的群众约有1500人，其中包括建档立卡贫困户63人。槟榔谷景区相关负责人介绍，景区还以"景区投资＋农户"的模式创建了黎族民宿合作社，以及产销一体的农副产品、文创产品产业链，让村民享受景区发展"红利"。真正实现了当地村民的脱贫致富，成为休闲农业脱贫攻坚的典型案例。

第七节　特色景观类:辽宁省葫芦岛葫芦山庄

特色景观村落是指以自然村落为依托,在生态、农业、地质、气候、地理等方面具有突出特色的景观,且具有一定的观赏、游玩、探索价值的传统村落。这里的特色景观村落概念更多地是强调自然或者依托自然的景观村庄。特色景观村落是具有历史、文化、地理、美学、建筑、艺术、旅游等学术价值,是中国传统文化的载体和重要历史文化遗产。

一、基本概况

葫芦山庄位于辽宁省葫芦岛市郊东北部渤海岸边的天角山下,与锦州笔架山景区相隔半个小时的车程,开通海上通道只需 10 分钟,交通便利。葫芦山庄占地面积 900 公顷,2001 年由“辽宁宏业实业集团”兴建,累计规划投资近亿元。

景区具备“阳光、空气、绿色、海水、沙滩”五大国际旅游标准,被评为国家 4A 级景区,是全国农业旅游示范点,全国模范素质教育基地,每年吸引中外游客数十万人前来参观旅游。

二、资源分析

(一)区位优势

葫芦山庄位于辽宁滨海公路葫芦岛路段边上,发展乡村旅游以“关外第一市”的葫芦岛市为依托,葫芦岛市占地面积 10415 平方公里,总人口 200 多万,是中国东北地区的沿海城市,地处中国东北经济区和环渤海经济区的重要结合部,是环渤海经济圈最年轻的城市,是中国东北地区沟通华北地区的主要路上通道。葫芦岛市东邻锦州,西接山海关,南临辽东湾,交通便捷,铁路、公路、航空、水路发达,境内有 102 国道、306

国道、京沈高速公路、辽宁滨海公路、京哈铁路、秦沈客运专线，距锦州湾国际机场18公里，距山海关机场50公里，并且拥有中外著名的不淤不冻良港——葫芦岛港。山庄内有公交车直达葫芦岛市内，景区距沈阳3个小时车程，距北京5个小时车程。陆海空立体交通网为葫芦山庄乡村旅游的发展提供了便捷的交通条件。

（二）自然资源丰富

1. 物产丰富

葫芦岛属于温带大陆性季风气候，四季分明，自然景观丰富多彩，农林牧副渔品种齐全，农作物种类繁多，形成了一些独具特色的传统特产，如板石沟大枣、绥中白梨和猕猴桃、建昌杏仁小米粥、虹螺岘干豆腐等闻名省内外，深受广大城市消费者的喜爱。葫芦山庄位于渤海岸边，渤海渔业种类丰富，盛产对虾、毛虾、小黄鱼、带鱼等，游客在山庄不出门就可以品尝到新鲜的海产品。这些优质特产为葫芦山庄的发展提供了有利的物质条件。

2. 文化底蕴悠久

葫芦岛市拥有满、蒙、锡伯等少数民族，这些少数民族丰富多彩的衣着服饰、民族文化、婚俗习惯等特色文化使葫芦山庄的发展具有了深厚的文化底蕴。景区内还引入了东北特有的大秧歌和二人转等表演，可以让游客体会地道的关东风情。景区以葫芦文化为主线，葫芦园内收集了十余个葫芦品种，有虫具、青光、亚腰大葫芦、小葫芦等，形状各异，并且景区内还有世界上最大的葫芦文化博物馆，由各种技艺制作的葫芦形态各异、琳琅满目。

（三）文化环境

葫芦岛市拥有深厚的辽西走廊文化旅游资源，如龙湾海滨、兴城海滨、九门口长城、兴城古城、觉华岛等，这都为葫芦岛市的错位赶超发展战略提供了资源基础。萌芦岛历史文化可以追溯到原始人类时期，春秋战国时期的古墓在葫芦岛市的建昌县被发现，秦始皇的碣石宫遗址也向人们诉说着葫芦岛的历史，全国唯一的水上长城是辽宁省第一个世界文化遗址，源远流长的古筝文化给葫芦岛市带来了中国“筝岛”的称号。塔山狙击战、重庆号起义等事件，代表着葫芦岛近现代的地位。此外，葫芦岛市还是航天英雄杨利伟的家乡。葫芦岛依据自身的文化优势，制定出符合自身城市发展的特色旅游路线。主要包括：绥中水上长城文化、东戴河碣石遗宫文化、兴城宁远古城文化、滨海文化、宗教文化、温泉文化、古墓文化、古寺文化等在内的十个板块。

三、总体定位

（一）开发定位

葫芦岛以葫芦文化为主线，以民俗文化为特点，以山海生态为依托，以红色和宗教文化为底蕴，以各色创意乡镇为补充，融合山海景观、农禅文化休闲，红色文化体验、品质度假于一体的世界知名的“深生态”海滨型休闲度假旅游目的地。

（二）形象定位

景区整体的策划思路为：重点针对辽西城镇群推广“绿海甜园、都市庭院”农家乐品牌，由单纯的餐饮住宿向融入当地文化的体验式乡村旅游升级，由单纯的餐饮住宿收入向接待服务、衍生产生受益、品牌输出受益等综合型盈利方式发展。

四、空间布局

葫芦山庄现已对外开放的景区分为“正门景观区”“生态种植采摘区”“休闲度假区”“文化服务区”“旅游娱乐区”“筑笠渔港垂钓休闲景区”六大景区。山庄内建有“辽西民俗馆”“葫芦展览馆”“葫芦岛历史陈列馆”三个展馆。葫芦山庄已成为具有浓郁关东风情的集影视拍摄、餐饮住宿、旅游度假、休闲娱乐为一体的著名康养圣地。景区重点建设项目为以下十三个。

（一）关东民俗博物馆

关东民俗博物馆的发展先后经历了“辽西农家用品展”,“辽西民俗博物馆”“关东民备博物馆”三个不同时期。博物馆占地 2000 多平方米,收藏展陈民俗文物 400 多件,这些实物集中展示了源远流长、淳朴厚重的关东民俗、民风。关东民俗博物馆的展示分生活用品展示、民间匠作展示、四季风情展示、男耕女织展示、服装绣品展示、居家家具展示、岁月之痕展示、匾额流金展示八大板块,展品充实、内容丰富、自成体系。还包括民居老屋、乡村私塾、民间女红、菱花镜影、马蹄声声、旧四大件、时光如水等,累计投资达 600 多万元。目前已经成为东北地区规模最大的以收藏、展示、传播东北地区即老关东民俗文化为主的专题性博物馆。

（二）葫芦岛历史陈列馆

葫芦岛历史陈列馆以大量的实物、照片、书籍介绍葫芦岛地区从红山文化到现代文化的人文、社会、经济、军事等方面的历史沿革,是一部形象立体的地方志。葫芦山庄浓缩东北风情,景区特色鲜明,是北方农村题材影视拍摄的理想场地。2005 年,由著名笑星牛群、著名二人转演员闫学晶主演的热播贺岁剧《求爷爷,告奶奶》在葫芦山庄全程拍摄。

（三）葫芦大观园

葫芦大观园内种植了几十种葫芦,有亚腰葫芦、鹤首葫芦、佛手葫芦、棒槌葫芦、青波高芦、苹果葫芦、特型葫芦。绳扎和结扣这两种技术是葫芦种植技术中最有代表性的技术特点。韩国友人韩京洙先生将韩国稀有的葫芦品种及先进的种植技术也带到了山庄,促进了葫芦种植技术的国际交流与合作。葫芦大观园内还有许多与葫芦有关的历史人物塑像。

（四）葫芦展览馆

葫芦展览馆是全国最大的葫芦主题展馆,展品包括金、银、铝、珠琅、陶瓷、玉、石竹、本等不同材质和镶嵌、结扣、绳扎、火烙、雕刻、范制等不同工艺的葫芦近千种。

（五）生态种植采摘园

生态种植采摘园由十三栋全天候式温室大棚组成，包括花中园、葫芦园、蔬菜园、葡萄园，还有一个来自友邦的韩国园。生态种植采摘园不仅生产新鲜的蔬菜瓜果，还供游人参观农作物的生长状态。生态种植采摘园的所有蔬菜瓜果都严格按照无公害标准培育种植，是纯天然绿色食品，保证让游人、食客高兴而来，满意而归。

（六）山庄大戏台

葫芦山庄葫芦仙岛艺术团每天上、下午在山庄大戏台演出具有浓郁辽西地域特色的文艺节目和东北二人转，进行具有浓郁地方特色的民俗婚礼表演，重现旧时婚庆的热闹场面，并可承办民俗婚礼、篝火晚会（葫芦山庄篝火晚会每晚在福禄广场举行，是参与性极强的互动节目）。这些表演和服务项目吸引众多游客的到来，给游客带来无尽的乐趣和无穷的回味。

（七）篱渔港垂钓休闲区

篱渔港垂钓休闲区是山庄新建景区，在这里可以望礁、听涛、观海、垂钓、住宿，堪称世外桃源。

（八）圣水湖

圣水湖水上项目有游船、垂钓。陆上项目有双（三）人骑自行车、投币、骑马、观光车等，游客可直接参与。

（九）野鸭塘

野鸭塘是模仿自然生态人工打造出的野鸭岛，也有人工建造的野鸭温室大棚（是专门给野鸭越冬所提供的生活场所）。目前野鸭塘有美国绿头野麻鸭三万只。

“神泥野鸭蛋”是山庄的特产之一，它是经过特殊工艺腌制而成，鲜蛋表层的矿泉泥是五大连池天然矿泉泥，经国家地质部门的分析，富含钙、铁、锌、碘等二十多种对人体有益的宏量和微量元素，属世界罕见，被地质专家誉为“矿泉神泥”，是纯正绿色的无污染保健食品。游客可在野鸭塘划木筏、登野鸭岛、拾野鸭蛋，体会大自然带来的乐趣，一定会让您心旷神怡，流连忘返。

（十）欢乐园

欢乐园于2007年进行了大规模的改建和扩建，在原有的30多种娱乐项目的基础上，新增水上步行球、弹射飞人、CS野战场等项目。

（十一）葫芦山庄酒店

葫芦山庄酒店有23栋别墅式小院，可同时容纳200人入住。小院采用典型的辽西风格建筑，以茅草盖顶。院内展示农家生产生活用具，客房内设有会客厅、标间、卫生间和农家火炕，火炕上有炕琴、炕桌、炕被。20间别墅式餐饮包房，独门独院。在此用餐，既可体验农家风情，又能体验到家的温馨。山庄餐饮极具辽西特色，既有农家饭菜，又有渔家海味。

（十二）民俗式标准客房

葫芦岛首家围绕民俗风格打造的高标准民俗客房41间，别具一格的文化氛围，可让游客尽情体验独特的东北文化。

（十三）会议室

葫芦山庄拥有大、中、小会议室和大礼堂，可一次性接待400人开展各种团体活动，提供音响、饮用水及会务服务。

（十四）魏三大舞台

魏三大舞台作为辽西二人转演出的平台，于2007年6月20日正式开业，宽阔的演出场所，丰富的二人转节目，全新的文艺演出形式，令到来的游客大开眼界。

（十五）特色旅游商品区

特色旅游商品区为游客提供了葫芦山庄特有的产品，如神泥野鸭蛋、自产葫芦山泉酒、各式葫芦工艺品、手工剪纸等，独具东北特色。

五、实施后评价

辽宁宏业实业集团投资兴建的葫芦山庄位于辽宁省葫芦岛市郊东

北部海岸的天角山下，濒临秀美的海滨。山庄现已对外开放的景区分别为“正门景观区”、“生态种植采摘区”、“休闲度假区”、“文化服务区”、“旅游娱乐区”、“筑笠渔港垂钓休闲景区”。山庄内建有“辽西民俗馆”、“葫芦展览馆”、“葫芦岛历史陈列馆”三个展馆，并先后获得“全国农业旅游示范点”、“全国模范素质教育基地”、“辽宁省现代农业园区”、“辽宁省诚信旅游景区”、“葫芦岛消费者满意单位”等荣誉称号，葫芦山庄促进了当地经济发展，农民增收，为乡村振兴休闲农业发展提供参考。

葫芦山庄以浓郁的葫芦文化为特色，景区种植了百余种葫芦，葫芦展览馆内的上千种工艺品葫芦琳琅满目。葫芦山庄还牵头发起组织成立了“葫芦岛葫芦协会”和“葫芦文化研究所”，并先后两次成功举办了“中国葫芦岛国际葫芦文化节”，扩大了葫芦文化研究的范围及力度。

葫芦山庄集葫芦种植、使用、展览、研究于一体，独具匠心地把葫芦文化融入现代生活的各个方面，让人们在各种活动中体味到葫芦文化的独特魅力。

参考文献

[1]江汇,玉宇春.智慧休闲农业示范园区规划设计与实践——以河源黄花村跑步鸡生态产业示范基地为例[J].农业经济,2019(23).

[2]段碧华,李琳,冯彩云.北京生态农业[M].中国农业科学技术出版社,2016.

[3]谈再红.谈谈休闲农业[M].中国农业出版社,2018.

[4]李艳蒲,穆永海,张秀昌.乡村振兴与美丽乡村建设[M].中国农业科学技术出版社,2018.

[5]贾新平等.中国休闲农业发展现状及趋势分析[J].农学学报,2019(09).

[6]贾平,沈志河,尤斌.现代观光农业建园与休闲旅游[M].中国农业科学技术出版社,2019.

[7]吕明伟,任国柱,刘芳.美丽乡村:休闲农业规划设计[M].中国建筑工业出版社,2015.

[8]王文奇,贾兵,黄京华.基于SWOT分析的南宁市休闲农业发展对策[J].安徽农业科学,2020(16).

[9]马俊哲,耿红莉.休闲农业和乡村旅游政策解读[M].中国农业出版社,2019.

[10]陈灿,黄璜.休闲农业与乡村旅游[M].湖南科学技术出版社,2018.

[11]郭焕成,郑建雄,任国柱.休闲农业理论研究与案例实践[M].中国建筑工业出版社,2010.

[12]严贤春.休闲农业[M].中国农业出版社,2011年.

[13]苏红键,廖永松,韩磊.我国休闲农业发展的用地困境与对策建议

[J].宏观视野,2018(06).
[14]蒋云贵.乡村振兴中工商资本投资休闲农业路径与经营模式创新[J].中南林业科技大学学报(社会科学版),2018(04).
[15]姚元福,逯昀.休闲农业与乡村旅游[M].中国农业科学技术出版社,2015.
[16]苑子文.北京休闲农业升级研究[M].中国农业科学技术出版社,2014.
[17]周晓梅.产业融合背景下乡村旅游转型升级战略[J].农业经济,2016(07).
[18]关杨,卓凡.休闲农业中乡土文化的发掘与利用[J].美育与文化,2020(22).
[19]张苗荧.以科技创新提升文化体验旅游[J].中国旅游报,2021(03).
[20]刘平.创意性文化消费路径研究[J].社会科学,2014(08).
[21]锋琳,王静."互联网+"背景下雅安市休闲农业旅游的创新营销[J].区域经济,2020(34).
[22]路建彩,李潘坡,李萌.乡村振兴视域下乡村工匠的价值意蕴与分类培育路径[J].教育与职业,2021(01).
[23]周义龙.国外休闲农业发展的典型模式与经验启示[J].改革与战略,2015(10).
[24]龙飞,汤俊,卢焕荣.特色休闲农业经典规划案例赏析[M].中国农业科学技术出版社,2015.
[25]王崑.寒地休闲农业与乡村旅游规划设计实践[M].中国建筑工业出版社,2018.
[26]刘妍.葫芦山庄生态文化旅游营销策略设计[M].辽宁工程技术大学,2017.

附录

农业农村部关于开展休闲农业和乡村旅游升级行动的通知

农加发〔2018〕3号

各省、自治区、直辖市及计划单列市农业(农牧、农村经济)厅(局、委),新疆生产建设兵团农业局:

为深入贯彻党的十九大精神,认真落实《中共中央、国务院关于实施乡村振兴战略的意见》关于"实施休闲农业和乡村旅游精品工程"的决策部署,促进农业高质量发展,加快培育乡村发展新动能,农业农村部决定开展休闲农业和乡村旅游升级行动。现将有关事项通知如下。

一、深刻认识重要意义

休闲农业和乡村旅游是农业旅游文化"三位一体"、生产生活生态同步改善、农村一产二产三产深度融合的新产业新业态新模式。党的十八大以来,休闲农业和乡村旅游呈现持续较快增长态势,为农业农村经济发展和农民就业增收发挥着越来越重要的作用。但产业总体发展仍然不平衡不充分,中高端乡村休闲旅游产品和服务供给不足,发展模式功能单一,经营项目同质化严重,管理服务规范性不足,硬件设施建设滞后,从业人员总体素质不高,文化深入挖掘和传承开发不够等问题仍不同程度存在。开展升级行动,有利于推进农业供给侧结构性改革,促进农业转型升级;有利于发展农村新产业新业态新模式,加快培育农业农村发展新动能;有利于农民就近就地创业,促进农民就业增收;有利于改善农村人居环境,为城乡居民提供看山望水忆乡愁的好去处,满足人民日益增长的美好生活需要。实施升级行动对于推进休闲农业和乡村旅游高质量发展，实施乡村振兴战略，加快农业农村现代化，实现农业强、农村美、农民富，建设美丽中国健康中国都具有十分重要的意义。

二、准确把握总体要求

开展休闲农业和乡村旅游升级行动要以习近平新时代中国特色社会主义思想为指导，践行"绿水青山就是金山银山"重要理念，贯彻落实中央一号文件精神，紧紧围绕实施乡村振兴战略，以深化农业供给侧结构性改革为主线，以建设美丽乡村、促进农民就业增收、满足居民休闲消费为目标，推进业态升级、设施升级、服务升级、文化升级、管理升级，推动乡村休闲旅游高质量发展，为加快推动农业农村现代化提供有力支撑。

开展升级行动，要坚持以人民为中心的发展思想，紧紧围绕农民就业增收和市民休闲旅游需求，不断增强城乡居民的获得感、幸福感、安全感；坚持以农业为基础的发展定位，积极拓展农业多种功能，因地制宜发展休闲观光、体验娱乐、科普教育、健体康养、民俗民宿等特色产业；坚持以绿色为导向的发展方式，遵循乡村自身发展规律，美化乡村生态环境，提供绿色优质产品和服务；坚持以创新为动力的发展路径，积极发展创意农业，创作一批充满艺术创造力、想象力和感染力的创意精品；坚持以文化为灵魂的发展特色，立足本地农耕文明，发掘民俗文化，拯救村落文化，弘扬乡贤文化，讲好乡村故事。

三、进一步明确目标任务

到2020年，休闲农业和乡村旅游产业规模进一步扩大，营业收入持续增长，力争超万亿元，实现业态功能多样化、产业发展集聚化、经营主体多元化、服务设施现代化、经营服务规范化，打造一批生态优、环境美、产业强、机制好、农民富的休闲农业和乡村旅游精品，支撑农业现代化、带动农民增收、促进美丽乡村建设的作用更加突出，满足城乡居民美好生活需要的能力进一步增强。

（一）培育精品品牌促升级。创新推动休闲农业和乡村旅游品牌休系建设,以行政村镇为核心,建设一批天蓝、地绿、水净、安居、乐业的美丽休闲乡村(镇);以集聚区为核心,建设一批功能齐全、布局合理的现代休闲农业园区;以经营主体为核心,建设一批增收机制完善、示范带动力强的现代休闲农庄。全国上下联动、精心组织休闲农业和乡村旅游大会、美丽乡村休闲旅游行等主题活动,分时分类向社会发布推介精品景点线路。鼓励各地因地制宜培育农业嘉年华、休闲农业特色村镇、农事节庆、星级农(林、牧、渔)家乐等形式多样、富有特色的品牌。

(二)完善公共设施促升级。充分利用政府、社会和金融机构等不同渠道资金,加大对休闲农业和乡村旅游公共服务设施建设的支持力度,改造提升一批休闲农业村庄道路、供水、停车场、厕所、垃圾污水处理等设施,扶持建设一批设施齐全、功能完备、特色突出的美丽休闲乡村(镇)、休闲农业园区和休闲农庄。鼓励因地制宜兴建特色餐饮、特色民宿、购物、娱乐等配套服务设施,满足消费者多样化的需求。

(三)提升服务水平促升级。组织开展休闲农业和乡村旅游人才培训行动,加强行政指导、经营管理、市场营销等培训,培育一批积极性高、素质强、善经营的行业发展管理和经营人才。鼓励从业人员就近就地参加住宿、餐饮、服务等各种培训,增强服务意识、规范服务礼仪、提高服务技能,提升服务规范化和标准化水平。组织编制休闲农业精品丛书,加强对休闲农业设计、管理、营销、服务的指导。鼓励实行学历教育、技能培训、实践锻炼等多种教育培训方式提高从业者素质能力。

(四)传承农耕文化促升级。结合资源禀赋、人文历史和产业特色,挖掘农村文化,讲好自然和人文故事,建设有温度的美丽乡村,书写记得住的动人乡愁,提升休闲农业和乡村旅游的文化软实力和持续竞争力。按照在发掘中保护、在利用中传承的思路,做好第五批中国重要农业文化遗产发掘保护认定,加大对已认定遗产保护和合理适度利用。举办中国重要农业文化遗产主题展,提高全社会对农业文化遗产保护工作的认识。

(五)注重规范管理促升级。梳理、修订和完善现有休闲农业和乡村旅游标准,加大宣传和贯彻力度,提升产业标准化、规范化发展水平。注重发挥休闲农业和乡村旅游协会、产业联盟和社会组织的桥梁纽带作用,形成经营主体自我管理、自我监督、自我服务的管理服务体系。加强对从业人员的诚信教育和服务考核,规范竞争行为,营造公平环境。加强安全宣传教育,强化安全意识,完善预警机制,提升应急能力。

四、切实强化保障措施

(一)强化组织领导。各地农业农村管理部门要从战略和全局的高度深化认识,把开展升级行动作为推动乡村振兴的重要举措,认真履行规划指导、监督管理、协调服务的职责,充实工作力量,建立高效的管理体系。要尽快组织制定发展战略、政策、规划、计划并指导实施,进一步明确目标任务和主要内容,大力推动休闲农业和乡村旅游高质量发展。

(二)强化政策落实。要结合实际认真贯彻落实中央一号文件,农业部、财政部等11部门印发的《关于积极开发农业多种功能大力促进休闲农业发展的通知》(农加发〔2015〕5号)和农业部、国家发展改革委等14部门印发的《关于大力发展休闲农业的指导意见》(农加发〔2016〕3号)等系列政策措施,制定完善具体实施意见,协调各部门在用地、财政、税收等方面落实扶持措施,推动政策落地生效。

(三)强化宣传引导。充分利用报刊、电视、网络、微博、微信等各类媒体,大力宣传休闲农业和乡村旅游政策措施,及时总结宣传新进展新成效、好做法好经验。要创新形式,举办各具特色、形式多样的发布推介活动,加强对各类精品品牌、先进主体、优秀人物宣传,发挥好典型示范的引领带动作用,传播好声音、好故事,营造产业发展良好氛围。

(四)强化公共服务。要加大监测统计力度,建立健全监测统计制度,开展动态监测分析,为产业发展提供数据支撑。加强对已认定全国休闲农业和乡村旅游示范县等品牌的动态管理考核,研究设立考核标准和退出机制。鼓励引导社会资本参与信息服务平台建设,完善休闲农业和乡村旅游网有关功能，提升信息化服务水平。充分发挥休闲农业专家委员会、农业文化遗产专家委员会、休闲农业重点实验室、研究所、创意中心、职业院校的人才优势，为产业发展提供智力支撑。

农业农村部

2018 年 4 月 13 日